구석기시대부터 현대까지

일본의 식문화사

구석기시대부터 현대까지

일본의
식문화사

이시게 나오미치(石毛直道) 지음 │ 한복진 옮김

어문학사

目次

머리말 *7

한국어판 출간에 대한 지은이 소감 *11

제1부 일본의 식食문화사 *13

들어가며 *15

1장 ㅣ 벼농사 이전 *18

2장 ㅣ 벼농사 사회의 성립 *33

3장 ㅣ 일본적 식문화의 형성기 *77

4장 ㅣ 변동의 시대 *126

5장 ㅣ 전통적 식문화의 완성기 *158

6장 ㅣ 근대에 있어서 변화 *210

제2부 일본인의 식食문화 *251

들어가며 *253

1장 ㅣ 식탁에서 *255

2장 ㅣ 부엌에서 *287

3장 ㅣ 외식, 요리, 음료 *310

제3부 세계로 퍼져나가는 일본식 *367

들어가며 *369

1장 ㅣ 세계 속 일본 음식 문화 *371

미주 *400

옮긴이의 글 *408

일러두기

○ 이 책은 이시게 나오미치[石毛直道]의 『日本の食文化史-石器時代から現代まで』를
  완역한 것이다.
○ 원서에는 2부까지 수록되었으나, 이 책에서는 한 부를 덧붙여 3부로 구성되었다.
○ 인명, 지명, 요리의 명칭에는 한자를 병기하고 외래어 표기법에 따랐으며,
  일부는 현지 발음에 맞췄다.
○ 미주는 저자의 주이며, 본문의 각주는 옮긴이의 것이다.

머리말

    2012년에 프랑스의 루이스 에디시옹Luice éditions 사에서, 필자의 저서 『일본요리의 예술L'art Culinarie au Japan』이 간행되었다. 표지에는 프랑스어 서명과 함께 일본어로 「일본의 식문화사食文化史」로 적혀있다. 그것에서 알 수 있듯이, 일본인 식생활의 문화를 역사적으로 다룬 책이었다. 이 프랑스어판과 거의 같은 내용의 저서는 2001년에 영국의 어느 출판사로부터 『The History and Culture of Japanese Food』라는 서명의 책이 간행되었다. 이 책은 필자가 출판 계약한 출판사가 파산하여, 필자와 아무런 상의 없이 다른 출판사로 영문원고가 넘겨져서 간행된 것이었다. 필자는 영국의 친구로부터 '당신 책이 서점에 있어요'라는 편지를 받고, 간행된 것을 알았다.

    그런데 필자에게는 출판 통지도, 인세 지불도 하지 않았다. 저자

교정도 거치지 않고, 마음대로 출판된 불완전한 출판물이었고, 저자로서 불만인 점이 많았다. 영국의 법정에 고소할까도 생각했지만, 국립민족박물관 관장으로 취임한 즈음이라 너무 바쁜 탓에 다른 일을 할 수 없었다. 하지만 필자의 항의로 절판하였고, 현재는 영국의 고서점에서 아주 고가에 팔리고 있다고 한다.

이 영어판을 수정하고, 또 새로 보충하여 작성한 것이 프랑스어판이다. 세계적으로 일본식 붐이 일어나던 때에 서구어로 읽을 수 있는 이 분야의 서적이 거의 없었고, 프랑스 신문에 호의적인 서평이 몇 군데 게재되었다. 일본의 식생활에 대한 지식이 없는 독자를 생각하여 만든 책이었다. 그래서 프랑스어판에는 일본에서 아주 보편적인 음식에 관하여 저술하였고, 중국·한국과 비교하며 일본 식문화의 독자성을 논하였다.

기존의 '일본식물사日本食物史'에 관한 서적들은 일본 역사 연구자의 저서가 대부분이다. 그러므로 일본 역사의 시대 구분 안에서 식에 관련된 일을 시대에 맞추어 구성한 형식이 일반적이었으며, 식문화를 역사학의 틀 안에 집어넣은 것이 많았다. 올해 들어 겨우 식문화 연구가 사회적으로 인지되어서, 식문화의 시점에서 일본인의 식의 역사를 생각하는 논문이나 서적이 간행되었다. 그러나 그들의 업적을 이해하기 위해서는 전문적인 지식이 필요하고, 일반의 독자가 가까이 하기에는 너무 어렵다. 그리고 일본 식에 관하여 예비지식이 없는 서구의 독자를 위하여 식문화 연구자인 필자가 쓴 책의 일본어판을 간행하는 것도 의의가 있다고 생각되어 이 책을 만들게 되었다.

이 책의 바탕이 된 영어판, 프랑어판을 간행할 때, 필자의 일본어 원고를 번역하거나, 해외출판사와의 교섭을 해준 교토통신사의 나가무라모토에中村基衛 씨와 본서를 간행하는데 수고하신 이와나미岩波서점의 나가지마히로코中嶋裕子 씨에게 감사를 드린다.

2015년 9월

이시게 나오미치

『일본의 식문화사-구석기시대에서 현대까지』
한국어판 출간에 대한 지은이 소감

이 한국어판을 번역해준 한복진 교수의 어머니는 유명한 한국 요리연구가로 「조선왕조궁중음식」 인간문화재였던 고 황혜성 교수이다. 황 교수는 1986~87년에 국립민족학박물관의 객원 교수로 일본에 체류하였다. 당시 같은 박물관의 교수였던 필자는 이 기회에 황 교수로부터 '한국의 음식 문화'에 대해 말씀을 듣고자 하였다. 박물관의 연구실이나 필자의 집에서 수십 차례 대담을 한 기록은 『한국의 식韓國의 食』이라는 책으로 출간되었다.

황 교수의 딸인 한복진 교수는 2007년 국립민족학박물관의 객원교수를 한 적이 있는 필자의 지인이다. 어머니와 필자가 함께 일본인에게 '한국의 음식 문화'를 전하는 책 만들었고, 딸인 한복진 교수가 한국인에게 '일본의 음식 문화 역사'를 전하는 필자의 저서의 번역을 맡는 귀한 인연이 생겼다.

원저자로서 최고의 번역자에 의한 한국어 번역판이 발행되는 것을 매우 기쁘게 여긴다.

아무쪼록 이 책이 한국 독자에게 일본의 음식 문화를 이해하는 데 도움이 되기를 바란다.

2017년 10월

이시게 나오미치

1부

일본의 식食문화사

들어가며

정치나 경제 체제, 이데올로기, 기술 등은 때때로 혁명이라 할 만큼 급격한 변화를 보인다. 이에 비하면 식생활 역사의 변화는 보다 천천히 진행한다.

역사학에서 시대 구분은 정치 체제의 변화를 지표로 하는 경우가 많다. 왕조나 정부의 제도가 변해도 민중의 식사 습관은 바로 변화하지 않는다. 새로운 식품이나 식사 방법이 국민 전체에 보급되려면, 생산이나 유통에 관한 체제를 갖추기 위한 준비기간이 필요하다. 한편 유년기부터 소년·소녀기에 걸쳐서 형성된 음식에 대한 기호나 가치관은 세대를 단위로 서서히 변형하면서 전승되는 성격을 지닌다. 그래서 식생활의 역사 구분은 역사학에서 일반적으로 쓰이는 시대 구분과는 어긋나는 부분이 있다.

이 책은 역사학의 시대 구분을 따르지 않고, 일본인의 식食에 관

표 1 이 책에서 채용한 일본 식문화의 시대 구분

시대 구분	일본사의 시대 구분		
선사시대 (수렵채집)	구석기시대 조몬(繩文)시대 야요이(彌生)시대 고훈(古墳)시대	기원전 1600년경부터 기원전 900년경부터 기원후 250년경부터	선사시대
도작 사회의 성립			
일본 식문화의 형성기	아스카(飛鳥)시대 나라(奈良)시대 헤이안(平安)시대	592~710년 710~794년 794~1185년	고대
	가마쿠라(鎌倉)시대 난보쿠초(南北朝)시대 무로마치(室町)시대	1185~1336년 1336~1392년 1392~1568년	중세
변동의 시대 (1500~1641)			
전통적 식문화의 완성기	아츠치·모모야마(安土·桃山)시대 에도(江戸)시대	1568~1603년 1603~1868년	근세
근대에 들어선 변화	메이지(明治)시대 다이쇼(大正)시대 쇼와(昭和)시대 헤이세이(平成)시대	1868~1912년 1912~1926년 1926~1989년 1989년부터	근·현대

한 역사를 고찰하기 위해서 필자 나름으로 거시적으로 시대를 구분하려고 한다. 즉, 일본열도에 인류가 살기 시작한 구석기시대부터 조몬繩文시대까지를 「선사시대」로 하고, 야요이彌生시대, 고훈古墳시대를 「도작 사회의 성립」 시기로 한다.

　고대부터 중세 후반에 해당하는 6세기 후반에서 15세기까지의 시기는 「일본 식문화의 형성기」이다. 중세 말에서 근세 초에 해당하는 16세기부터 17세기 전반까지 시기는 「변동의 시대」의 장으로 나눈다. 그것은 중세적 질서가 붕괴하고, 봉건제가 재편성된 일본 사회의 변동기에 해당한다. 또한 중국, 서구와의 무역에 따라

외국의 문화 요소가 도입되어 그 영향으로 식문화가 재편성된 시기이기도 하다.

17세기 중엽부터 19세기 중엽까지는 쇄국시대였다. 이 시기는 국외로부터 받는 영향이 비교적 적은 상황에서 현대로 이어지는 일본의 식문화가 성숙된 시대이고, 이는 「전통적 식문화의 완성기」라는 장을 만들어 설명하기로 한다.

19세기 중기에 개국한 이래, 서구의 문명을 규범으로 하는 일본 사회의 근대화가 진행되고, 이와 함께 식문화는 크게 변화하기 시작한다. 현대에도 변화는 계속되고 있으며, 그 변천사를 「근대에 들어선 변화」의 장에서 다루려고 한다.

일본사에서 일반적으로 취하는 시대 구분은 정권의 소재지 등을 지표로 하는 것이다. 이 책에서 채용한 식의 시대 구분을 대조하여 표 1로 정리하였다.

1장
벼농사稻作 이전

1. 구석기시대

후기 구석기시대의 일본

일본열도는 활모양이 남북으로 뻗어, 아시아 대륙의 북동부를 선을 그은 듯이 두르고 있다. 국토 주요 부분은 홋카이도北海道, 혼슈本州, 시코쿠四国, 규슈九州 4개의 큰 섬으로 구성되어 있다.

일본열도는 빙하기에 한랭화로 지표 수분이 대규모로 얼어붙으면서 해면이 낮아졌다. 홋카이도가 시베리아 대륙에 면해 있고, 규슈와 한국은 육교로 이어진 일본해(이 책에서는 원문을 살려 일본해로 표기하였다)는 거대한 내해內海였다. 이 시기에 인류와 동물이 아시아 대륙에서 육지를 거쳐 일본으로 왔다. 과거에는 중기 구석기시대 일본열도에 인류가 살았다는 설도 있었다. 하지만 나중에 그 증거가 되는 유적 몇 곳에서 '발견되었다'는 석기가 위조물임이 판명되었다. 오늘날 실증된 것은 중기 구석기시대부터 후기 구석기시대 초에 걸친 유적이 발견된 때로부터, 즉 약 5만 년 전에 인류가 거주했다는 사실이다.

구석기시대 대부분의 유적에서는 아주 소수의 깬석기와 석기를 만들고 남은 돌조각이 출토될 뿐이다. 당시의 일본은 아한대성 기후였다. 식물성 식량자원은 드물고, 어로 기술은 발달하지 못해서 사냥으로 얻은 동물성 식량자원의 식생활 위주였다고 추측된다.

동굴이나 바위 밑의 거주지와 '수혈竪穴: 구덩이' 주거도 발견되었다. 간단한 작은 집을 일시적으로 세우거나 운반이 가능한 텐트 형태의 주거에 살며, 사냥물을 쫓아서 이동하는 때가 잦아서 주로 유동적 생활을 했을 것이다.

식용으로 삼은 식물성 유물은 거의 발견되지 않아서, 구석기시대 일본에서 인류는 무엇을 어떻게 조리해 먹었는지 구체적으로 알기는 어렵다. 일본은 유기질 유물의 보존이 어려운 세계 유수의 강산성 토양으로 덮여 있다. 구석기시대의 유적에서 발견되는 것은 석기뿐이고, 당시 사람들이 먹었던 동식물에 대한 정보는 얻을 수가 없다.

구석기시대 유적에서 발견되는 동물의 유물 중, 포유류는 나우만코끼리palaeoloxodon naumanni, 야생소, 원우原牛, 순록, 야생말, 큰뿔사슴, 일본 사슴, 멧돼지의 뼈, 어류로는 큰 잉어草魚, ctenopharyngodon idellus의 뼈와 연어 이빨 정도에 지나지 않는다. 이것들은 식용했을 것으로 짐작된다.

돌구이石燒 요리

간토関東지역 구석기시대 유적에서는 주먹만 하거나 그보다 조금 작은 불에 탄 자갈이 한 장소에서 집중적으로 출토되었다. 이 구운 자갈에는 동물질의 탄 유기물이 붙어 있는 것으로 보아 아마 '돌구이 요리'에 사용한 듯하다.

토기를 제작하는 문화가 없는 남태평양의 여러 섬에는 땅화덕 earth oven을 이용한 요리법이 있다. 모닥불로 덥힌 돌멩이 위에 고기나 생선, 타로taro*, 얌yam**, 빵나무 열매 등을 얹고, 그 위에 바나나 잎과 흙을 덮어서 땅 속에서 찜구이를 하는 방식이다. 이 요리법은 구석기시대 유럽에서도 행해졌다.

일본에서는 신석기시대인 조몬縄文시대 유적에서 구운 돌이 발견되고 있다. 토기나 냄비를 이용하는 조리법이 보급된 후에도 구운 돌을 사용하는 조리법은 남아서 현재까지도 전해지고 있다. 예를 들어 일본의 작은 섬인 니가타新潟현 아와시마섬粟島에서는 어민들이 해안에서 점심을 먹을 때, 구운 돌 요리를 한다. 잡은 생선을 꼬치에 꿰어 모닥불에 구워서 나무껍질로 만든 원통형의 칠기 도시락인 와파ワッパ에 담고 물을 붓는다. 여기에 모닥불에서 달군 자갈을 넣으면 순식간에 끓는다. 이 끓어오른 생선국에 된장을 넣어

---

* 토란의 일종.
** 마의 일종.

풀면 냄비가 없어도 된장국을 만들 수 있다. 이 요리법을 '와파니 ワッパ煮'라고 한다.[1]

후빙기의 기후 변동

약 1만 년 전 일본열도에 사는 사람들은 큰 기후 변동을 계속해서 경험했다. 한랭하고 건조한 빙하기의 기후에서 온난하고 습윤한 후빙기의 기후 변화가 일어나며 일본을 덮고 있던 식생植生인 침엽수의 엉성한 숲과 초원은 북일본이나 높은 산에 남았다. 그 대신 온대에서 번성하는 삼림이 일본열도의 낮은 지대를 덮었다.

식생의 변화와 함께 나우만코끼리, 순록, 원우, 말 등 초식성 야생 대형 동물이 사라지고, 일본 사슴, 멧돼지가 삼림에서 얻을 수 있는 주요한 획득물이었다.

연어와 송어처럼 냉수를 좋아하는 어류는 북일본에만 살게 되고, 육교陸橋는 소멸되어 일본해가 대륙과 열도 사이에 있는 바다가 되었다. 태평양 연안, 일본해 연안 모두 남방의 난류, 북방의 한류가 합류하는 일본 연안은 세계에서 손꼽히는 좋은 어장이 되었다.

이처럼 기후 변동과 함께 사람들의 생활도 변화했다. 1만 년 전의 유적에서 굵은 기둥의 움집 자리가 남아 있는 거주지 터와 조개무지와 묘지가 발견되고, 사람들은 유동생활에서 정주定住생활로 바뀌기 시작했다. 이러한 생활의 변화는 일본만이 아니다. 같은 시기에 온대삼림이 확대된 유럽, 서아시아, 중국, 북미 등, 세계 중위도 평지의 정주생활이 시작되었다.

일본에서 정주생활화의 기반이 된 것은 온대삼림에서 생산되는 도토리, 호두, 밤 등 탄수화물이 많은 견과류의 채집에 주력을 하는 경제활동이었다. 여기에 보태서 삼림에서는 사슴, 멧돼지의 수렵이 성행했다. 또한 이 시기에 해수면이 상승함에 따라, 복잡한 해안선이 삼림에 가까워진 지형이 되고, 적당한 장소에 주거를 정하면, 숲에서 얻는 식량과 생선, 조개 등을 한 곳에서 먹을 수 있게 되었다.

2. 조몬繩文시대—토기의 출현

세계 최고의 토기

고고학자들은 토기의 출현을 계기로 일본은 구석기시대에서 신석기시대로 옮겨졌다고 정의한다. 가늘게 짠 줄을 비틀어 덜 마른 토기의 표면에 감아 문양을 만든 토기가 많은, 기원전 약 1만 6000년 전부터 기원전 900년경까지 일본의 신석기시대를 '조몬시대'라고 한다. 구석기시대에는 돌을 부수어 만든 깬打製석기가 쓰였지만, 조몬시대에는 돌을 갈아서 만든 간磨製석기가 발달했다.

조몬 토기는 지금까지 일본에서 발견된 토기 중에 가장 오래된 것이다. 이 토기를 사용하는 문화가 일본에서 독자적으로 발생한 것인지, 시베리아 방면 미지의 세계에서 가장 오래된 토기 문화가 일본에 전파된 것인지에 관한 연구자의 의견이 분분하다.

토기 사용에 따라 '삶기' 조리기술이 발달했다. 가장 오래된 조몬 토기는 불에 올려서 사용한 흔적이 확실한 것으로 보아 저장용 용기뿐 아니라 삶는 도구로 이용되었다고 생각된다.

삶기에 따라 식품은 부드러워지고, 식품에 포함된 유해물질이나 떫은맛, 쓴맛이 없어진다. 또한 아주 작은 조개와 씨, 견과류를 삶아서 음식의 재료로 삼고, 삶은 국물에 배어 나온 영양분과 감칠맛을 없애지 않고 쓸 수 있게 되었다. 토기를 사용하게 되고 나서 식물성 식량자원의 이용이 활발해졌다고 생각된다.

견과류의 이용

고야마 슈조小山修三는 조몬시대 초, 2만 명 정도이던 일본열도의 인구는 약 4000년 전인 조몬시대 중기에는 26만 명까지 늘었다고 추정한다.[2] 인구 증가의 배후에는 새로운 식량자원의 개발이 있었을 것이다. 조몬시대 사람들의 주요한 식물성 식량자원으로 가장 많이 이용된 것은 여러 종류의 도토리와 상수리의 열매, 밤, 호두 등이다.

도토리에는 탄닌 성분이 풍부하기 때문에, 떫어서 식용하기 어렵다. 으깨거나 가루로 만들어 주머니나 짜임새가 고운 소쿠리에 담아 물에 담가서 '우리기'*를 하는 종류와, 물에 담그기 전에 삶아야 떫은맛이 빠지는 종류가 있다. 이런 과정을 거쳐야만 음식을 만들 수 있는 재료가 된다.

조몬시대 초기 유적에서는 도토리가 발견되지만, 날것으로 먹

---

* 떫은맛 빼기.

거나 구워서 먹을 수 있는 밤이나 호두 등 견과류의 비중이 높다. 인구가 증가한 조몬시대 중기가 되면, 떫은맛 빼기가 필요한 도토리나 상수리 열매가 발견된 예가 급증한다. 거주지 옆에 움을 파고 그곳에 대량의 도토리나 상수리를 저장하면서 이용했다.

비수용성 성분인 사포닌saponin과 알로인aloin을 포함한 상수리를 식용하기 위해서는 알카리로 중화해야 한다. 현재 일본 일부 지역에 민속의 예로 남아 있으며, 대량의 재를 넣고 삶아서 상수리의 떫은맛을 없앴다고 추측된다. 그 때문에 나뭇재를 모으는 특별한 시설의 화덕을 갖춘 조몬시대의 주거 형태가 각지에서 발견된다.

이들 견과류의 생산량은 아주 많다. 고야마 슈조의 계산에 따르면 도토리의 일종인 상수리나무 열매는 10ha당 생산량은 65kg이다. 이것을 일정 토지에서 생산되는 에너지로 환산하면 생산량이 많은 벼의 수전경작을 한 경우의 1/8에 해당한다. 당시 가장 일반적인 수렵 대상 동물인 멧돼지의 500배에 해당한다.

구석기시대와 조몬시대 초기에 사냥한 동물에 의존하던 식생활에서 견과류인 식물성식량을 주로 하는 식생활로 바뀜에 따라 인구가 늘어났다.

견과류는 낙엽광엽수림대*의 산물이다. 이 수림대는 일본열도의 동북부에 분포해 있어, 조몬시대 인구의 대부분은 동북 일본에 집중됐으며, 조엽수림대인 서남일본의 인구는 아주 적었다. 조몬토기의 발전과 함께 견과류를 많이 먹게 되고, 크기와 모양이 다

---

* '졸참나무림대'라고도 한다.

른 여러 토기가 출현했다. 이 문화는 조리와 식사 방법의 다양화를 의미한다. 얕은 발※은 견과나 야생 식물의 지하줄기부터 만든 전분을 반죽하는데 쓰이고, 장식이 거의 없는 발은 음식을 담는 데 사용했다고 추측된다. 반죽한 전분을 과자 모양으로 만들어 화로의 잿속에 묻어서 구웠다고 추측되는 것이 발견되었다. 그 외에 동그란 모양으로 빚어서 토기 안에 넣어 끓이는 조리법이 있었다고 여겨진다. 고기나 생선, 들풀과 함께 끓인 국물음식도 만들었을 것이다. 또한 토기에서 전분을 물에 풀어서 끓여서 죽처럼 만들어 먹었을 수도 있다.

식용 해산자원의 이용

조몬시대 유적에는 조개무지가 많다. 이것으로 식용 해산자원의 이용이 활발하여 연안의 어류를 많이 먹었으며, 채집하기 쉽고 양적으로도 안정된 수량을 기대할 수 있는 조개도 흔하게 먹은 것을 알 수 있다.

조몬인의 쓰레기장인 조개무지의 상태를 분석해보면 사람들이 한 번에 먹는 양 이상의 조개껍데기가 다량 버려져 있는 예가 잦다. 날조개의 껍데기를 벗기는 일은 매우 어렵지만, 삶으면 쉽게 조갯살을 얻을 수 있다. 조개가 많이 잡히는 계절에는, 조개를 삶아 말린 조갯살을 보존식품으로 했다고 추정된다. 물론 그때 얻게 되는 조개 국물은 국으로 먹었을 것이다.

소금과 산초

조몬시대 후기가 되면 바닷물을 졸여서 소금을 만들기 위한 소금용 토기가 출현한다. 해조海藻에 소금물을 끼얹어 햇볕에 말리고, 수분을 증발시키는 과정을 반복한 후, 그 해조를 바닷물로 씻어서 얻은 진한 소금물을 졸이는 제염법이 최근까지 이루어지고 있다. 조몬시대에도 똑같은 방법으로 소금을 만들었다.

『만요슈萬葉集』*에 '해조염藻塩'를 구워서 소금을 만드는 것을 시로 읊었다. 바닷물에 적신 해조를 구워 나온 재를 바닷물에 녹이고, 그 위에 모인 맑은 물을 졸여서 만든 소금으로 보통 해석하고 있다. 그러나 재가 섞인 소금을 그대로 먹었을 수도 있다. 고고학적 유물로서는 남아 있지 않으나, 제염법은 조몬시대에 존재했을 것이다. 일본에서는 암염이 나오지 않아 소금호수나 소금샘이 없고, 바닷물로 제염을 할 수밖에 없다. 그 때문에 고대부터 소금은 내륙부의 중요한 교역품으로서 가치가 있었다.

소금 이외의 조미료로 산초山椒가 발견된다. 현대의 일본 요리에도 자주 쓰이는 산초는 일본이 원산인 향신료이다.

3. 조몬시대의 사회와 식생활

농업이 없는 신석기 문화

메소포타미아를 비롯하여 신석기 혁명이란, 깨트린 돌을 쓰던

---

* 7세기 후반에서 8세기 후반에 만들어진 고대 일본의 가집(歌集).

구석기를 돌을 갈아서 쓰는 신석기의 출현을 말한다. 석기 제작에 있어 기술 개혁을 나타내는 것만은 아니다. 신석기 혁명이란, 수렵 채집사회로부터 농업이나 목축에 의해서 식량 생산을 하는 사회로의 이행을 의미한다.

그러나 일본의 신석기시대인 조몬시대는 유라시아 대륙 중심부에서 전해진 신석기 사회와는 성격이 다르다. 세계의 신석기 사회에 공통된 기술은 토기와 간석기를 제작하고, 농경을 하는 것이다. 그런데 일본의 신석기 문화는 본격적인 농경은 시작하지 않으면서 식용과 유용가축도 사육하지 않고, 수렵과 채집으로 식량을 의존하는 비중이 높은 문화였다.

조몬시대 일본은 농업 사회가 아니었지만, 재배 작물이 전혀 없지는 않았다. 곡물로 메밀, 보리, 조, 녹두, 열매와 잎을 식용하는 들깨가 있다. 바가지나 용기를 만들고 열매는 식용하는 호리병박은 조몬시대 중기까지 유적에서 발견된다.

조몬시대 유적에서 발견된 작물 몇 가지는 한국에서 사할린 연안부에 걸친 지대에서 전해졌을 가능성이 높고, 후기 시대에는 화전경작 작물로 본격적으로 재배하게 된다. 재배작물이 발견되는 것으로 보아 조몬시대에는 화전농경법에 의존했다는 설을 낸 연구자도 있다. 그러나 작물이 발견된 양이나 발견된 지역의 숫자가 아주 적으므로 조몬사회가 본격적인 곡물생산의 경제적 기반 위에 성립되었다고 생각하기는 어렵다. 매우 조악한 농업기술에 따른 식용작물의 재배는 조몬시대에 일어났지만, 야생 식물자원의 채집보다 미미했고, 그 재배지도 한정되었다. 현재까지 1,000군데 넘는 조몬시대 유적이 조사되었지만, 그 연구 결과를 종합하여 거시적으로 보면 조몬시대의 일본은 수렵채집사회였다. 조몬시대에 유일한 가축은 '개'였다. 조몬 문화는 시작부터 활을 사용하고, 개를 키웠다. 조몬시대 유적에서 포유류 70종의 뼈가 나왔는데, 그중 90% 이상이 사슴과 멧돼지의 큰 동물의 뼈였다.

사냥개를 데리고 사슴과 멧돼지를 쫓는 수렵방식은 1만 년 전부터 현재까지 계속되고 있다. 사냥꾼의 반려견인 개는 소중히 다루어 매장된 예를 많이 볼 수 있다. 단 본격적인 농업을 개시한 야요이彌生시대 유적에서 개의 잘린 뼈가 많이 발견되는 것으로 개를 식용하였음을 알 수 있다.

식용 해산자원

유럽이나 미국인에게 식용하는 생선의 이름을 물어보면 즉석에서 10종류 이상 말하는 사람이 거의 없는데 비해, 일본인은 대개 20종류 이상의 어종을 말한다. 식용 해산자원은 1인당 소비량을 국제적으로 비교하면 인도양의 작은 섬 몰디브, 북극권에 가까운 아이슬란드에 이어서 일본은 세계 3위이다.

나중에 다루겠지만, 일본에서는 포유류의 육식을 금지한 시기가 있었다. 그 때문에 동물성 식량자원의 대부분은 생선이 떠맡게 되었으며, 생선을 좋아하는 국민이 된 사정도 짐작이 된다. 그러나 일본인이 생선을 많이 먹게 된 때는 조몬시대부터였다.

복잡한 지형의 섬들로 구성된 일본열도의 해안선은 아주 길다. 현재 일본 해안선의 길이는 세계 6위로 미국이나 중국보다도 긴 해안선을 지닌 국가이다. 기원전 5000~4000년에는 해수면이 현재보다 높아서 현재 평야의 대부분은 해수면 아래이고, 현재 대지의 아래까지 바다인 복잡한 해안지형이어서 어로활동에 최적의 장소였다. 더구나 남쪽에서 난류인 구로시오黑潮와 북쪽에서 오는 새로운 한류가 일본 해안에서 섞이면서 세계에서 손꼽히는 어패류가 많은 해역이 되었다.

세계의 수렵채집문화 중에서도 조몬 문화는 식량을 어로활동에 의존하는 비중이 높다. 조몬시대 초기의 조개무지에서 참치와 가다랑어 등의 외양해에 사는 생선의 뼈가 발견되는 것을 보아서, 배를 이용해서 먼바다까지 진출했음을 알 수 있다. 뼈로 만든 낚싯바늘, 사슴 뼈로 만든 작살, 어망의 추 등 어구가 조개무지에서 출토된다. 식물성원료로 만들어진 유물은 발견되지 않지만, 어망이나 어살 등 여러 가지 어구들이 틀림없이 있었을 것이다.

조몬시대 조개무지에서는 71종의 생선 뼈가 발견되었다. 동북지방에서는 통나무배로 먼바다까지 나가서 참치와 가다랑어를 작살로 찌르거나, 대형의 낚싯바늘을 써서 잡아 올리는 외양어업을 했음을 알 수 있다. 많은 민족은 배를 사용하는 어로활동은 남성의 일로 여기지만, 해안가의 조개나 해조의 채집은 여성의 일이라 생각한다. 조몬시대 일본에서도 마찬가지였을 것이다.

간토지역에서는 조개무지가 많아서 전국 조개무지의 60%가 몰려 있다. 조몬시대에 간토지역은 매우 많은 후미진 지형으로 멀고 얕은 바다로 둘러싸인 지역이었다. 이 멀고 얕은 후미진 곳은 간만의 차가 커서 조류가 빠졌을 때 조개류 채집이 쉬웠다. 조개무지에서 354종류의 조개가 발견되는데 그중 두 개의 껍데기로 이루어진 조개二枚貝의 비율이 높다.

조개무지에서 조개가 쌓인 상태를 검토해보면, 한 번에 조개를 많이 잡아서 삶은 조개껍데기를 버린 예가 여러 곳에서 발견된다. 삶은 조개에서 발라낸 조갯살만 말려 보존식품으로 삼았을 것이다. 이들 조개무지에서 몇백 km 떨어진 산지에서 나오는 흑요석黑曜石으로 만든 석기가 발견되었다. 이를 통해, 말린 조개가 내륙의 산악지방과 교역물자로 쓰인 것으로 추정된다.

조몬 사회

일반적으로 수렵이나 어업에 의존하는 식생활을 하는 민족들은 충치가 적은 것으로 알려져 있다. 그런데 조몬시대의 유적에서 발견된 인골을 검사하면, 충치가 있는 사람이 많은 것으로 판명되었다. 그것은 조몬시대 사람들이 탄수화물을 다량 섭취한 것으로, 그 탄수화물의 주된 식량은 앞에서 다룬 도토리 등의 견과류로 추정된다.

도토리를 주요 식량으로 삼아 풍요롭고 안정된 사회를 만들어낸 민족의 예로는 캘리포니아의 선주민을 들 수 있다. 그들은 옥수수를 재배하는 주변 농업지대와 교섭을 하며, 농업을 받아들일 조건이 갖춰졌음에도 불구하고, 도토리가 많아서 수렵채집의 생활양식을 버리지 못했다. 그들은 부족사회를 만들어 부족에 따라서는 귀족계급이 출현할 정도로 성숙했다.

조몬시대 초기에는 구석기시대와 마찬가지로 몇 가족이 모여서 함께 생활하고, 문화인류학에서 말하는 '밴드'라는 집단을 만들고, 식량자원의 계절적 변동에 대응하여 일정 지역 안에서 이동하는 비정주적 생활양식이 있었다.

도토리류의 채집이 식량자원의 주요부분을 차지하는 생활을 하게 되면서, 정착하는 집락集落이 형성된다. 조몬시대 중기 간토지역에서는 1km²당 3명이, 수렵채집사회 중에 예외적으로 인구밀도가 높은 사회를 형성하며, 30~100명 정도로 이루어진 집락이 곳곳에 있었다.

똑같은 형식의 조몬토기가 넓은 지역의 유적에서 발견된다. 세계 다른 민족의 예에서도 볼 수 있듯이, 조몬시대 토기 만들기는 여성의 일이었다고 생각된다. 같은 형식의 토기가 분포되어 있는 지역은 그 자체가 하나의 문화영역을 형성하고 있다는 것을 나타낸다. 그것은 결혼 관계가 성립해 생긴 사람들의 거주영역을 뜻한다. 그 문화영역에서는 같은 방언으로 소통하고, 같은 종교의례가 행해졌을 것이다.

이처럼 다수의 집락이 연합한 넓은 범위의 사회 단위가 조몬시대에 성립했지만, 고고학적 자료에서 나타내는 한 사회계층의 분화는 인정되고 있지 않으며, 모든 사람이 평등한 사회였다고 생각

한다. 이를 '부족 사회' 단계라고 말할 수 있으며, 조몬시대 일본열
도에는 많은 부족이 살고 있었다.

2장
벼농사사회의 성립

1. 신성시한 작물

사회 경제의 중심이 되는 작물

논벼농사가 도입됨에 따라 일본은 본격적인 농업사회가 되었다. 그것은 일본인의 식食의 역사에 있어 최대사건이었다. 이후 식의 역사에서 식품에 대한 가치관의 중심에 쌀이 자리를 잡았다. 쌀은 다른 곡물보다 중요한 의의를 지닌 특별한 식품으로 여기게된 것이다. 일본의 전통적인 사회 경제의 중심과제는 평상시 쌀의 생산과 유통을 둘러싸고 생긴 일이었다. 이 쌀에 대한 특별한 가치관은 이후 예에서 보듯이 지금까지도 이어지고 있다.

현재 일본 주요 농작물의 자급률은 현저하게 낮다. 2010년 통계에 따르면 일본인이 소비하는 열량의 대부분은 수입식품에 의존하고, 자국에서 생산되는 식품으로 얻는 열량은 39%를 넘지 못한다. 이 중에 쌀 자급률은 95%에 달하여, 가공식품에 수입 쌀을 사용하는 것을 빼고는 주식용으로 국산쌀이 공급되고 있다. 한편 다른 주요식품에 사용되는 곡류 자급률을 보면, 식빵 1%, 중국 면 2%, 우동 62%, 메밀국수 21%이다.

20세기 후반부터 20세기 말까지 쌀 생산은 정부가 관리하였는데, 정부가 국내 생산자에게 높은 가격에 쌀을 사고, 소비자에게 구매가보다 싸게 팔았다. 경제적으로 불합리한 쌀농사 농가를 보호하는 정책을 시행하게 된 배경에는 쌀이 모든 식품 가운데 가장 중요하며, 쌀의 자급을 확보하는 것이 식량정책의 기본이라는 전통적 가치관이 깔려 있다. 그래서 쌀 가격을 '물가의 왕'으로 여기고, 쌀값의 안정을 경제정책의 기본으로 여겼다.

이처럼 쌀을 특별하게 여기는 정책은 최근에 시작된 것이 아니다. 일본이 국가로 성립한 이래 위정자의 농업정책은 쌀 수확량을 최대로 높이는 한가지에 집중해왔다. 또한 19세기 후반 근대적 국가체제로 변모할 때까지 일본에서는 농민에 대한 세를 화폐가 아니고 쌀 현물로 징수했다. 국가 경제의 근본을 쌀에 의존해온 후유증이 지금까지도 영향을 주며, 쌀을 특별한 식량으로 여기고 있다.

과거에는 봉건 영주가 생산된 쌀의 대부분을 세로 가져가버리는 잔혹한 방식을 일삼아서, 쌀을 매일 먹지 못하는 농민도 있었다. 이 책의 후반부에서도 썼듯이 더 가난한 사람들도 있었는데, 마츠리※ 때 쌀밥을 먹고, 쌀로 만든 떡을 먹고, 쌀로 빚은 술을 마시는 것이 관례였다. 정월 이외의 연중행사나 마츠리 대부분은 도작의 농경의례에 기원하는 것이다.

영력을 재우는 작물

고대 천황은 신성왕神聖王의 성격을 지니고, 신도神道 최고의 사제 역할을 했다. 천황이 바뀌어 새롭게 즉위한 천황이 최초로 거행하는 궁중의례는 벼의 수확제로 '다이조사이大嘗祭, 오니에노마츠리'라고 불린다. 그것은 천황이 신성한 힘을 부가하는 불멸의 영력靈力을 새 천황에게 옮기는 의례이다.

사망이나 노령으로 교대할 수밖에 없는 전대 천황 앞에서, 영력은 쇠약해져 있다. 최초의 수확제 때, 새 천황은 그해 새로 수확한 햅쌀을 먹고, 햅쌀로 담근 술을 마신다. 그렇게 함으로써 이나다마稻靈라고 하는 쌀의 곡령穀靈이 지닌 힘이 천황에게 머물러, 신성왕의 영력이 강화한다는 것이다. 이 행사는 고대부터 현대까지 계승되어 왔다.

일본에 한정되지 않고 동남아시아의 논농경지대에는 벼는 정령精靈이 머무는 작물로 보는 신앙이 퍼져 있다. 일본의 '신조사이新嘗祭, 니나메사이'와 마찬가지로, 그해 최초로 수확한 벼를 공물로 올리는 것으로, 벼의 정령을 모시는 것을 행하고 있다.

이 볍씨에 깃들어 있다고 믿는 벼의 정령에게 불경한 행위를 하면 그 벼를 먹어도 영양분을 얻지 못하고 사람을 마르게 하며, 종자를 심어도 불모不毛가 된다는 신앙은 동남아시아와 일본이 공통적이다. 그것은 고대 벼농사가를 하는 각지에 퍼져 있는 관념이지만, 중국에는 그 후 다른 종교관념이 침투했기 때문에 동남아시아와 일본에만 남아 있을 것이다. 그러나 현재 일본에서 노인 세대에서도 쌀을 소홀히 다루는 경우에 호통을 치는 전승이 겨우 남아 있을 정도로 벼 곡령의 관념은 사라지고 있다.

뛰어난 주식작물

아시아의 여러 나라에서 쌀을 식량으로 특별히 여기는 배경에는 다른 작물보다 쌀이 주식으로써 우수하다는 것을 무시할 수 없다. 농학적으로나 영양학적으로도 쌀은 몬순아시아*에 적합한 식물이다. 이 지역에서 재배되는 곡물 중에 단위 면적당 최대 수확량이 벼이다. 고온으로 우량이 많은 몬순지대에서 논에서 벼 재배는 합리적인 농업시스템이다.

벼가 자라는 동안에 논의 흙에는 물이 채워져 있기 때문에, 흙의 물질 분해가 느려서 지력 소모가 적고, 관개의 물을 통해 영양분이 공급되므로, 비료를 보급할 필요가 없다. 또한 관개를 하지 않는 밭 농업에서는 토양 침식의 문제에서 벗어날 수 있고, 많은 밭 작물에서 보이는 연작장애**가 없어, 같은 논을 매년 사용할 수

---

* 유라시아 대륙 동쪽과 남쪽에 위치하며, 여름과 겨울의 계절풍, 즉 아시아 몬순의 영향으로 계절 변화가 뚜렷하고 풍부한 물과 다양한 생물상을 지닌 지역.

** 같은 작물을 같은 장소에 잇달아 재배할 때 토양과 작물 간에 정상적인 관계를 유지하지 못하고 작물 성장이 원인을 알 수 없이 불량해지며 품질과 수량이 저하되는 것을 말한다.

있다.

영양학적으로 보면 쌀은 칼로리원이고, 단백질도 우수한 작물이다. 쌀과 밀의 식물성단백질 총량을 비교하면 밀이 쌀보다 약간 많다. 그러나 단백질을 구성하는 각종 필수 비타민의 균형, 즉 단백가***를 비교할 경우에는 쌀이 밀보다 우수한 식품이다. 필수 아미노산이란 체내에서 인체 유지에 필요한 양을 합성하지 않으므로, 꼭 음식으로 섭취해야 하는 아미노산류를 말한다.

부식물 없이 인체 유지를 위한 단백질을 쌀만으로 섭취하려면 체중이 70kg인 사람은 조리하지 않은 쌀을 하루에 약 0.8kg 먹어야 한다. 이 무게의 쌀을 먹으면 위장에 부담이 되고, 위가 확장될 수 있으나, 위장에 채워두는 것이 가능하다. 이전의 일본 농민은 육체노동이 심한 농번기에 하루에 1.5kg의 쌀을 먹는 것도 드문 일은 아니었다. 그에 비해 다른 식품에서 단백질을 보급하지 않고, 밀가루로 만든 빵만을 먹는다고 가정하면 약 3kg을 섭취해야 한다. 그 무게의 빵은 부피가 커서 위장의 용적을 초과한다. 따라서 빵식의 경우 밀 단백질에 부족한 리신이나 트립토판 등 필수 아미노산을 대량 함유한 고기나 우유, 유제품을 함께 먹어야 한다. 동물성 단백질이 풍부한 고기나 유제품과 함께 먹을 경우에는 빵은 칼로리원으로 필요한 만큼만 먹으면 되고, 고기나 유제품에는 고

*** 단백질의 영양가를 나타내는 수치. 비교 단백질을 상정하여, 그것을 구성하는 필수 아미노산과 조사하고자 하는 식품 속에 포함된 필수 아미노산의 양을 비율로 나타낸다.

칼로리의 지방이 들어있으므로 많이 먹을 필요는 없다.

습윤한 몬순아시아는 소나 양 등 초식성 동물의 사육에 불리한 기후조건을 갖추고 있어, 다수의 가축을 무리지어 관리하는 '목축'이란 생활양식은 채용되지 않았다. 따라서 가축의 젖을 짜서 식용으로 하는 습관도 없다. 몬순아시아의 주요한 식용가축과 가금은 돼지와 닭, 오리인데, 어느 것이든 무리로 키우는 것은 곤란하다. 그래서 고기나 젖의 동물성 단백질을 섭취하는 것이 아니고, 주식의 쌀부터 섭취하는 경향이 두드러진다. 쌀을 대량으로 먹어도 그 탄수화물을 주요한 칼로리원으로만 아니라 단백질 대부분도 쌀에서 섭취하는 것이다. 비타민이나 미네랄 등 미량의 영양소를 제외하면 쌀만 먹어도, 인체를 유지하는 데 필요한 열량과 단백질을 얻을 수 있다. 그래서 충분한 양의 쌀만 확보할 수 있다면, 식량문제의 반 이상이 해결된다. 더구나 쌀은 특별한 음식으로 여겨지기도 한다.

일본인의 식사 패턴이 서구의 영향을 거의 받지 않은 1877년 전국 통계 수치를 보면, 당시 일본인은 하루에 1인당 1,054kcal의 열량을 쌀에서 얻고 있고, 이는 곡류나 저류를 포함한 주식작물에서 얻은 칼로리의 약 60%에 이른다. 또한 쌀에서 단백질을 21.2g, 대두에서 7g을 섭취하고, 쌀은 모든 식품에서 섭취한 단백질의 50%를 차지한다.[1] 이와 같이 쌀에 전면적으로 의존하는 식생활은 벼농사 도입기에 시작되었다. 그 경향은 고기나 유제품, 유지를 많이 섭취하고, 밥 이외 부식물에서 단백질을 채우면서 그만큼 쌀의 소비량이 감소한 1960년대—그것은 일본인의 식사 패턴에 커다란 변화를 보이기 시작한 시기이다—까지 이어져 왔다.

2. 벼농사의 전파와 국가 성립

벼농사의 기원지와 재배종의 벼를 크게 나누면, 아프리카의 니제르강 주변에 기원하고 현재도 이 지역의 지방 작물로서 경작되고 있는 아프리카벼Oryza glaberrima와 아시아를 기원으로 하며 세계 각지에 전파된 아시아벼Oryza sativa의 두 종류가 있다.

과거에는 아시아벼의 기원지를 인도 대륙으로 생각했다. 하지만 일본 농학자들이 아삼Assam, 인도네시아 반도 북부부터 중국 윈난성雲南省에 이르는 지대를 기원지로 생각하고, 지금도 유력한 학설로 인식되고 있다. 중국 항저우만杭州灣, 남해안의 허무두河姆渡 유적에서 기원전 5000년 전후의 오랜 벼농사 흔적이 발견된 등 근거가 있어서 중국 학자들은 벼의 중국 기원설을 주장하고 있다.

일본과 한국에서는 벼의 야생종이 발견되지 않고, 도작 농업의 개시 시기도 늦다. 그래서 벼 재배의 기원지가 어느 곳이든, 일본과 한국은 중국 내륙을 경유하여 벼농사가 전파되었을 것이다. 중국에서는 기원전 3000년경, 양쯔강長江 중류와 하류지역에서 논벼 농사가 농업기반으로 이뤄지는 신석기시대의 유적이 발견되고 있다. 유적에서는 벼 외에 돼지, 소, 물소 등 가축의 뼈가 발견된다. 소, 물소는 수전농사에서 역축役畜: 농사 일을 하는 가축으로 사용되었을 것이다.

기원전 1000년대 전반 양쯔강 하류 델타지역에서는 석기와 청동기를 함께 쓰게 되었고, 논에서 벼를 재배하는 기술의 기본이 완성되었으리라 생각한다. 이 무렵 양쯔강 하류지역은 한漢족이 아닌, 동남아시아계 민족의 거주지였다.

근대가 되어 한랭한 기후에서도 생육하는 벼의 품종이 개발되고, 현재는 중국 북부에도 벼농사지대가 확대되었다. 하지만 역사적으로는 중국의 벼농사는 화이허강淮河 하류 이남이고, 고대 중국 북쪽의 주식작물은 조와 기장이었다.

일본으로 전파

기원전 1000년 전반에 양쯔강 하류 델타지역에서 발견된 것과 같은 유형의 석기가 일본의 초기 벼농사 유적에서 발견된다. 깬도끼 중 일부는 형식이 같고, 벼의 이삭을 자르는 돌칼은 양쯔강 하류 델타지역과 한국 남부와 일본의 초기 벼농사 유적과 공통되는 형식이다.[2] 따라서 한국 남부와 일본의 벼농사는 양쯔강 하류 델타지역을 기원으로 한다고 생각된다. 그 주요한 전파경로는 두 가지 가능성이 있다. 양쯔강 하류 델타지역에서 쓰시마對馬 해류를 타고 항해해온 이민자들이 한국 남부와 북규슈에 각각 도착하여 벼농사를 개시했다는 것이 가설의 하나이다.

또 하나는 양쯔강 하류 델타지역의 약간 위쪽인 화이허강 하류지역에서 중국 북부와 한국 북부를 경유하여 육로로 한국 남부에 벼농사가 전파되고, 그것이 정착한 다음 한민족이 쓰시마 해협을 건너서, 북규슈에 벼농사를 전했다는 가설이 있다. 다만 중국 동북부인 구만주지역이나 한국 북부에서 벼농사는 구식민지시대 일본 농사시험장이 한랭지에서 재배 가능한 벼의 품종을 개발된 후에 보급된 것을 고려해야 한다. 벼농사가 한국을 경유해서 일본에 전파되었다고 가정하면, 중국에서 육로가 아니고 해로로 한국 남부에 벼농사가 전파되었다고 보는 것이 타당하다.

야요이시대로 불리는 초기 벼농사 문화의 주요 생산용구는 석기이지만, 기원 전후의 야요이시대 중기가 되면, 동검銅劍, 동모銅矛, 동창銅戈, 등 청동제 무기와 의식용 악기인 동탁銅鐸이 제작되고, 도구는 철기가 사용되었다.

금속기의 문화의 기원은 중국 북부임이 실증되고, 중국 북부에서 남하한 금속기 문화와 중국 중남부 해안에서 북상하는 벼농사 문화가 한국 남부에서 융합하여, 일본에 전해졌다고 하는 것이 일본 벼농사의 한국 기원설이다. 한편 일본에서 야요이시대 초기 벼농사 유적에서 발견되는 벼 저장고는 높은 기둥 위에 세워진 '고창高倉'이라는 건축양식이다. 고창형식의 곡창穀倉은 현재에도 규슈 남부의 섬들과 오키나와에 남아 있다. 고창의 건축은 고대 양쯔강 하류 델타지역에도 있으며, 동남아시아의 각지에 퍼져 있지만, 한국에서는 보이지 않는다. 이것은 양쯔강 하류에서 직접 벼농사가 일본에 전해졌을 가능성을 말하고 있다.

민속학자 야나기타 구니오柳田国男는 류큐琉球섬에 정착한 벼농사가 북상했다는 설을 제창했지만, 현재 식견으로는 남도의 논벼농사는 북규슈에서 남하했으리라는 것이 타당하다.

일본에서 벼농사 전래는 단기간에 만들어진 것이 아니라, 벼를 다루던 사람들이 일본에 올 때 난파를 만나면서 생겼을 것이다. 한국 남부에서 이주자와 양쯔강 하류 델타지역에서 직접 온 이주자도 있어, 일본의 초기 벼농사 문화는 이들 문화의 파도가 중복되고, 융합되어 성립되었다고 해석하는 것이 타당하다.

일본의 초기 농업은 벼만 경작한 것은 아니다. 조, 기장, 보리, 밀, 피, 메밀의 곡물과 콩류로는 대두와 팥이, 채소로 먹는 외瓜와 복숭아 등이 발견되었다. 이 중 외와 복숭아는 중국 양쯔강 방면에서 전래했을 것으로 여기는 작물과, 어떤 품종의 보리와 팥은 한국을 거쳐 도입되었다고 생각하는 두 경로의 작물이 있다. 즉, 벼농사가 전파된 두 가지 경로에서 들어온 작물들이 일본에서 복합되어 하나의 농경복합문화를 만들어낸 것이다.

벼농사권의 확대

일본에서 초기 농업시대를 고대 고고학자는 특징적인 토기의 형식에서 야요이시대彌生라고 이름을 붙였다. 최근 학설로는 기원전 900년경에 야요이 문화가 시작되고, 기원후 400년경까지 지속되었다. 최초의 야요이 유적은 북규슈에서 집중적으로 발견되지만, 이들의 유적은 집락 바로 옆에 논이 함께 있다. 논벼농사 재배기술은 바로 긴키近畿지역까지 전파되지만, 그 후 얼마 동안은 야요이 문화의 지역적 확대는 진행되지 않은 시기가 있었다. 서일본에서는 야요이 문화가 정착했는데, 동일본은 조몬 문화 그대로 정체해 있던 것이다. 기후가 한랭한 동일본에 적응하는 벼의 품종이 개발되어서, 마침내 동일본에 벼농사를 경제적인 기반으로 한 야요이 문화가 퍼지게 된 것이다.

조몬시대 인구 대부분은 도토리 등 견과류의 수목이 많은 중부 산악지대와 동일본에 집중되어 있었다. 서일본은 인구가 아주 적었고, 조몬 문화의 변경 지대였다. 이곳에서 벼농사에 적합한 온난한 날씨의 서일본에 벼농사 문화가 전파되기 쉬웠을 것이다. 그러나 도토리를 주식으로 하는 안정된 수렵채집문화가 이루어온 동일본에서 미지의 생활양식인 농업으로 바꾸는 모험을 시도할 필연성은 희박했다. 그 때문에 야요이 문화의 전파가 동일본에는 늦어졌다고 생각된다.

야요이 문화가 시작되었다고 해서, 야생식물을 식량자원으로 이용하지 않은 것은 아니다. 야요이시대 유적에서도 도토리가 출토된다. 흉작에 대비하고, 또 쌀 생산의 부족분을 채우기 위해서 조몬시대부터 시작된 도토리 채집이 야요이시대에도 계속되었다.

기원전후시대에 벼농사권은 확대되어 혼슈 최북단인 아오모리 靑森에서도 벼농사가 활발해졌다. 그러나 홋카이도와 규슈의 남쪽에 있는 여러 섬에는 벼농사가 퍼지지 않고, 조몬시대 이래의 수렵채집경제가 다음 시대까지 계속되었다. 야요이시대에 열도의 중심부인 혼슈, 시코쿠, 규슈에서는 벼농사를 기반으로 하는 농업

사회가 이루어진다. 아이누인들이 사는 홋카이도와 오키나와를 중심으로 하는 남쪽의 섬들은 벼농사에 의존하지 않는 생활양식의 장소였으며, 일본 중심지대와는 다른 독특한 문화의 지역으로 역사에 남게 된다.

초기 벼농사에 사용된 농기구는 나무 괭이와 삽이었는데, 이들 농기구가 석기로 가공되었다. 수확 때에는 돌칼로 벼 이삭을 잘라 낸다. 초기 논은 자연의 습지에 만들어졌고 자연지형을 이용하는 농업은 논으로 쓸 수 있는 면적은 한정되어 있기 때문에, 가뭄이나 홍수 피해를 입을 때도 많았을 것이다.

이 같은 불안정한 농업단계를 지나고, 농업 생산성이 비약적으로 높아진 때는 기원전후시대로 철제 농기구가 보급되면서 그에 따른 것으로 추정된다. 철기의 사용에 따라, 저수지나 수로의 관개 시설을 인공적으로 만드는 것이 가능해지고, 습윤지가 아닌 지형의 장소에서도 논의 개발을 진행했다. 관개수로를 만들어 강수량의 변동에 영향을 받지 않고, 쌀 생산이 안정적으로 이루어질 수 있었다.

인구 증가와 국가의 성립

농업의 발달은 인구의 증감에 반영된다. 기원전후시대 일본 총인구는 약 60만 명으로 추정한다. 그것은 조몬시대 최대 인구의 약 2배로, 기원전 2세기경부터 기원 원년경까지 200년간 인구는 3배로 증가했다. 일본의 역사 가운데, 100년 동안 인구가 3배 이상 늘어난 것이다. 19세기부터 현재까지 인구가 약 5배 증가한 예를 빼고는 이처럼 인구가 증가한 적은 없다.

세계적으로 인구가 급증하는 시기는, 농업 개시기와 산업혁명 시기로 알려져 있다. 일본의 경우도 예외는 아니며, 농업혁명시 대였던 야요이시대와 산업혁명시대에 인구가 늘어났다. 특히 야 요이시대에 서일본의 인구가 두드러지게 증가해서, 조몬시대의 20배에 이른다. 도작과 금속기의 문화를 가장 빨리 받아들이고, 중국과 한국에서 문명을 수입할 경우 지리적 조건이 유리한 서일 본은 동일본에 비해 선진지역으로 우위성을 획득한 것이다.

농업 생산의 남은 것으로 경제적 기반을 다지면서, 석기와 금속 기 제조에 종사하는 전업 기술자 집단인 공인工人이 출현했다. 서 일본에서 사회적 분업이 성립되고, 사회의 계층화가 진행되었다. 작은 집락의 집합체가 있던 부족사회가 보다 커다란 정치적 종교 적 단위로 통합되고, 서일본에 몇 개의 수장국首長國이 성립했다. 중국 문헌에 따르면, 일본에 관한 구체적인 기술의 첫 등장은 『한 서漢書』 지리지이다. 여기서 기원전후의 일본은 100여 개 소국으로 분립되었다고 한다.

『위지魏志』 「왜인倭人전」에 기원후 239년 당시 일본의 몇 수장국 중에서 가장 큰 세력을 지닌 여왕국의 사절이 위魏왕조 황제에 조 공을 하고, 위 사절이 일본을 방문했다고 쓰여 있다. 이 히미코卑弥 呼여왕이 통치한 '야마다이코구耶馬台国'의 소재지에 대하여, 북규슈 또는 훗날 통일국가가 된 나라奈良 주변일 것이라는 설이 1세기 이상 논쟁이 계속되지만, 아직까지 결론에 이르지 못했다.

일본인의 식食에 관한 최초 기록은 『위지』「왜인전」으로 추정된다. "물에 잠긴 생선이나 조개를 건진다", "벼와 조를 재배한다", "기온이 온란하여 여름에도 겨울에도 생채소를 먹는다", "생강, 감귤류, 산초, 양하茗荷가 있지만, 그것을 먹을 줄 모른다", "식사때 대나무나 나무로 만든 식기를 이용하고, 손으로 집어먹는다", "먹고 마시기를 좋아한다"고 기록되어 있다. 히미코여왕이 죽었을 때, 거대한 묘가 건조되었다는 기록이 있다. 3세기 중엽에 거대한 묘를 만들기 시작하고, 거기에 왕이나 수장의 무기나 장신구들을 함께 매장했다. 이 같은 고대의 분묘를 고분이라고 부르는 것에서 비롯하여, 일본사 시대 구분은 3세기 중엽부터 6세기 말경까지를 고훈古墳시대라고 한다.

고훈시대는 국가 통일의 시기이다. 현재의 나라현에 해당하는 야마도大和에서 성립된 정권이 지방의 작은 나라를 무력이나 평화적 교섭으로 지배하여 세력을 확장하고, 북해도와 오키나와를 제외한 일본 전국을 통일하는 과정이 이 시기에 진행되었다. 현재 천황가는 이 야마도 정권 왕의 자손으로 믿고 있다.

5세기 후반에 야마도 정권은 한국에 군사 개입을 하고, 반도 남부의 미마나니혼후任那日本府라는 거점을 만들었고, 5세기 천황들은 중국 왕조에 때때로 사절을 보냈다. 한편 이때 중국은 정치적으로 불안정한 시기였으며, 한국은 삼국시대로 고구려, 백제, 신라의 삼국이 정립한 상황이었다. 여기에 일본이 군사적, 정치적으로 개입했다. 그 때문에 중국 남부와 한국 남부에서 전란을 피하려는 집단이 일본으로 들어왔다. 이 이민자들이 한자의 읽기 쓰기 외에 다양한 선진기술을 들여와서, 동아시아에 공통되는 문명을 일본이 수용하게 되었다.

3. 쌀의 요리법

자포니카 쌀과 인디카 쌀

아시아 원산의 벼는 일본형Japonica과 인도형Indica으로 크게 둘로 나눈다. 일본형 벼는 비교적 짧고, 저온의 기후에서도 잘 자란다. 일본형 볍씨는 길이가 짧고 둥글고, 조리하면 점성이 강한 식감이 있다. 이에 비해 인도형 벼는 길이가 길고, 열대기후에 적합해 저온 기후에 약하다. 볍씨는 좁고 길며, 조리하면 끈기가 없어 푸석 푸석한 알알이 떨어진다.

전통적으로 일본형 벼를 재배한 곳은 일본, 한국, 중국 중부이다. 인도형 벼의 분포는 중국 남부, 인도, 동남아시아이다. 인도네시아는 일본형과 인도형의 중간 성질을 지닌 벼가 많이 재배된다.

양쯔강 유역은 신석기시대에 일본형 벼가 재배된 사실도 알게되었다. 이 지역의 일본형 벼는 곧 일본에 흘러들어온 것이다. 일본 고대에 인도형 벼가 몇 차례 일본에 도입되었지만, 대규모로 재배되지 않았다. 일본에서는 완전히 없어진 품종을 포함하면 약 2,000품종의 벼를 만들었지만, 그 대부분이 일본형이다.

재배지 환경이나 재배기술에 적응하도록 작물의 품종이 분화가 진행되었다고 하지만, 미각이나 식감도 또한 중요한 요건이다. 일본인에게 인도형 쌀은 '부슬부슬한 식감이고, 맛이 없고, 불쾌한 냄새가 나는 쌀'이고, 일본형 쌀에 비해 저급품으로 평가되었다. 19세기 후반에 인구가 급증하면서 국산 쌀의 생산량이 따라가지 못하여 중국이나 동남아시아에서 인도형 쌀을 수입했다. 하지만 이와 같은 '외미外米'는 '가난한 사람이 먹는 쌀'로 여겼다. 그러나 인도형 쌀이 우세한 지역에서는 일본형 쌀을 저급품으로 여긴다. 동남아시아에 사는 일본의 비지니스맨이 인도에서 일본형 쌀을 사려고 하면 "당신은 부자인데 왜 맛없는 쌀을 먹나요?" 하고 질문한다고 한다.

맛내기 유무

동아시아와 동남아시아에서 일상 주식인 쌀밥은 쌀이 인도형 또는 일본형이거나 모두 물만 넣고 아무런 맛을 내지 않고 익힌 흰밥plain rice이다. 인도에서 서쪽의 인도형 벼를 재배하는 지대에는, 흰밥이 있기는 하지만 유지를 쓰는 요리법이 주류이다. 씻은 쌀을 기름에 볶고, 소금과 향신료로 맛을 내고, 가끔 채소를 넣어서 필라프pilaf나 파에야paella로 만들어 먹는다. 이와 같은 쌀 요리를 만드는 지역은 유제품을 이용하는 지역과 일치한다. 목축을 하는 지역에서 유제품인 버터, 버터오일, 지중해권에서는 올리브유를 요리에 이용하는 곳이 많고, 그와 같은 요리 체계가 쌀 요리에도 결합한 것이다.

흰밥을 먹는 지대인 동아시아와 동남아시아는 비목축권이다. 쌀을 주식으로 하여 에너지를 보충할 뿐 아니라 주요한 단백질원으로 하는 식사 패턴 지역에서는 식사 때마다 대량의 쌀을 위장에 보낸다. 그래서 아무 맛도 지니지 않은 쌀밥을 많이 먹을 수 있다. 밀가루를 주원료로 한 빵과 케이크를 비교하면 별로 맛을 내지 않은 빵이 케이크보다 많이 먹을 수 있는 것도 마찬가지이다.

흰밥을 만드는 법은 크게 세 가지 방법으로 나눌 수 있다.

탕취湯取법

첫 번째는 대량의 물에서 끓이는 방법이다. 씻은 쌀을 대량의 물에서 끓여, 쌀의 전분을 알파화시킨다. 그대로 두면 수분이 많은 죽이 되므로 남은 더운 물을 버리고, 약한 불에서 수분 일부는 쌀에 흡수시키고, 일부는 증발시켜 밥을 짓는다. 이 요리법은 쌀의 성분이 녹아난 끈기가 있는 물을 버리므로, 어느 정도 영양분의 손실이 있지만 보송보송한 끈기 없는 식감의 밥이 된다.

'탕취법'은 동남아시아의 대부분 지방과 중국 북부와 남부(중국 북부는 전통적 쌀 농사 지대가 아니므로, 옛날부터 대운하를 통하여 양쯔강 방면에서 대량의 쌀이 운송되어, 쌀을 많이 먹었다)의 인도형 쌀을 주식으로 하는 지역에서 두드러진다. 원래 끈기가 적은 인도형 쌀을 더욱 끈기를 줄이는 방법이다.

죽과 취간炊干법

두 번째는 첫 번째 방법의 도중에 더운 물을 버리지 않고, 그대로 밥을 짓는 '취간법'이다. 이때는 처음 넣는 물의 양을 많이 하면 고형식이 아니고, 유동식인 '죽粥'이 된다. 죽은 수분이 많으므로 양이 많아도 영양분 함유량이 적지만, 씹지 않고 후루룩 넘길 수 있어서 병인식이나 식욕이 없는 아침식사에 적합한 주식이다. 중국 벼농사 지대의 도시인과 한국의 상류계급에 있어서 아침에 죽을 먹는 습관이 있다. 중국에서 육체노동을 해야 하는 농민들은 죽으로는 충분한 에너지를 얻을 수 없으므로, 아침부터 든든한 밥을 먹는 것이 보통이다.

최근까지 서일본 각지에서 아침밥으로 싸구려 센차煎茶나 반차番茶를 넣어 죽을 끓이는 습관이 있었다. 유명한 야마도 '차죽茶粥'은 반차를 차주머니에 넣어 대량 물에서 죽을 쑤지만, 풋콩 등 증량제를 넣어서 자주 끓인다. 농민들도 차죽을 먹지만, 그것은 쌀을 절약하기 위해 물을 많이 넣어서 만복감을 얻기 위한 방법이었다. 소화에 좋은 죽은 병인식으로 여겨지고 있지만 아침죽을 주로 먹는 곳 외에서는 죽을 일상식으로 하지 않고, 쌀 이외에 잡곡이나 채소를 증량제로 넣어 섞어 보통처럼 밥을 짓는다.

쌀에 물 분량을 적당히 조절하여 지으면 완성된 밥은 모든 수분을 흡수하여, 고형의 밥이 된다. 이것은 일본에서 일반적인 밥짓는 방법이며, 취간법이라고 한다. 이때 쌀과 물의 분량의 비율을 엄밀히 정하고, 불의 세기를 조절하면서 끓여야 한다. 일본형 쌀의 경

우, 표준은 쌀 용량의 1.2~1.3배의 물을 넣지만, 햅쌀의 경우는 물을 적게 하는 등, 쌀의 건조상태나 품종에 맞추어 미묘하게 물을 가감해야 한다. "처음에 초로초로チョロチョロ*, 중간에 팟파パッパ**, 어린애가 울어도 뚜껑을 열지 마라"라는 속담이 있듯이, 우선은 약불에서 끓인다. 솥 안에서 쌀알이 위 아래 움직이면서 전분이 알파화하는 단계에서는 센불에서 끓이고, 쌀에 수분을 충분히 흡수시키는 단계에서는 타는 것을 방지하기 위해, 약불을 유지해야 한다. 일본에서는 이 같은 복잡한 기술의 취반법을 쌀을 가장 맛있게 먹는 방법으로 여기고 있다. 그러나 장작으로 밥을 지을 때는 불세기를 미세하게 조절하기 위해, 주부는 부뚜막竈 앞을 떠날 수 없었다.

이 취간법의 밥짓기는 일본 이외에 필리핀, 중국 양쯔강 유역에서 쓰이고, 한국에서는 전통적으로 탕취법이 있는데, 현재는 취간법이 보급되어 있다. 일본에서 발명된 자동취반기의 보급에 따라 현재는 동아시아, 동남아시아 여러 나라의 가정에서도 취간법으로 지은 쌀밥이 익숙해졌다.

찐밥과 종粽

세 번째 방법은 쌀을 쪄서 먹는 것이며, 주로 찹쌀 요리법이다. 인도형, 일본형은 모두 찰 품종이 있다. 찹쌀과 맵쌀은 전분의 성

---

* 약불의 의성어.
** 센불의 의성어.

질이 다르다. 흡수한 찹쌀이 열을 받으면, 급속하게 전분이 호화한다. 냄비나 솥에서 끓이는 경우, 처음에는 열을 받은 냄비 바닥이나 솥 바닥부분에 쌀알이 풀처럼 되면서 서로 들러붙어버린다. 그러면 대류를 방해해서, 솥 안의 쌀알이 물과 함께 운동할 수 없게 되므로, 솥 바닥에는 탄밥층이 생기고, 솥 위쪽의 쌀알은 열이 전해지지 않아 익지 않는다.

찹쌀을 요리할 때는 우선 찹쌀을 물에 담가 충분히 흡수시키고 나서 찜통에 담아서 찌는 '오고와強飯, 고와메시' 방법이 각지에서 행하고 있다. 다만 찹쌀을 일상적으로 먹는 지역에 한정되어 있어, 현재 미얀마 동북부의 샨주, 태국의 북부와 북동부, 라오스, 중국 운난성의 소수민족 등은 찜기로 만든 찹쌀밥을 매일 먹는다. 아시아 다른 지역에서 찹쌀을 찐밥이나 작게 싸서 삶은 '쫑쯔粽子, 粽'를 만들어, 행사식으로 먹는 정도이다. 쫑쯔는 흡수시킨 찹쌀을 식물의 잎 등에 조금씩 넣고 싸서 물에 넣어 삶으면 대류의 방해 없이 가열할 수 있다.

밥짓기 변천의 수수께끼

고고학자들은 야요이시대에 취간법으로 쌀을 끓여서 먹었다고 생각하고 있다. 이 시대의 질그릇 토기로 발견된 것 중에는, 외측에 그을음이 묻어 있고 안쪽에 쌀알이 달라붙은 것이 있었다. 이것으로 토기는 쌀을 삶는 용도였으며, 현재와 마찬가지로 취간법으로 밥짓기를 했다고 추정된다.[3] 그런데 고훈시대 1세기 이후에 경질 토기인 스에키須惠器*로 만든 찜기 '시루甑'가 주거터에서 많이 발견되었다. 8세기 전후에 활약한 야마노우에노오쿠라山上憶良는 『만요슈』에 수록된 「빈궁문답가貧窮問答歌」중에 민중의 가난한 생활을 "아궁이에 불기가 안 올라오고, 시루에 거미줄이 생기고, 밥짓기를 잊었다"라고 표현했는데, 민중이 밥짓기를 잊었다는 뜻인 셈이다.

다른 문헌기록에도 13세기경까지는 멥쌀을 쪄서 먹을 것이 많았음을 알 수 있다. 그리고 13세기 이후 현재까지 일본인의 일상적인 밥짓기는 취간법이다. 그것을 어떻게 해석해야 하는가? 5세기경에는 찹쌀이 도입되어 이것을 주식으로 하는 것이 주류가 되어서 찜기를 사용한 쌀의 조리법이 일반화하고, 13세기경부터 다시 멥쌀이 주요한 품종으로 바뀌었으므로, 취간법으로 돌아갔다는 해석이 있지만 이것을 입증하기는 어렵다. 유적에서 발견된 고대미는 탄화한 상태로 발견되어 그것이 찰 종자인지를 과학적으로 분석하여, 전분의 종류를 판단하는 것이 곤란하다. 또는 경질토기의 제조기술이 한국에서 전해진 이래, 현재 인도네시아 반도에서 사용하고 있는 것과 같은 나무 찜기에 물을 담은 깊은 냄비형의 야요이토기 위에 얹어 멥쌀을 찐밥을 만드는 방법이 있고, 취간법과 찌는 밥이 함께 쓰였다. 하지만 나무제품은 썩어버려서, 고고학적 유물로서 발견되지 않는다.

---

* 회색 경질 토기로 일본의 스에키 토기의 생산과 발달에 가야로부터 큰 영향을 받았다.

왜 고훈시대부터 헤이안平安시대까지 찐밥을 좋아했을까? 그 해답은 지금까지 나오지 않았다.

현미식

현재 일본뿐 아니라 서구에서도 자연식운동을 지지하는 사람들 사이에는 현미식이 유행하고 있다. '현미玄米'란 검은 쌀이란 의미인데, 도정하지 않은 쌀을 뜻한다. 쌀을 도정하면, 비타민 B_1를 많이 포함한 껍질부분의 겨가 제가 되어 없어지고, 흰쌀이 된다. 다른 부식물에서 비타민 B_1을 섭취하기 어려웠던 과거 식생활에서 일본인은 비타민 B_1의 결핍으로 각기병*에 걸리는 일이 많았고, 각기병은 일본의 국민병으로 여겼다.

도시에 사는 사회계층이 풍요로운 사람과 농촌에 비해서, 도정한 쌀을 더 많이 먹고 있으며, 도정 정도가 높은 백미가 맛있다고 여긴다. 대도시에 인구가 집중한 17세기 후반부터, 각기병 사례가 많아진다. 예를 들어 각기병은 '에도의 고민'으로 불리고, 에도江戸(지금의 도쿄)와 떨어진 시골로 이사해야 한다고 했다. 에도시대의 고문기록에 따르면, 그 이전의 민중은 현미를 상식으로 했는데, 17세기 후반경부터 백미를 먹는 것이 일반화되었다고 한다. 현미식주의자들은 이것을 보고, 고대 중세의 일본인은 현미를 상식으로 해서 각기병에 걸리지 않았다고 하며, 식품사 연구자 중에도

---

* 비타민 B_1이 부족하여 생기는 질환으로 다리 힘이 약해지고 저리거나 지각 이상이 생겨서 제대로 걷지 못하는 병.

이것을 믿는 이가 많다. 그러나 정말로 현미를 전통적인 상식常食으로 하는 민족은 현재 아시아에 존재하고 있지 않다. 건강식품점에서 팔고 있는 벼의 껍질만 벗기고 과피로 싸인 진짜 현미는 밥 짓기 전에 20시간 정도 흡수시켜 장시간 가열해야 하고, 연료비가 많이 든다. 압력솥이 없던 시절에는 경제적 효율면에서 보아도, 현미를 매일 먹는 일은 없었을 것이다. 더구나 인체실험의 결과에서는 현미의 소화흡수율이 아주 나쁘게 나왔다.

17세기 후반에 '도정하는 방아臼'라는 회전식 도정 전용 도구가 보급되었다. 이것으로 껍질만 제거하고 쌀겨부분은 남기는, 현재의 현미를 만들 수 있게 되었다. 이것을 다시 쌀 도정 절구로 백미를 만든다. 이전에는 볍씨에서 껍질을 없애려면, 나무 절구에 볍씨를 담고, 긴 막대모양 공이로 찧었다. 이 방식은 현재에도 동남아의 시골에서 쓰이고 있다. 이 방법은 껍질만이 아니라, 쌀겨부분도 어느 정도 벗겨지기 때문에 진짜 현미라고 볼 수 없다. 즉, 쌀겨를 벗기는 작업과 도정작업을 겸해서 하고 있다.

쌀겨를 완전히 벗긴 백미는 원래 볍씨의 90% 정도 수율이지만, 막대모양 공이로 쌀겨를 벗기는 작업을 거치면 수율이 95% 정도가 된다. 이것은 17세기 후반 이전의 현미라고 말할 수 있다. 당시 일본인이 먹은 현미는 오늘날의 건강식품점에서 파는 현미가 아니었다. 백미에 비해서 어두운 색을 띠고, 맛은 약간 떨어지지만, 비타민 B_1이 남아 있기 때문에 각기병을 예방할 수 있으며, 흡수율도 나쁘지 않고, 단시간에 끓여서 먹을 수 있다.

4. 쌀술

조몬시대의 술

알코올은 효모가 당질을 분해하는 발효과정을 거쳐 만들어진다. 효모는 자연에 얼마든지 있으므로, 기본적인 술을 만들 경우, 당분이 높은 액체를 준비하여 발효에 적당한 환경을 만들어 주면 술 만들기가 가능하다. 아주 간단한 주조법은 당분 농도가 높은 액체를 원료로 한다. 꿀을 물에 탄 액체를 원료로 하는 '꿀술', '야자술'과 같은 수액을 원료로 하는 술, 포도와 같은 당즙이 많은 과실을 으깨 원료로 하여 만드는 '과실주', 유즙의 유당을 이용한 '젖술乳酒'이 있다.

간토, 도호쿠東北지역의 조몬시대 후기 유적에서는 복잡한 장식을 한 토기병과 같은 형태의 '주구注口토기'가 발견된다. 대부분의 고고학자는 이것을 과실주 용기로 생각하고 있다. 그러나 조몬시대에 알코올음료가 있었는지 아닌지 실증하는 것은 어렵다. 조몬시대 유적에서 발견된 당시 야생식물 중에, 과실주의 원료가 될 만한 것은 산포도, 꾸지나무, 가막살나무, 딱총나무, 다래, 나무딸기가 있다. 그러나 이들 과실이 술로 가공되었는지는 확실하지 않다. 아오모리青森 산나이마루야마三內丸山 유적에서는 딱총나무, 다래, 나무딸기 종자 뭉치가 발견되어서, 이들 열매의 즙을 짜서, 과실주를 만들지 않았나 하고 추정한다.

가을이 되면 기온이 급속하게 내려가는 유럽의 기후는 수확기가 되어도 여름 과실에 비축된 당분이 별로 떨어지지 않는다. 하지만 가을이 되어도 기온 저하가 서서히 진행되는 일본 기후에서는 당분이 여러 가지 산으로 변화되어, 과실주 제조가 어렵게 된다. 일본 환경은 과실주 만들기에 불리한 조건이다.

역사시대가 된 이후 문헌을 탐색해보면, 19세기 후반에 와인 만드는 기술이 전해질 때까지 일본은 과실을 발효시켜 만드는 술만들기 전통은 없었다고 해도 좋다. '뽕주', '감주', '산복숭아술', '매실주' 등의 명칭이 문헌에 나오는 것은 그들의 과실을 알코올 원료로 하여 발효시킨 것이 아니고, 쌀로 만든 술이나 소주에 과실을 담가 만드는 혼성주이다. 일본만이 아니고, 중국, 한국에서도 역사적 문헌을 보면, 과실주, 꿀술, 수액의 술을 본격적으로 만든 적은 없었다. 그러므로 조몬시대에는 알코올음료가 존재하지 않았을 가능성이 높다.

과실주 만들기는 과수의 재배화가 시작되고, 과실을 대량으로 수확하게 된 후부터, 보급한 것으로 생각된다. 세계적으로 주조는 농업 사회에서 발전하며, 일반적으로 수렵채집 사회에서는 주조 기술이 없으므로, 조몬시대의 술의 존재를 의심하는 것이다.

농업 사회에는 전분질이 많은 작물이 주식작물로 선택되고, 술을 만드는 원료가 된다. 곡물이나 저류의 전분을 원료로 술을 만들려면 효소작용을 이용하여, 전분을 당분으로 바꾸는 조작이 필요하다. 필자는 전분을 당화하는 방법의 차이로 세계의 전분을 주원료로 하는 술을 '입으로 씹는 술', '맥아술', '곰팡이술'의 세 종

류로 크게 나누었다.[4]

입으로 씹는 술

곡류나 저류 등 전분이 많은 작물을 날것으로, 또는 가열한 후에 입으로 씹으면 타액에 있는 당화효소에 의해 전분이 분해하고 당분이 생성된다. 그렇게 씹은 재료를, 타액과 함께 뱉어서 용기에 담아두면, 야생효모의 작용으로 알코올 발효가 일어나는 술이 된다.[*] 이 방법은 전분을 이용하는 술 만들기의 가장 원시적인 것이다.

입으로 씹는 술은 중남미와 동아시아, 동남아시아에 존재한다. 중남미에서는 옥수수나 마니옥manioc, 카사바cassava로 치차chicha 라는 술을 만든다. 중국 역사문헌에 따르면 북방민족의 여진, 달단Tartar, 중국 남부의 소수민족과 명대의 캄보디아에서 쌀을 원료로 하여 입으로 씹은 술이 만들어졌다고 한다.[5] 20세기 초에 푸젠福建성 일부와 바다 건너 타이완에도 입으로 씹은 술이 남아 있었지만, 타이완의 선주민은 쌀 이외에도 그들의 주작물인 조를 입에 넣고 씹어 술을 제조했다.

8세기 초에 편찬된 『오스미노구니大隅国[**] 풍토기』에는 현재 가고시마鹿兒島 남부에 있는 지방에서 "마을 중 한 집에 물과 쌀을 준비하여, 마을 전체에 알리면 남녀가 그곳에 모여서, 쌀을 씹어 술을

---

* 이를 미인주라 부르기도 한다.
** 사이카이도(西海道)에 위치한 일본의 옛 나라로, 현재의 가고시마현 동부와 아마미제도에 해당한다.

만들 용기에 뱉어 놓고 돌아간다. 술에서 향기가 나면 다시 모여서 이것을 마신다"라고 적혀 있다. 타이완의 예를 들면, 원료의 쌀 또는 차조를 날로 씹어서, 용기에 모으고 물을 보태서 발효시킨다. 오스미노구니의 기록에도 물이 있으므로 타이완 민속의 예와 같은 방법일 것이다.

입으로 씹는 술을 만드는 풍습은 오키나와를 포함한 남서 여러 섬에서도 행해진다. 또한 북해도 아이누인들도 쌀을 씹어서 술을 만드는 습속이 보고되고 있다. 남쪽 섬들에서도, 아이누의 경우도 입으로 씹는 술은 특정한 마츠리 의례에 맞추어 만드는 것이고, 이때 쌀을 씹는 이는 여성에 한정했다.

아시아에서 입으로 씹는 술 기록이 남은 지방은 중국 문명의 변경지대이다. 그것은 중국 문명에서 발달한 누룩麴, 糀을 이용한 주조법이 보급되기 이전의 기술이 변경 지대에 남아 있었다고 생각해도 좋을 것이다.

맥아술

유라시아 대륙 서쪽지대와 아프리카에는 곡물을 흡수시켜 발아시킨, 즉 싹의 당화효소를 이용한 술 만들기가 발달하였다. '맥아malt'로 만드는 맥주가 대표적이다. 이 주조법은 유라시아 대륙 동쪽지역에는 보급되지 않고, 근대에 이르러 맥주 제조기술로 채용되었다. 다만 동아시아에는 쌀이나 보리를 발아시켜 엿을 만드는 전통은 있었다.

곰팡이술

　동남아시아와 동아시아에서는 곰팡이, 즉 누룩을 사용하여 술을 만든다. 누룩이란 전분질 원료로 누룩곰팡이 등 전분을 당화시키는 작용을 하는 곰팡이를 번식시킨 발효의 스타터starter이다. 당화시키려는 원료에 누룩을 넣어서 곰팡이가 번식하기 쉬운 온도, 습도를 유지하면, 원료 전체에 곰팡이가 생기고, 전분을 분해하여 발효작용을 일으킨다.

　누룩 발효를 이용하는 방법은 습윤하여 곰팡이가 번식하기 쉬운 몬순아시아에 적합한 기술이며, 아삼지역부터 동쪽지대에 곰팡이를 이용한 발효기술이 보급되어 있다. 특히 중국, 한국, 일본에서는 이 기술이 발달하여, 술 만들기뿐 아니라, 대두나 곡물을 발효시켜서 만드는 중요한 조미료인 간장이나 된장 등을 제조할 때에도, 누룩을 이용한 발효가 적용되고 있다. 5세기 한국 남부에서 이민온 수수보리須須許里에게는 선진 주조기술이 있어, 그가 양조한 술을 당시 천황에게 헌상하였다는 기록이 남아 있다. 그때까지 일본에는 입으로 씹는 술 만들기 기술뿐이었는데, 수수보리가 누룩을 이용한 주조법을 전했다는 설이 있지만 그리 믿을 만하지 못하다.

　벼농사가 일본에 전해졌을 때, 중국에는 이미 누룩을 이용한 술을 만들고 있었다. 주식으로 밥짓기와 함께 중요한 쌀의 가공법인 술 만드는 기술은 벼농사와 함께 일본에 전해졌을 것이다. 야요이 시대부터 입으로 씹는 술만이 아니고, 누룩을 이용하여 술을 만드는 기술이 있었다고 생각하는 편이 자연스럽다. 누룩에 의한 술 만들기에도 여러 방법이 있고, 10세기 일본 궁중에서 15종류의 술을 만들었다고 알려져 있다. 수수보리의 누룩을 이용한 주조법 중 한가지 기술은 한국에서 전해준 것일 수 있다.

막누룩餠麴과 흩임누룩撒麴

누룩을 전분질 원료에서 배양할 때, 바탕이 되는 원료의 종류, 모양, 가열 유무, 배양하는 환경 상태에 따라 생기는 곰팡이의 종류가 바뀐다. 중국, 한국에서 통상 사용하는 누룩은 날 밀을 거칠게 빻은 것에 물을 넣어 반죽하여 블록모양으로 성형하고, 그 표면에 곰팡이를 증식시키는 '막누룩'이다. 여기에 번식하는 주요한 곰팡이는 검은거미줄곰팡이와 털곰팡이이다. 대개 일본에서 이용하는 것은 일본 누룩곰팡이로 블록모양이 아니고, 쌀을 쪄서 쌀알 하나하나의 표면에 곰팡이를 배양한 흩임누룩이다. 밀을 원료로 한 누룩을 만드는 기술은 고대 동아시아 문명의 중심지였던 중국 북부의 밀 재배가 왕성하던 곳이고, 그것을 가루로 해서 먹는 습관이 널리 퍼진 것은 기원전 2세기 이후이다. 화북지역에서 성립된 막누룩 만들기 기술은 대륙으로 이어진 한국까지 퍼졌다고 생각된다. 중국 남부와 한국에는 쌀누룩이 없지는 않지만, 반죽한 쌀가루에 배양한 것은 분식의 영향임을 알 수 있다. 곡물가루로 만들어 먹는 방법이 보급되지 않은 일본에서는 쌀알에 누룩을 배양하는 흩임누룩 만들기가 현재까지 이어지고 있다. 아마 밀의 막누룩이 화북에서 전해지기 이전에 중국 벼농사지대는 일본과 마찬가지로 흩임누룩을 사용하였을 것이다. 그 오래된 누룩 만들기 기술이 일본에 논벼농사와 함께 전파되었다고 생각하는 것도 합리적이지만, 이를 증명할 자료는 없다.

술의 원료로 중국이나 동남아시아에서는 찹쌀을 사용하는 것이 많고, 일본술은 멥쌀로 만든다. 밀이 도입되기 이전, 고대 중국 북부에서 주조 원료로 당시 주 작물이던 조, 기장, 수수를 사용했다. 나중에 수수의 일종인 고량 재배가 보급되면서, 중국 각지에서 증류주를 만드는 원료작물로 쓰였다. 또한 단일 곡물이 아니고 두 종류 이상 배합하여 만드는 술도 많다. 한국에는 쌀을 재료로 하는 술이 주류이지만, 사용하는 누룩은 밀로 만든 것이다.

동남아시아의 논벼농사지대는 쌀을 원료로 하여 곰팡이술을 만들고 있지만, 쌀가루에 여러 식물체를 섞어서 곰팡이를 피운 '초국草麴'을 발효 스타터로 이용하는 것이 많다. 또한 물을 넣지 않고 고체발효를 시키고 마실 때 물을 넣는다. 이렇게 보면, 몬순아시아에서 발달한 쌀을 원료로 하는 곰팡이술 만들기 중에서도 일본술은 독자적인 주조법을 발달시켰다고 할 수 있다. 17세기 이후, 고구마 재배가 왕성해진 지역에서는 그것을 원료로 하는 증류주인 고구마소주를 만들었지만, 알코올음료는 거의 멥쌀을 원료로 하였으며, 드물게 마시는 좁쌀술은 예외이다.

5. 젓갈, 조미료와 나레즈시

젓갈

'젓갈'이란 생선, 갑각류, 오징어, 조개, 그리고 때로는 수육에 소금을 30% 정도 넣어 액체가 새지 않는 용기에 장시간 넣어두고 만드는 보존식품이다.[6] 소금 작용에 의해 부패를 방지하면서 주원료인 고기나 내장에 포함된 단백질 분해효소의 작용으로, 단백질 일부가 분해되어 아미노산이 생성되며 독특한 감칠맛과 소금맛이 생긴다. 미끌미끌하고, 독특한 냄새가 나는 식품이므로 못먹는 사람에게는 저항감이 강하고, 현재는 젓갈을 싫어하는 일본인도 있다.

발효란 미생물과 효소의 작용으로 유기물이 분해되어, 새로운 물질을 생성하는 것을 말한다. 과학적으로는 발효와 부패는 같은 현상이다. 그중 인간에게 유용한 경우를 발효라 하고, 유해한 경우는 부패라고 구별한다. 즉 발효와 부패는 과학적으로 구별되지 않고, 인간의 가치관에 따라 정한다. 따라서, 발효와 부패의 카테고리 분류는 각 문화마다 다르다. 어패류 발효식품에 익숙하지 않은 문화권에서 자란 사람들에게는 젓갈은 '생선 썩은 것'으로 먹을 수 없는 부패물 카테고리로 분류되는 경우가 많다.

16세기 후반 일본에 온 예수회 선교사인 루이스 프로이스Luís Frois는 일본과 포르투갈의 습속을 비교한 책 가운데 "우리는 생선이 부패한 젓갈을 싫어했다. 일본인은 그것을 술안주로 이용하고, 매우 좋아한다(われわれにおいては'魚の腐敗した臓物は嫌悪すべきも

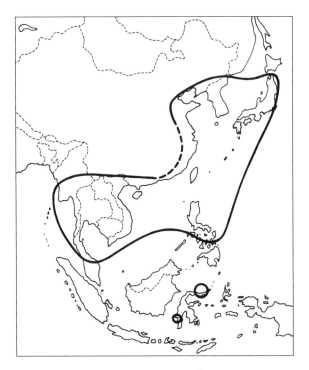

그림 1 젓갈의 전통적 분포권(『어장魚醬과 나레즈시의 연구』 p.323)

のとされる゜日本はそれを肴として用い´非常に喜ぶ)"고 내장 젓갈에 관하여 쓰여 있다.[7]

　오늘날의 젓갈은 술안주로 기호식품화되었다. 그러나 반세기 전까지는 조리할 필요 없는 보존식품인 젓갈은 밥반찬으로 먹었다. 염분이 많아서 소량의 젓갈로 밥을 충분히 먹을 수 있다. 젓갈류는 소금과 글루타민산glutamic acid의 감칠맛을 지닌 식품이다. 예전에는 젓갈은 조림이나 국, 무침의 양념으로 이용되고, 젓갈을 담는 용기에서 액체 부분을 떠내어 간장처럼 사용하였는데, 이처럼 젓갈은 조미료이기도 하였다.

중국에서는 고대부터 명대까지 '어장魚醬', '육장肉醬'이란 누룩을 넣어 만든 젓갈을 먹었다. 하지만 중국인이 가열하지 않은 식품을 먹지 않게 되면서 사라지고, 현재는 연안부 일부에서만 만들어 향토식품이 되었다. 한국에서 현재에도 젓갈을 많이 먹고 있고, 김치를 만들 때 조미료로 쓴다(그림 1). 인도네시아반도에서는 담수어로 만든 젓갈은 농민에게 가장 기본적인 보존식이다.

새우장蝦醬=작은 새우젓 페이스트

중국 발해만과 화남 연안부에는 일본의 작은 새우와 같은 플랑크톤류의 작은 새우에 소금을 넣어 발효시킨 새우장을 만든다. 일본 새우젓과 다른 점은 작은 새우를 살이 으깨질 때까지 발효·숙성시켜서 묽은 페이스트* 상태의 식품이고, 작은 새우의 향기가 농후한 풍미가 있어 조미료로 사용된다.

말레이반도의 '블라칸blacan', 인도네시아의 '테라시terasi'는 플랑크톤 모양의 작은 새우에 소금을 넣고 으깨서 페이스트 상태로 하여 발효시킨 것이다. 으깨져 있으므로 물에 녹이기 쉬워 조미료로 이용된다(그림 2).

---

* paste: 풀, 밀가루, 반죽, 연고 등 반고체 상태.

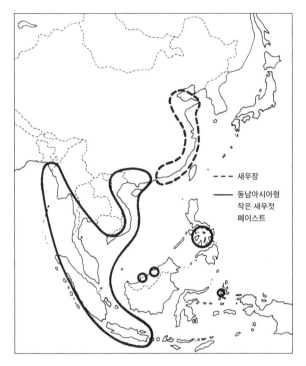

그림 2　새우젓 페이스트의 전통적 분포권(『어장과 나레즈시의 연구』 p.325)

어간장魚醬油

젓갈을 장기간 보존해 두면, 어육이나 내장이 모두 분해되어서, 액체상태가 된다. 이 액체를 모은 것이 '어간장'이다. 동남아시아에서 베트남의 '느억맘nuoc mam'이 유명하지만, 캄보디아, 태국, 라오스, 미얀마, 말레이반도, 루손섬에서도 어간장이 사용된다. 이 어간장은 중국의 광둥廣東성, 푸젠성, 산둥山東성 연안부, 한국의 서

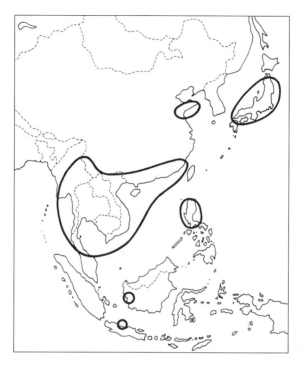

그림 3 어간장의 분포권 (『어장과 나레즈시의 연구』 p.327)

남 해안에서 쓰인다. 과거의 일본에서는 많은 지역에서 어간장을 제조하였지만, 근대에 이르러 간장이 보급되면서 모습이 사라졌다. 현재에도 아키타秋田현의 '쇼츠루', 이시카와石川현의 '이시리'가 향토 요리의 조미료로 이용되고 있다(그림 3).

유럽에서 제정 로마시대에 '가룸garum' 또는 '리쿠아멘liquamen'이라 불리는 생선 원료의 액체조미료가 있었고, 그 제조 원리는 아시아의 어간장과 마찬가지이다. 하지만 아시아와 유럽의 어간장은 서로 관계가 없이, 상호 독립적으로 발생한 것으로 생각된다.

논어업

필자는 아시아 13개국에 있는 젓갈, 어간장 등의 어패류 발효식품의 현지조사를 하였다. 그 결과 젓갈류, 나레즈시는 논벼농사와 밀접하게 관련되어 있는 것으로 판명되었다. 즉, 젓갈류나 나레즈시를 전통적으로 만드는 지역은 전통적인 논벼농사를 하는 지역과 그 분포권이 일치하였다. 그림 1~3의 넓은 범위의 젓갈 분포권과 그림 1에서 다룬 나레즈시의 분포권은 전통적인 논벼농사권이기도 하다. 동남아시아에 있어 15세기 이전부터 논벼농사를 하던 지역에는 젓갈류, 나레즈시가 존재하지만 화전농작지대나 수렵채집사회 지역에는 보통 결여되어 있다.

일본에서 논벼농사를 하지 않는 북해도의 아이누인들은 젓갈을 만드는 일이 없었다. 한국의 북쪽과 동쪽의 밭작물 지역에서 현재도 젓갈을 만들고, 밭농사지대인 중국 북부도 마찬가지이다. 중국 북부가 예외이긴 하지만, 이 두 지역은 역사적으로 통일왕조 아래에서 논벼농사와 밭농사 두 가지 유형의 식생활이 섞인 장소이다. 논은 벼농사 장소이면서 담수어의 서식지이기도 하다. 사람들은 벼농사에 종사하면서 논과 관개수로에서 작은 규모의 어업을 하고, 벼농사와 담수어업이 세트가 된 생활양식을 전개한다. 필자는 이를 '논水田어업'으로 명명한다. 논어업은 전업화한 어민을 필요로 하지 않고, 농민이 벼농사를 지으면서 한편에 논이나 관개수로에서 담수의 어패류를 채집한다. 농약이 보급되기 이전의 논은 양어 연못養魚池과 같은 곳이다. 벼를 자른 짚은 생선의 산란장이며, 부화한 치어는 육식성 어류에서 보호되는 은신처가 된다. 논은 주식인 쌀만이 아니고, 반찬이 되는 어패류 생산장소이기도 하였다.

어민에 의한 상업적인 어업과는 달리, 논어업은 농민에 의해 이루어지고, 자급자족적인 아주 작은 규모의 어업이다. 시장경제와는 무관한 활동이므로, 논어업은 문헌자료가 거의 기록되지 않았다. 일본 역사시대에는 어업활동의 기록은 상업적 어업으로 바다에서 생선잡이를 할 때이다. 그러나 예전 농민들의 식생활을 생각해보면 논어업에 주목할 필요가 있다.

현재 일본 강에는 제방이 쌓여 있지만, 동남아시아 강에는 제방이 없는 것이 일반적이다. 몬순지대 우기에는 강이 범람하여 논과 강이 그대로 이어지고, 강의 회유어는 논 안에 들어와서 산란을 한다. 우기가 끝나면, 논에 가득 찬 물을 강쪽으로 뺄 때, 어구를 걸어두면 단기간에 생선이 많이 잡히므로, 논어업에서 최대 어획기가 된다. 단 이 시기에 잡힌 생선은 부화한 직후이므로 치어가 많은데, 몸은 작고 살보다 뼈가 많아서 보통 음식의 재료로 적합하지 않다. 이 경우 적합한 가공방법인 젓갈로 만든다. 긴 해안선으로 둘러싸여서 어획량이 많은 이 지역 환경을 바탕으로, 해산물을 원료로 하는 방식이 변화한 것이다.

담수어 젓갈을 상식하는 전통이 있는 인도네시아반도나 중국에서는 바다에서 잡힌 생선을 어간장의 원료로 하는 경우가 많다. 이것은 어간장의 제조가 상업화함에 따라 대량의 원료를 얻을 수 있는 상업적인 바다의 어업에 의존하게 된 후이다.

젓갈의 역사

694~710년 사이에 궁중이 있던 나라현의 후지하라교藤原京 유적 중 지방에서 세금으로 보내온 물건에 붙어 있던 나무표찰인 목간木簡이 다수 발굴되었다. 그중에 붕어 젓갈을 의미하는 '즉해鮒醢'로 쓰인 것이 있는데, 이것이 일본 역사에서 젓갈의 첫 기록이다. 젓갈은 용기만 있으면 소금과 생선으로 간단히 만들 수 있는 식품이기 때문에, 문자기록에 나타나기 이전부터 먹어왔음이 틀림없다. 논어업과 밀접한 연관성에서 추측하면 이미 야요이시대에 있었을 가능성도 있다.

중국에서는 발효성 조미료를 '장醬, 히시오'으로 총칭한다. 주周 왕조(기원전 1050?~기원전 256) 궁중에서 요리 종류에 맞게 여러 가지 장을 조미료로 사용하고, 장을 만드는 전문인이 있었다는 기록이 판명되었다. 주대의 장은 고기와 생선을 원료로 한 젓갈로 '어장魚醬'과 '육장肉漿'이 있었는데, 그 제조공정에는 누룩과 술을 한데 섞는 것이 중국의 독자적인 방법이다. 누룩에서 당분이 생성되고, 술을 넣어서 당분의 발효에 의한 알코올과 첨가한 술의 알코올에서 생성된 산에 의해서 단순한 젓갈보다 풍미가 좋아진다. 한대 이후에 이르러서는, 고기, 생선 대신에 익힌 곡물과 콩류, 특히 대두를 사용한 장이 만들어졌다. 누룩을 넣은 젓갈 만드는 방법은 식물성 원료에 적용하여도 발효가 가능하다. 곡물이나 콩류는 원료를 장기간 보존하거나 운반하기 쉽다. 그래서 중국에서는 젓갈에서 '곡장穀醬=두장豆醬'으로 변화가 일어났다.

감칠맛과 염분의 보급원

곡류나 콩류 등 식물성원료도 누룩의 작용으로 분해되어 아미노산이 생성된다. 염분과 아미노산의 감칠맛을 지닌 것에 있어서 젓갈과 식물성원료를 사용한 장은 공통적이다. 이 식물성원료와 누룩을 섞어서 발효시킨 장은 그 후 한국과 일본에서도 조미료로 쓰이게 되었다. 그 대표가 되는 된장이나 간장을 분석하면, 아미노산의 일종인 글루타민산의 함유량이 높은 것도 알려져 있다. 글루타민산의 감칠맛을 공업제품으로 만들어낸 것이 '아지노모도味の 素'인데, 글루타민산은 음식의 감칠맛을 보태주는 물질이다.

필자는 아시아 각지에서 수집한 젓갈, 어간장의 아미노산 분석을 아미노모도중앙연구소에 의뢰한 적이 있다. 그 결과, 생산지 원료의 어종, 제조방법이 다름에도 모든 젓갈계 식품은 공통적으로, 된장, 간장에 필적하는 대량의 글루타민산을 포함하고 있음을 판명했다.[8] 중국에서는 한대 이후도 5세기경까지 동물성 장인 젓갈과 식물성 장의 두 가지가 공존하다가, 그 후에 식물성 장이 조미료의 주류가 되었다. 식물성 장의 주요한 원료인 콩이 야요이시대 유적에서 발견되는 예가 비교적 적은 것을 고려하면, 식물성 장은

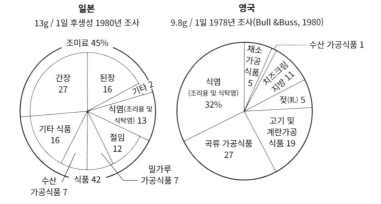

그림 4 식염의 섭취량: 일본과 영국(『어장과 나레즈시의 연구』 p.349)

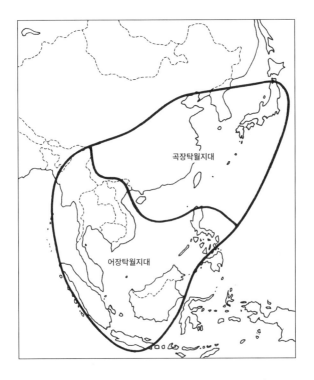

그림 5 감칠맛의 문화권(『어장과 나레즈시의 연구』 p.355)

고훈시대 이후 일본에 도입되었을 것이다. 그 후 콩과 곡류에 소금을 넣어 발효시킨 '히시오醬', 된장, 간장의 조미료는 일본인의 일상생활에 빠질 수 없는 것이 되었다.

현대 일본과 영국 국민 1인 1일당의 염분 섭취원을 나타내는 표를 보자(그림 4). 영국에서는 축육제품, 유제품이 염분 보급원이 되는 것에 비하여, 고기 가공제품이나 유제품의 습관이 없는 일본에서는 츠케모노와 수산가공식품에서 염분을 얻고 있음이 눈에 띤다. 최대의 차이는 영국은 조리 때나 식탁에서 소금을 한 가지만 사용하는 것이 32%에 달하는데, 일본에서는 13%에 지나지 않고, 소금 45%를 조미료에서 섭취하고, 그중에 된장, 간장의 대두와 곡물을 주원료로 한 제품이 43%를 차지하고 있다. 이 경향은 중국이나 한국에서도 마찬가지이다.

유럽의 조리법처럼 각 요리에 맞게 소금으로 맛을 낸 소스를 만들지 않고, 동아시아에서는 간장, 된장과 같이 기제품의 조미료(곡장=두장)를 평소에 부엌에 준비해두고, 거의 모든 요리의 맛내기에 쓴다. 다시 말하면 만능조미료로 사용되므로, 이와 같은 발효조미료가 최대의 염분섭취원이 된다.

동남아시아 중에서 젓갈을 자주 이용하는 지대에서는 동아시아의 곡장과 마찬가지로 젓갈류가 주요한 염분섭취원이 되고 있다. 이 지역에 대해서는 신뢰할 수 있는 통계자료가 없으므로, 필자가 계산한 미얀마 양곤(랑군) 교외에 있는 미얀마인 농가의 예를 들면, 1일 1인당 6.3g 염분을 젓갈에서 섭취하고 있다. 일본인이 된장,

간장에서 섭취하는 염분은 1일 1인당 5.6g이다. 식물성원료와 동물성원료의 차이는 있지만, 짠맛과 감칠맛을 지닌 발효식품을 만능조미료로 요리에 이용하는 것은 동남아시아와 동아시아가 공통된다(그림 5).

나레즈시

젓갈과 비슷한 '나레즈시ナレズシ'가 있다. 이것은 소금에 절인 생선과 쌀밥을 보태어 항아리甕에 보존한 것이다. 쌀밥이 발효하여 유산이 생성되므로, 신맛이 되지만 젓갈과 같이 어육이 분해되지 않고, 생선 몸이 보존한 그대로 1년 이상 보존할 수 있다. 페이스트 상태로 삭은 쌀밥을 빼고, 생선을 얇게 썰어서 날로 먹으며, 독특한 향이 강한 치즈 같은 냄새가 난다. 예전에 북해도와 규슈 남쪽 섬들을 제외하면 일본 전통에 나레즈시가 있었다고 추정되지만, 현재는 비와코琵琶湖 주변의 명물인 '후나즈시フナズシ: 붕어초밥' 등 한정된 향토음식으로 만들어지는 정도이다. 중세까지는 '스시ズシ: 초밥'라고 하면 나레즈시를 나타내지만, 15세기 이후 단기간에 만드는 스시가 출현하고, 이후 스시의 주류가 되었다. 그것을 구별하기 위해서, 고대부터 만들어온 보존식품의 스시를 '숙성한 스시'라는 뜻에서 '나레즈시馴鮓, 馴鮨, 熟鮓, 熟鮨'로 부르게 되었다.

지금의 '니기리즈시握りずし: 주먹생선초밥'는 초로 맛을 낸 밥에 날생선 조각을 얹은 것으로, 보존식품이 아니라 재료 준비만 되면, 즉석에서 만들 수 있는 인스턴트 요리이다. 그래도 스시에 쓰는

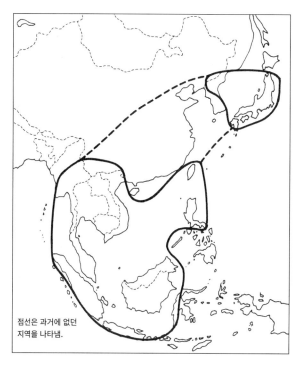

점선은 과거에 없던
지역을 나타냄.

그림 6 나레즈시의 전통적 분포권(『어장과 나레즈시의 연구』 p.355)

밥은 반드시 초를 넣어 신맛을 내야 하고, 유산과 초산의 산미와
다르지만, 옛날의 흔적이 남아 있다. 스시의 어원은 '시다酸し' 즉,
시어진다는 뜻이 있다. 나레즈시는 고대 인도네시아반도 메콩강
유역을 기원으로 하며, 그것이 중국에 전해져 논농사 농업과 함께
일본에 전해진 것으로 생각된다.[9] 즉 나레즈시도 젓갈과 마찬가지
로 논어업과 관계가 있는 생선의 보존법이다. 동남아시아 나레즈

시의 분포권은 전통적 논농사 경작지대와 거의 일치한다(그림 6). 중국에서도 명대까지 나레즈시를 먹었지만, 날생선을 먹는 중국인은 그만둔 것과 함께 젓갈류와 마찬가지로 한족 사이에서는 잊힌 식품이 되고, 서남 중국의 소수민족들에게는 남아 있다.

일본에서는 8세기 초 이후 나레즈시의 여러 기록이 있다. 19세기경 나레즈시의 원료는 바다생선은 물론이고, 담수어로 만든 것이 많이 있다. 논어업 전통이 강하게 남은 식품이라고 할 수 있다.

3장
일본적 식문화의 형성기

1. 시대 배경

시대 구분

일본 역사에서 선사시대는 고고학자료를 토대로 연구된 고훈古墳시대까지를 말한다. 고훈시대 후기인 6세기 후반 이후 역사에 관해서는, 일본 국내에서 문헌자료로 알 수 있는 역사시대이다. 보통 일본의 역사학자는 고대, 중세, 근세, 근대로 나눠 시대 구분을 한다.

고대는 아스카飛鳥시대, 나라奈良시대, 헤이안平安시대로 구성된다. 이 시대는 중국 제도를 참고한 율령律令이라는 법 체계를 기본으로 하고, 천황을 정점으로 하는 귀족계급으로 구성된 궁중이 중앙집권적으로 지배하는 국가체제이다. 아스카, 하쿠호白鳳시대 궁중의 소재지는 천황의 즉위에 따라 이동했다. 나라시대는 현재 나라시, 헤이안시대에는 현재 교토시를 수도로 정하였다.

중세에는 가마쿠라鎌倉시대와 난보쿠초南北朝시대, 무로마치室町
시대로 구분된다. 귀족을 대신해서 신흥 무사계급이 실권을 잡았
던 시대로, 타 지역의 지도자 급의 무사들은 봉건영주로 성장해갔
다. 지방분권적인 무사계급 통합의 정점은 쇼군將軍이며, 그의 정
부인 바쿠후幕府가 봉건영주를 통솔하는 것에 따라 실질적으로 전
국을 통치하게 되었다. 중세에 천황은 이름만 일본의 통치자일 뿐
이었으며, 실권은 전국 무사계급의 최고 지위에 있던 쇼군에 있었
다. 교토에 있는 천황의 궁중은 존속하였지만, 관직을 임명하는 의
식사 기능뿐이었다.

이 책에서는 정치사를 중심으로 명확하게 밝혀진 일반적인 역
사학의 시대 구분을 배제하고, 식문화의 관점에서 접근하여, 고대
부터 중세 끝인 15세기 말까지를 「일본적 식문화의 형성기」로 다
루고자 한다.

중국 문명의 수용
「일본적 식문화의 형성기」는 중국 문명에서 형성된 식문화를
흡수해, 독자적으로 식문화의 기본을 다지고, 일본화한 시기이다.
크게 구분한다면, 10세기 초를 경계선으로 하여 전후의 두 시기로
구별할 수 있다. 즉, 10세기가 될 때까지 중국·한국의 음식이나 식
사습관을 수입하고 모방한 시기이며, 그 이후는 해외의 영향을 받
아 일본인의 기호나 습관에 맞게 재편성하고, 현대까지 이어지며

식생활을 확립한 시기이다.

16세기 서구 문명을 접하기 전까지 일본에서 규범이 되는 것은 중국 문명이었다. 그때는 베트남, 한국 등 중국 주변 여러 민족에게 마찬가지였다. 중국과 대륙으로 이어진 나라들은 문명 중심지와 직접적인 교섭이 쉬웠고, 역사적으로는 중국의 직접적인 지배도 경험했다. 그에 비해 일본은 바다로 떨어진 지리적 조건에 의해서 중국제국의 지배를 받지 않고, 항상 독립을 지켜왔다. 그 때문에 중국 문명의 수용과정이 대륙에 이어진 나라들과는 역사적으로 다르다. 즉, 중국의 직접 통치 아래에 놓이지 않고 그 문명을 강제받지 않았으므로, 중국 문명을 하나의 체계로서 수용하지 않고, 문명을 구성하는 요소 중 선택해서 받아들였을 가능성이 있다. 따라서 중국 문명의 흐름 중 단순하게 선택해서, 일본의 문명 안에 자리 잡도록 할 수 있었다. 다시 말해, 중국 문명에서 막대한 영향을 받으면서도 중국 문명의 맥락에서 벗어나 '일본다움'이 형성되었다.

거시적으로 보면 고훈시대부터 7세기 후반까지는 한국을 매개로 중국 문명이 일본에 전해진 시기였다. 이때 한국에는 백제, 신라, 고구려의 세 나라가 병립하고 있었다. 5세기에 일본 천황 정권은 백제와 연합하여, 군사적으로 한국에 개입하게 되었다. 7세기 중엽, 중국 당 왕조와 연합 관계에 있는 신라가 고구려와 백제를 멸망시키고 한국을 통일한 국가가 되었다. 이때 백제에 다수의 쇼군을 보낸 일본은 663년에 신라와 당의 연합군에 대패하고, 이후 한국에서 물러났다.

이 같은 정세를 바탕으로, 당시 한국에서 선진기술자들의 일본으로 이민이 활발하게 이뤄졌으며, 고구려와 백제의 멸망 때 일본에 들어온 다수의 난민이 대륙의 문명을 불러왔다. 예를 들면, 육식 금기와 관계가 있는 불교는 중국에서 한국을 거쳐 일본에 전해졌다. 스에키須惠器라고 불리는 고온에서 구워서 단단해진 회색토기는 5세기 중엽부터 일본에서 취사용이나 식기로 사용했으며, 중세에도 그 기술로 만들어진 토기가 많이 이용되었다. 토기 만드는 기술은 중국에서 시작되었고, 한국에서 독자적으로 발전하여 일본에 전달되었다. 6세기 말, 일본은 한국을 거치지 않고, 중국 문명을 직접 수용하여 정책으로 전환했다. 220년에 한漢왕조가 와해된 후에, 중국은 오랫동안 몇 개 국가로 분열되어 있었다. 이어 수隨왕조(581~618)가 통일하고, 당唐왕조(618~907)는 중국 역사에서 가장 많은 영토를 소유한 거대 제국을 형성(중화제국)하여, 당시 세계에서도 가장 선진적인 문명 중심지였다. 주변 여러 나라는 당의 제도와 문화를 자국에 이식하며 '근대화'를 이루려고 했다.

일본도 예외가 아니었으며, 600년에 견당사遣唐使를 파견한 이래 838년에 마지막 견당사가 출발할 때까지 총17차례 일본 공식사절단이 중국의 수도를 방문했다. 사절단의 목적은 정치적으로 중국과의 외교 관계를 양호하게 유지하는 것이었다. 이것은 중국 문명을 배우는 기회도 되어, 문화사절로서 의미도 있다. 1회 사절단은 대사大使 이상의 250~500명으로 구성되었으며, 그중에는 중국에서 장기 체류하는 유학생이나 유학승들도 포함되었다. 정치와 행정 제도, 법률, 학술, 문학, 의학·약학, 미술, 불교, 기술 등을 습득하고, 그에 관한 문헌을 수입하여 일본에 들여왔다. 즉, 문명의 학습이 사절단이 이루어낸 역할이기도 했다.

궁중과 절

국가가 수행한 문명 수입사업의 최초 성과는 궁중과 절에 있었다. 궁중의 귀족 연회에 중국에서 조리법을 배운 '당과자唐菓子: 당나라 과자'나 유제품인 '소蘇' 등 다양한 음식이 제공되고, 수입품과 제작기법을 전수해 일본에서 만든 식기와 젓가락, 숟가락을 써서 식사했다. 나라시대에는 불교가 국교가 되어, 승려들이 교의를 배울 수 있도록 국비유학을 하게 했다. 그래서 중국의 식문화가 절에서 가장 빨리 받아들여졌다. 예를 들어 일본에서 '음차飮茶'에 관한 최초 기록은 815년에 사가嵯峨천황이 비와코 호반에 있는 숭복사崇福寺를 방문했을 때, 대승인 에이추永忠가 천황께 차를 드린 것이다. 그는 유학승으로 중국에 30년간 머문 인물이었으며, 당시 중국은 차를 마시는 것이 새로운 유행으로 일반화하기 시작한 시기였다.

독자성의 창조

894년 스기하라노미치자네菅原道眞의 제안으로 견당사 보내기를 폐지한 후 중국에 공식사절단을 보내지 않았다. 당왕조가 쇠퇴하고 내란이 계속되는 상황에서 중국으로 항해가 위험하다는 것이

견당사 폐지의 이유였다. 사실 당시 항해술로는 위험이 크고, 사절단 배가 태풍을 만나 파산한 예도 많았다. 또한 중국 상인이 일본에 들어오게 되니 거대한 국비를 들여서 중국과 문화 접촉을 할 필요가 없어졌기 때문이기도 했다. 이때부터 일본 문화가 중국을 모방하는 것에서 벗어나, 독자성을 발휘하기 시작한 시기에 해당한다. 그 예로서 문자나 문학에 대하여 간단히 소개하려고 한다.

서구 세계에서 오랫동안 라틴어가 공식 기록에 쓰였듯이, 중국 문명의 위성 국가에서는 문명의 문자인 한자를 사용하였고, 고전 중국어 문장인 한문으로 기록하는 것이 원칙이었다. 한국에서 자국어로 표기할 수 있는 독자적인 문자체계를 갖춘 한글이 공포된 때는 1446년이다. 하지만 그것은 오랫동안 배우지 못한 민중의 문자로 경시되어서, 공문서는 한문으로 썼다. 한글이 보급된 때는 20세기 초이다. 그래서 당시 전통적인 조선문학은 고전중국어로 쓰인 시나 문장이었다. 필연적으로 문자의 배후에 있는 중국적 관념을 투영하는 경향이 강해서, 자기 민족의 문화를 다른 계통 언어로 자세히 묘사하는 것은 불리하였다. 그리고 독자는 한자를 읽을 수 있는 지식인에 한정되어 있었다.

베트남어로 표기하는 문자체계인 쯔놈Chu Nom은 14세기 초에 만들어졌다. 하지만 20세기 초까지는 한자가 공식 문자이고, 고전 중국어가 공식 문장이었다. 쯔놈은 대중 문자로 발전하지 못하였고, 일반 베트남인이 자국어 문장을 읽고 쓰게 된 것은 서구의 선교사가 만든 라틴어 문자를 바탕으로 한 현재의 문자체계가 보급된 후의 일이다.

일본의 경우, 한자로 기록을 남겼지만, 자민족의 언어로 표기하기 위한 시도는 오래전부터 있었다. 한자는 각각 문자가 고유한 발음을 나타낼 뿐만 아니라, 문자 하나하나가 고유의 의미를 갖는 표의문자이다. 8세기에 만들어진 일본 최초의 시집 『만요슈』에는 귀족에서 농민까지 폭넓은 계층의 이들이 지은 약 4,500수가 수록되어 있다. 작품은 한자를 음표문자로서 이용하는 '만요가나萬葉假名'로 기록되어 있다. 한자를 쓰고 일본어로 발음을 표기하여, 한자가 지닌 뜻을 무시했다. 그 후 한자를 변형시켜 일본의 알파벳인 '가타가나'와 '히라가나'를 만들었으며, 그것으로 자민족의 문화를 문장으로 자유로이 표현할 수 있게 되었다. 이후에도 공문서 등은 한자로만 표기했으나, 가나문자에 한자를 섞어서 표기하는 것이 일반화되었으며, 현재 일본어 문장의 표기도 그렇다.

음표문자인 가나문자의 문장 중 흩어져 있는 한자는, 중국 기원의 사물이나 추상적 개념인 경우가 많다. 그러나 그들의 한자 읽기는 중국의발음과 달리, 일본어 음운구조에 맞게 변형한 것이며, 가끔 중국어 발음을 무시하고, 한자가 뜻하는 개념에 해당하는 일본어 단어로 읽기도 한다. 즉, 가나 문자로 나타낸 일본어는 중국어 중에서 일본인이 선택된 한자만을 일본적으로 변형시켜서 존재하고 있다.

가나문자가 보급되면서, 시 분야에서는 고전중국어의 교양을 지닌 지식인이 지은 한시에, 대중도 참가할 수 있는 와카和歌라는 자국어 시가 등장하였으며, 나중에는 궁중귀족 사이에서도 한시보다 와카를 짓는 것이 주류가 되었다. 산문 분야에서는, 9세기 후반부터 가나문자로 쓰인 소설이 등장하고, 10세기가 되면서 다양한 작품이 줄을 이었으며, 11세기 초에는 세계 최초의 장편소설인 『겐지모노가타리源氏物語』가 나타났다. 이즈음부터 문학분야를 상징하게 되듯이, 일본 문화 전반에서도 중국을 모방하는 것에서 탈피하여 일본 독자의 전통을 형성하게 되었다. 10세기 이후에도, 중국이나 한국과 교역을 계속했지만, 이미 외부 문명을 모델로 하는 것은 없어졌다. 19세기에 들어서는, 서구 문명을 모델로 하여 일본을 재편성했다. 근대화운동이 출현할 때까지 일본은 국내에서 역사 전개는 자연발생적으로 형성된 시스템에 바탕을 두고 운영하여 왔다.

무사武士의 문화

10세기 후반부터 11세기 전반은 교토 궁중을 중심으로 한 귀족문화가 가장 번영한 시기지만, 지방에서는 이미 중세로의 태동이 시작되었다. 정치에 관심을 쏟기보다 궁중문화 참여에 열중하여, 지방 통치능력이 떨어진 귀족들 대신에 지방의 무사들이 권력을 잡게 되었다. 귀족의 장원을 경호하던 무사들이 연합한 군사집단이 발전하여, 궁중에 정치적 간섭을 하게 되고, 드디어 1185년에 무사의 정부인 가마쿠라를 설립한다. 이때부터 중국 문명을 모델로 하여 만들어진 궁중귀족을 중앙집권적 통치하는 제도는 끝났다.

세련된 요리기술이나 식사예법을 발달시킨 것은 궁중이며, 일본 고대에도 예외는 아니었다. 궁중에는 백성에게서 거둔 전국의 산물과 전문요리인 집단이 있고, 다양한 종류의 술을 만드는 관아가 있었다. 신분이 관료인 귀족을 모아서 열린 연회는 신분의 상하 등 질서를 확인하는 의례적인 행사였으며, 궁중에서 먹고 마시는 행위는 정치이기도 했다. 그러나 무사가 정권을 잡은 이후에는 궁중은 경제적으로 쇠퇴하여, 식문화 중심지로서 기능을 잃었다. 그 후 궁중의 식사는 의식적, 형식적인 측면을 강조할 뿐, 실질적으로는 영양이나 맛에 무심해졌다. 중세 이래 근대에 이르기까지, 일본 궁중이 민중의 식사에 영향을 준 것은 거의 없었다. 새로운 정권을 잡은 무사 대부분은 농민 출신으로 애초부터 영지領地를 경영하고, 농업 생산에도 참여했다. 그들은 자급자족하는 경제를 중시하여, 간소하고 실질적인 식사를 좋게 여겼으며, 세련미, 형식화, 사치와 무관한 식사를 하는 것을 자부심으로 느끼는 윤리규범을 갖고 있었다. 이는 에도시대까지 이어졌으며, 무사는 일본에 있어 금욕주의를 짊어진 이들이었다.

고대와 중세에는 귀족이, 그 후 시대에는 부유한 상인들의 향락주의에 대립하는 존재는 무사의 금욕주의였다. 19세기 중엽까지 계속된 무사의 통치 아래에서, 금욕주의 생활이 도덕적이라는 윤리가 계속적으로 강조되었다. 이러한 금욕주의는 고대 말경부터 뚜렷이 드러나게 되었다. 중세에 진행된 일본문화 동향 중 한가지는 과거 상류계급이 받아들인 중국 문명과 민중의 전통적인 민속

문화의 융합과정으로 볼 수가 있다. 고대 궁중에서 받아들인 문명의 패션을 그대로가 아닌 일본적으로 변형시키거나, 대중의 생활에 익숙지 않은 요소를 버리는 것이 현재까지 이어지는 전통으로 남아 있다.

의복의 예를 보자. 궁중에서는 '중국의 옷'을 의미하는 당의唐衣라는 화려한 옷을 입었지만, 일반 민중의 옷은 아주 거칠지만 기능적인 노동에 적합한 디자인이었다. 차이가 있는 두 계통의 의복이 오랫동안 서로에게 영향을 미치면서 변형하고, 중세 말에는 기모노和服의 원형이 되었다. 옷과 마찬가지로 식생활을 둘러싸고 일어난 일에 대해서 구체적으로 쓰려고 한다.

2. 육식의 금기

불교에 따른 금지 - 중국·한국

석가가 불교도들이 지켜야 할 계율의 첫째로 꼽은 것은 살아 있는 것을 죽이지 말라는 살생계殺生戒였다. 따라서 본래 불교도는 완전한 채식주의자여야 하고, 고기와 생선을 먹어서는 안 된다. 그러나 아주 일부 불교도만이 동물성 단백질을 전혀 먹지 않는다. 동남아시아의 상좌부上座部 불교에서 민중은 생선이나 고기를 먹는다. 그러나 승려나 비구니는 '죽이는 것을 보지 않은 고기', '자신을 위해 죽였다는 것을 듣지 않은 고기', '자신을 위해 죽이지 않은 것이 확실한 고기'의 세 종류의 고기는 식용해도 된다고 한다. 중국, 한국, 일본에 전해진 대승불교는 더욱 엄격해서 원리적으로 생선이나 고기 먹는 것을 금지하고 있지만, 이를 지키는 사람은 성직자뿐이다.

중국은 6세기 초 신실한 불교도였던 양梁 무제武帝가, 승려가 육식을 하면 처형하라는 명을 내렸는데, 이것은 고기를 먹는 승려가 있었음을 의미한다. 그 후 승려는 고기와 생선을 먹지 않는다는 규칙이 생겼지만, 민중은 일상에서 고기를 좋은 찬으로 계속 먹고 있었다. 현재 중국의 열심한 불교신자는 매월 1일과 15일, 근친자의 제사 등 특별한 날만은 채식을 지키는 이들도 있다.

한국에서는 6세기에 신라와 백제의 왕이 불교사상을 기반으로 동물을 죽이는 것을 금하는 명령을 내린 기록이 있지만, 육식을 엄하게 금하지 않았다. 신라는 봄에서 여름까지 동물의 번성기에 수렵을 금지했고, 한 달에 6일간은 동물을 죽여서 먹지 못하게 했다. 신라 다음에 한국을 통일한 고려왕조(918~1392) 때에는 불교가 번성을 누리고, 백성도 육식을 하지 않게 되어 도축도 일어나지 않았다. 1123년 고려에 간 중국 사신 서긍徐兢이 쓴 『고려도경高麗圖經』 중에는, 그곳 사람들이 양이나 돼지를 도살할 때 "4개의 다리를 묶어 불 위에 던져, 숨을 거두지 않은 것은 몽둥이로 때려 죽이는데, 내장이 터져서 오물이 흘러나와 이것으로 요리한 고기는 냄새가 나서 먹을 수가 없었다"고 기록되어 있다.

13세기 한국에 원나라가 침입하여, 원나라 군대가 주둔하였다.

한국에 머물던 몽골인들은 목장을 개발하여 소와 말을 대량으로 사육하기 시작했다. 몽골인들에게 망치로 소도축하는 방법을 배워서, 직업으로 하는 사람이 출현했지만, 이 집단은 나중에 천민으로 차별받았다. 한때 잊혔던 고기음식이 원나라 지배하에서 부활되었으며, 이때 중국의 고기 요리법이 도입되었다. 소고기를 재료로 하는 '불고기'도 이처럼 외래 요리법에서 기원한 것으로 추측된다.[1]

최초의 육식 금지령

일본에서는 675년에 천무천황이 최초로 육식 금지령을 제정했다. 동물이나 물고기를 마구잡이로 잡을 염려가 있으므로, 올가미를 사용한 수렵과 어로를 전면적으로 금지했다. 4월 1일부터 9월 30일 사이에는 소, 말, 개, 원숭이, 닭을 먹지 말라고 했으며, 동시에 우리나 함정, 기계식 창 등 어로용 어량漁梁 사용을 금하고, 이 금지사항을 어긴 자는 처벌하는 것이 그 법령의 취지였다. 이 법령은 살생을 금지하는 불교사상에 바탕한 것으로 해석되어 왔다. 그러나 당시 일본인에게 가장 중요한 식육 자원이었던 사슴과 멧돼지의 식용은 허락했고, 동물 5종류에 한해서 특정기간만 식용을 금지하고 있다. 이 사실로 보아, 이 법령에는 불교 이외의 요소가 강하게 반영되어 있음을 알 수 있다.[2]

개 식용의 관습은 예전부터 동남아시아, 오세아니아, 중국, 한국에 분포하고 있었다. 이들 지역에는 목축이나 수렵이 발달하지 않았기 때문에, 유럽처럼 양치는 개나 수렵용 개, 인간의 반려견으로 여기지 않는다. 다른 문화권에서 보면, 거의 페티시즘의 일종으로 여길 정도의 특수한 관계로 인간과 개의 연결은 없었다. 천무천황의 육식금지령에서 알 수 있듯이 일본에서도 개를 식용가축으로 이용했다. 하지만 개의 주요한 용도는 수렵과 번견番犬이고, 식용을 목적으로 사육하지는 않았다.

원숭이는 조몬시대부터 식용으로 했지만, 수렵 대상으로 중요하지는 않았다. 인간을 닮은 원숭이는 일본의 민속관행 중에 특수한 위치를 차지하고 있는 동물이다. 신의 사자使者로 보는 지역도 있고, 후세의 사냥꾼들은 원숭이 수렵을 싫어했다. 원숭이 고기를 먹는 것도, 단순히 식량이 아닌, 병을 고치려는 약용효과를 기대하고 먹었다. 그것을 생각해보면 천무천황의 육식금지령이 발포되었을 때는 원숭이가 일반적으로 생각하는 식육동물은 아니었을 것이다.

닭은 야요이시대에 일본에 도입되었지만 신화에서 신의 사자로 중요한 위치에 있어, 일반적으로 식용을 많이 금기하는 가금家禽으로 추정되었다. 그 후에도 일본인은 식용이 아니라 애완용으로 여기고 성스러운 새 또는 자명종, 투계용으로 오랫동안 닭을 키워왔다. 닭뿐 아니라 에도시대 이전에는 달걀을 먹는 것도 기피했다. 소와 말은 일본 야요이시대에 도입되었지만, 7세기가 되어도 마리수는 적었고, 귀한 역축이었다. 고대 전쟁 때에는 지휘관급만 말을 탈 수 있었으며, 기병대라고 해도 보병전이었다. 또한 소를 보유하지 않거나, 소에게 쟁기를 걸지 않고, 모두 인력으로 농경을 행했던 농민들이 많았다.

한편 고대에는 그해 논농사 첫 날에 소나 말을 희생하여 그 고기를 먹는 농경의식이 있었다. 이것은 중국 또는 한국에서 온 자들에 의해서 행해졌다. 이처럼 소나 말의 식육을 동반하는 농경의례를 올리는데, 오히려 한발이나 메뚜기에 의한 피해가 생겨서 쌀농사를 실패했다는 기록이 전해진다. 고대에 있어 동물을 희생하는 의례의 기록은 매우 적다. 이것은 일본에 온 중국이나 한국의 이민집단이 전한 것이고, 고대에 한동안 있었지만 그 후에는 신도神道의례에서 동물을 죽인 기록은 없다. 벼농사의 시작 때 소 말의 희생에 뒤탈이 있었다는 관례가 있었지만 그것은 외국에서 전해진 농경의례와 동물을 공물로 올리지 않는 일본 풍습과의 갈등을 나타내는 것일 수도 있다. 642년에 기우제에 소, 말을 죽이는 행위를 금지하는 법령이 내려졌다. 702년 기근 때는 소를 죽이는 대신에 흙으로 만든 소를 갖고, 풍작을 기원하는 의례를 행한 기록이 있다. 예전에는 제의에서 소나 말의 희생犠牲으로 올린 그 고기를 농민들이 몰래 즐겨 먹었다. 정부가 675년에 내린 금지령은 농경의례로 식육이 되는 소, 말의 감소를 걱정하여 금지했다고 생각할 수 있다.

앞서 말했듯이 식용금지 대상이 된 개, 원숭이, 닭은 일본인에게 특별한 의미가 있는 동물이므로 따로 금지령을 내리지 않아도 별로 죽이지 않았을 것이다. 소, 말 식용 금지, 역축동물 감소방지,

그리고 가뭄이나 메뚜기의 충해, 기근을 덮는 것이 금령의 주안점이며, 논 농사기간인 음력 4월부터 9월까지에 한정된 금지였다. 또한 올가미나 어량으로 동물이나 물고기를 마구 잡는 것을 금지하고, 무차별하게 살생을 하지 않도록 하는 불교적 이념이 배경에 있다고 해석할 수 있다.

불교의 보급

나라시대에는 불교 이념에 근거한 국가 통치체제가 확립하고, 일본 각지에 관영 사원인 고쿠분지国分寺가 세워졌다. 이와 같은 정세 중에서 불교의 자비 정신을 보급하려면, 천황의 인덕을 나라 전체에 퍼트릴 필요성을 느끼고, 왕권과 종교를 합체한 정치 사상이 형성되었다.

이 시대의 천황들은 때때로 동물을 죽이는 것을 일절 금지하는 법령을 내렸다. 752년에 총 고쿠분지인 도샤東寺의 대불이 완성될 때 국가적 행사인 대불개안회大佛開眼会가 이루어졌다. 고오겐孝謙천황은 이것을 기념하기 위해 소칙을 마련해 1년간 일본 전국에서 모든 살생을 금지했다. 물고기를 잡아 생계를 이어가는 어민들에게는 생활이 곤란하지 않을 만큼 쌀을 지급할 것을 약속했다. 그 후 12세기에 이르기까지, 살생을 금하는 칙령이 몇 차례 내려졌다. 당시 사람들은 고기 맛을 잊기 어려워했다는 이야기도 있다. 833년에 완성된 법령의 주역서 『료노기게令義解』에는 승려나 비구니가 고기를 먹고, 불교의 계율에 금지하는 술을 먹고, 음욕, 분노

를 일으켰으므로 성직자에게 식용을 금하고 있는 오신채五辛菜, 五葷
菜라는 냄새가 강한 채소(마늘, 부추, 파, 염교, 산달래)를 먹은 자는 벌
로, 30일간 중노동을 시킨다고 쓰여 있다. 그러나 병을 치료하는
목적으로 승려가 고기를 먹을 때는 기일을 정하여 허락한다고 적
혀 있다. 9세기 전반의 시기에는 절에서 비밀리에 고기를 먹었다
는 것이다.

10세기가 되어 승려와 귀족, 도시민 사이에는 동물의 육식을 죄
악시하는 풍습이 성립되었다. 그 후 불교가 지방의 백성에게까지
침투하면서, 불교의 윤회 관념과 포유류 육식의 금기와 결합하여
다리가 넷 달린 동물로 다시 태어난다는 생각까지 퍼졌다.

신도神道, 부정함과 결합

927년에 완성된 법령집 『엔기시기延禧式』에 의하면, 동물의 고기
를 먹은 귀족이나 정부 고관은 그 후 3일간 부정하다고 해서, 궁중
에서 일어나는 신도행사에 참가하는 자격을 상실했다. 이것은 또
한 상류계급에서도 육식을 하는 자가 있었음을 증명하는 동시에,
신도에서도 고기를 멀리했음을 나타낸다. 이후에는 신도에서 육
식 금지가 강화된다. 1318년에 제정된 황실의 수호신을 모시는 이
세伊勢신궁 참배자를 위한 규정의 주역서인 『분포기文保記』에는 멧
돼지와 사슴을 먹은 사람은 신궁 참배를 100일간 금지한다고 적
혀 있다.

신도에서는 부정不淨의 상태를 '게가레穢れ'라고 한다. 가장 부정

이 심한 것은 죽음이나 출혈에 관한 일이다. 근친자가 사망한 경우, 죽음의 게가레는 '흑부정黑不淨'으로 여겨서 타인에 감염되지 않도록 일정기간 사회생활에서 격리되어야 낫는다. 출산, 월경은 출혈을 함께하는 게가레인 '적부정赤不淨'이고, 그 상태에 처한 여인은 격리된다. 몇몇 지역에서는 20세기가 될 때까지 출산이나 월경 때에는 가족이 사는 건물과 떨어진 곳에 자고, 식사도 가족과 따로 하며 불로 익힌 음식을 먹는 관습이 있다. 피의 부정함이 가족의 음식을 만드는 불의 신성을 더럽히는 것을 피하기 위한 것이다. 출혈을 게가레로 여기는 민속 위에 구축된 종교인 신도에 동물의 살생을 행하는 의례는 없다. 필연적으로 출혈을 가져오는 육식을 신도에서는 부정함으로 여기게 된 것이다.

살생을 일절 금지하는 불교에서는, 엄밀히 말해서 생선도 먹지 말아야 하지만, 신도에는 생선의 피에 대해서 언급하는 것이 없고, 생선, 조개는 신에게 올리는 최상의 공물이었다. 불교뿐 아니라 전통적 종교인 신도에서도 육식을 부정한 것으로 보기에 많은 일본인은 육식을 기피하게 되었다. 그러나 살아 있는 생물의 식용을 아예 금지하는 것은 불교 성직자뿐이다. 한편 13세기에 성립된 정토진종淨土眞宗 교단은 육식과 부인을 취하도록 허용했다.

좋아하는 음식은 어식魚食

고대 말부터 중세에 걸쳐서 직업 사냥꾼 등을 제외하면, 일반적으로 민중은 포유류 고기를 먹지 않았지만, 닭 이외에 야생의 새나 어패류는 불교 행사기간 혹은 근친자의 기일을 제외하면 먹을 수 있었다. 그러나 민중에게 사냥으로 잡은 조류를 먹을 기회는 거의 없었고, 유제품을 일상식품으로 하는 풍습도 없었기에 동물성 단백질 섭취원은 주로 생선에 한정되어 있었다. 이러한 이유로 일본인은 생선 요리를 선호하게 되었으며, 생선 요리가 일본 요리의 왕좌를 차지하게 된 것이다.

포유류 중에서도 고래는 생선으로 분류해서 먹고 있다. 동일본을 중심으로 일어난 무사들은 군사훈련을 겸해서 가끔 몰이사냥을 하여 사슴이나 멧돼지를 잡아먹고, 병약자의 체력을 기르기 위해 '약용'이라 하면서 포유류의 고기를 먹기도 했다. 병 치료를 위한 육식이라는 핑계로 면죄부를 얻고, 건강한 사람들도 고기를 때때로 먹었다. 그렇다고 해도 민중이 들짐승이나 들새 고기를 먹을 기회는 아주 드물어서, 일본인 대부분은 고기 없는 식생활이 보통이었다.

포유류를 먹지 않게 되면서, 동물의 도축, 가죽 벗기기, 가죽제품 생산을 업으로 하는 사람들이 사회적 차별을 받게 되었다. 이러한 일을 하는 사람들은 소, 말, 사슴 등을 해체하며 그것들의 고기를 먹어왔으나, 살생을 금하는 불교 이념에서는 마땅하지 않은 일로, 신도에서 말하는 '부정한 존재'로 여겨졌다. 가마쿠라시대에는 포유류 육식 금지가 민중에게 보급되었고, 도축을 하는 이들이 피차별집단으로 사회적 격리되었으며, 그 후에도 카스트caste*로 차

---

* 고대 인도에서 내려오는 세습적 신분제도.

별이 강화되고, 현재까지 계속되는 사회문제로 남았다.

3. 젖乳 이용의 결여

목축이란

민중의 식탁에서 고기가 사라지는 일은 불가능하며, 이것을 불교나 신도의 이념으로만 설명할 수는 없다.

'목축'이란 유제류有蹄類** 인 초식성 가축을 무리를 지어 관리하고, 이들로부터 얻는 생산물에 의존하는 생활양식이다. 가축의 고기나 젖은 목축민의 주요 식량원이며, 가축의 털로 의복이나 텐트를 제작한다. 중앙아시아에서는 가축의 배설물을 건조시켜서 연료로 쓴다. 무리를 만들지 않는 잡식성 돼지나 역축으로 소, 말을 두세 마리 사육해도 '무리로 관리'하지 않으므로 목축이라 하지 않는다.

목축민의 주요식량은 고기가 아니라 가축의 젖이다. 육식을 위해 도살을 계속한다면, 가축은 감소한다. 도살 대상을 거세한 수놈과 젖이 나오지 않는 암놈만으로 한정해, 되도록 가축을 죽이지 않고 번식시킨다. 가축무리가 늘어날수록, 인간이 이용할 수 있는 젖의 양을 증대시킬 수 있다. 이처럼 목축민은 보통 한 가족이 수십 마리 이상의 가축무리를 관리한다.

젖은 영양면에서 이상적인 식품이지만 생유生乳는 바로 변질해

** 발굽이 있는 동물.

버린다. 그래서 다양한 유제품으로 가공식품화하여, 젖을 짜기 어려운 계절 식량으로 보존한다. 목축민은 젖을 마시기보다는 '젖을 먹는' 사람들이다. 현재 세계에서 젖의 생산량이 많은 소, 물소가 젖짜기의 주요 대상이며, 각 지역 가축군에 따라 양, 염소, 소, 야크, 낙타, 순록의 젖짜기가 이루어진다. 이들은 모두 초식성 유제류로 무리지어 사는 성향이 있다.

몽골에서 중앙아시아, 서아시아를 거쳐 북아프리카에 이어지는 구세계에서 건조지대의 생활양식은 목축이 중심이었다. 그곳에서는 농업을 하지 않고 목축생활에 의존하는 유목민이 많다. 한편 유럽과 인도에서는 목축과 농업을 유기적으로 결합한 생활양식을 전통적으로 전개하였다. 중국 중심부, 한국, 동남아시아에서는 소, 말을 역축으로 기르며, 농가 한 세대당 1마리에서 수 마리를 보유한 비목축 지역이 있다.

목축 문화의 지표가 되는 것은 가축의 젖짜기이다. 그림 7을 보면 15세기에 세계에서 가축의 젖짜기 관행이 있는 지역을 알 수 있다.[3] 방글라데시와 미얀마의 경계가 되는 아라칸산맥 남동에 위치한 동남아시아는 젖짜기 관행이 전혀 없는 지역이다. 중국의 경우 대부분 만리장성을 경계로 하여 북방은 젖짜기를 하고, 남쪽은 젖짜기를 일반적인 관행으로 하지 않는 지역이다. 원래 만리장성이 만들어진 이유도 북방의 유목민이 남쪽 농경지대를 침략할 수 없도록 위한 것이다. 단 장성 남쪽이라도 서남 중국 티베트족 등 한족 이외의 소수민족 사이에서 젖을 이용하기도 한다.

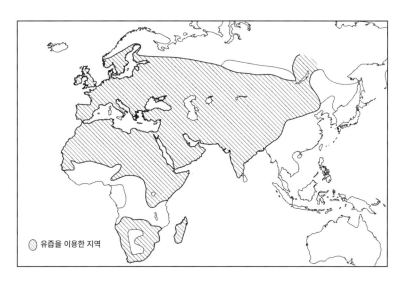

그림 7 15세기에 가축의 유즙을 이용한 지역의 분포(『세계의 식사문화』).

동아시아의 젖의 식용乳食

고대 중국에는 식용 전용의 돼지, 닭을 키웠다. 중국 북부에서는 유즙보다 고기를 얻기 위해 양을 무리로 사육하고, 중국 남부에서는 오리를 사육하였다. 이런 부류의 가축과 가금은 농가에서 길러졌다. 전통적인 중국 식문화에서 돼지고기와 닭고기가 차지하는 비율이 크며, 한국에서는 육식이 재개된 후 식육을 목적으로 가축이 길러지고 있다.

야요이시대 일본에 도입된 벼를 주작물로 하는 농경문화의 복합사회는 돼지와 닭을 함께 키웠지만 오리와 양은 거의 없었다. 또한 앞서와 같이 닭을 식용으로 많이 사육하지는 않았고, 고고학

유적에서 발견되는 돼지의 수는 적다. 8세기에 편찬된 『일본서기
日本書紀』에 따르면, 궁중에 소속된 돼지를 사육하는 전문집단인 '이
가이베猪飼部'가 있었다. 그래서 돼지를 사육하는 농민의 수가 적었
을 것이다.

고밀도 인구를 지닌 농업 사회에서 민중의 일상적인 식사에 고
기를 공급하기 위해서는 가축을 생산할 수 있는 사회적 체제의 정
비가 필요하다. 그러한 시스템이 확립되지 않은 고대 일본의 농업
사회에서 식육의 공급은 오로지 수렵 획득물에 의해서였다. 그간
일본의 인구는 계속 늘어나고 농경 면적의 확대되면서, 농경 적지
인 평야지대에서 야생동물이 사라지고, 산간지대 삼림에서만 식
량을 얻을 수 있게 되었다. 이렇게 사람들은 고기를 일상적으로
먹지 않는 생활에 익숙해졌다. 이를 위해 육식을 금하는 종교적
이념을 퍼트렸을 것으로 생각한다.

동아시아에서는 젖짜는 관행이 일반적이지 않고, 일상의 식생
활에서도 유제품을 활용하는 경우가 아주 적었다. 그렇다고 해서
유즙의 이용이 완전히 없지는 않았다. 약용 또는 아주 드물게 유
즙을 먹었다. 6세기 중엽 산둥성에서 기록된 한족을 위한 농업기
술과 식품 가공기술에 관한 책인 『제민요술齊民要術』에는 5종류의
유제품 제조법이 적혀 있다. 한족의 상류계급에서 사치품 또는 약
품으로 유제품을 아주 드물게 먹은 일은 명대(1368~1644)까지 있었
다. 한국에서 유즙 이용은 우유를 약한 불에서 끓여 '소蘇'로 가공
하거나, 우유에 쌀을 넣어 끓인 우유죽으로 만들었다. 두 방법은

모두 약용으로 일상식품은 아니었다.

7세기 중엽 한국을 경유하여 일본에 들어온 중국인의 자손인 선나善那가 천황께 우유를 올리고 야마도노구스시노오미和藥使主라는 칭호를 받은 것이, 일본에서 유즙 이용에 관한 최초의 기록이다. 700년에는 궁중이 명하여 '소'를 만들었고, 이것이 유제품 최초의 기록이다. 8세기에는 정부의 덴약구료典藥寮에 유즙을 생산하기 위해 소를 사육하는 농가를 소속시키고, 우유와 소를 궁중에 납입시켰다. 하지만 유즙을 얻을 목적으로 사육한 소의 수는 적어서 『연희식』의 기록을 바탕으로 계산한 결과는, 10세기 초에 소를 생산하는 용도로 일본 전국에서 사육된 소는 1,500마리이고, 인구 4,000명에 비해서 유제품 가공용 젖을 짜는 소는 1마리에 지나지 않는다. 1975년의 통계로는 국민 50명당 젖소 1마리가 있고, 그밖에 상당량의 유제품을 국외로부터 수입하고 있다. 이것으로 보아 당시 민중의 식생활에서 유즙이나 유제품은 인연이 없는 식품이었다는 것을 이해할 수 있다.[4]

고대 일본의 유제품은 '소蘇'만 있었다. 『연희식』에는 "유즙을 1/10로 졸이면 소가 만들어진다"고 기록되어 있다. 또한 소를 소쿠리에 담아서 운송하였으므로 고형상태였음을 알 수 있다. 우유의 무수고형성분은 12% 이상이므로, 그대로 끓여서 수분을 증발시키는 최종제품은 원료 젖의 1/10 이상이 된다. 소가 어떤 유제품이었는가에 대해서는 여러 의론이 있지만 와니 고메이和仁皓明 설이 가장 타당하다. 그 설은 우유를 은근히 가열하여, 표면에 떠오른 막을 걷어내기를 반복하여 얻은 유피乳皮가 소라는 것이다. 이것은 현재 몽골에서 우름이라고 불리는 유제품과 같다. 『제민요술』에는 유피를 더운물을 넣어 저으면서 얻은 버터상태의 식품을 소라고 하는 기록이 있지만, 일본의 소는 휘젓는 과정을 거치지 않은 식품으로 생각된다.[5]

우유를 마시거나 소를 먹을 수 있는 사람은 궁중귀족들로 아주 한정되어 있었다. 12세기 이후 귀족사회의 몰락과 함께, 그것들은 잊힌 식품이 되었다. 수백 년 후 에도시대에 서구의 과학이나 의학을 네덜란드어 문헌으로 연구한 학자들은 우유나 유제품의 영양적 평가가 높은 것을 재인식하게 되었다. 1727년 요시무네吉宗 쇼군은 네덜란드인과의 통상에서 젖소 3마리를 수입하여 그 소들을 직할 목장에서 증식시킨다. 쇼군의 목장에서 얻은 젖에 설탕을 넣어 저으면서 약한 불에서 졸여서, 고형상태로 만든 제품을 '백우락白牛酪'이라 한다. 그 생산량은 아주 적어서 쇼군이나 중신들이 자양강장 약효를 기대하며 먹었다.

일본인이 젖이나 유제품을 일상 음식으로 여기게 된 것은 10세기 이후이다.

4. 연중행사와 통과의례

하레와 게

일본 민속학에서 일본인의 생활시간을 '하레晴'과 '게褻'의 둘로

구분한다. 게는 일을 하는 보통의 일상이다. 하레는 연중행사나 통과의례 등이 일어나는 지역사회나 개인에게 있어 특별한 의미가 있는 날이다. 하레의 날에는 일을 하지 않고, 의례에 참가하여 작업복과는 달리 '하레기晴れ着'를 입고, 맛난 음식을 먹는다. 하레의 날 식사는 만드는 데 손이 많이 들고, 일상적인 식사에서 볼 수 없던 음식이나 평소에 먹기 힘든 고가의 음식들이 나온다. 떡은 하레의 날에 먹는 대표적인 음식이며, 신성한 의미가 있는 음식은 만드는 데 시간이 많이 들고 육체적으로 힘든 노동을 해야 하기 때문에 하레의 날에만 만든다.

과거에는 면류나 두부를 하레의 날 음식으로 하는 농촌이 많았다. 물방아로 제분을 하거나 축력 제분이 발달하지 않은 일본의 일반 농가에서는 손으로 돌리는 돌맷돌로 제분이 이루어졌다. 면류를 만들기 위해 돌맷돌에 밀이나 메밀을 가루로 만들고, 두부를 만들기 위해서는 물에 불린 콩을 맷돌에 가는 일부터 해야 한다. 그래서 자급자족하는 농민들은 면류나 두부를 제조·판매하는 전문점에서 사먹는 도시민과 달리 하레의 날 음식으로 하였다.

매일 밀이나 조, 등 증량제를 섞어서 밥을 짓는 가난한 농민들도 하레의 날에는 잡곡밥이 아닌 흰쌀밥을 먹었다. 보통은 채소로 만든 반찬이나 말린 생선을 먹는 이들이 하레의 날에는 신선한 생선을 먹을 수 있었다. 하레의 날 식사는 배가 터지도록 많은 양을 차려야 하고, 대부분 술을 함께 낸다. 술을 직접 만드는 경우에는 마츠리祭에 맞춰서 준비하였다. 하레의 날에는 취할 때까지 술을 마신다. 취해서 평소의 자신을 잃고 일상적이지 않은 심리상태가 되는 것을 장려하였으며, 취하지 않아도 술에 취한 척하는 것이 마츠리에서 예의였다.

각 계층, 직업, 지역의 차는 있지만, 전통적 일본인의 생활에서 이처럼 하레의 날은 1년에 20~30일이 주어지는데, 단순한 게의 일상에 변화를 주는 것이다.

동아시아 문명의 달력

어떠한 문명의 퍼짐은 같은 달력을 쓰는 지역에서 자연적으로 받아들이게 된다. 예를 들어 그리스도교도들이 만든 유럽 문명에는 그레고리력을, 이슬람 문명에서는 이슬람력을 쓰고, 같은 역법曆法을 공유하는 문명권에서는 일과 종교 행사도 동일하게 행하고 있다. 마찬가지로 동아시아의 일본, 중국, 한국, 북베트남은 오랫동안 기본적으로 동일한 원리에서 구성된 역曆을 사용하는 하나의 문명권이었다. 553년 궁중은 백제에 역법학자를 일본에 보내달라고 요청하였다. 다음 해 일본에 온 학자가 전해준 것은 중국에서 제정된 역법이었다. 17세기 후반에 도쿠가와德川 쇼군이 정부가 천문학자를 이전보다 정밀한 역을 만들게 해서 공포할 때까지 일본은 중국의 태음태양력을 사용하였다.

중국 역법을 채용하는 것은 중국 기원의 연중행사 및 행사의 관례 의식 전파도 의미한다. 그 때문에 한국과 일본의 특정의 행사 및 '반드시 먹는 음식'으로 여기는 음식은 중국 풍습을 기원으로 하는 것이 많다.[6] 이처럼 중국 기원의 행사에 따른 식습관의 대부분은 중국과 교류가 활발하였던 10세기 초엽까지는 일본 궁중에 채용되고, 민간에 퍼졌으리라 생각한다. 불교에 관한 민간 최초의 행사도 궁중과 귀족, 사원에서 행해진 것으로, 불교가 사람들 사이에 퍼지면서 보급되었다.

한편 그 이전부터 있었던 계절 행사 중에 현재까지 전해지는 것은 농경의식에 관한 마츠리가 많고, 신도의 신사가 관여하는 것이 보통이다. 행사에 관련된 모내기, 수확 등의 농업에 있어 중요한 사건의 시기가 지방에 따라 조금씩 다르지만, 전국에 같은 날 행해지는 일이 없으며, 행사에 따른 음식의 종류도 차이가 크다. 수많은 연중 행사 중에 주요한 몇 개를 골라, 행사에 관련한 음식물을 간단히 소개한다. 메이지 5년(1872)에 정부에서 채용한 태양력에는 월일로 적혀 있으므로, 전통적인 태음력과 약간 차이가 있는 것에 유의해야 한다.

1월 1일: 최대 축일이다. 달력 중 첫날로, 한해의 행복을 기원하고, 벼의 풍작을 바라는 축하의례가 있다. 세신歲神이 집집마다 방문하는데, 민속학적으로 세신은 벼의 정령으로 여기기도 한다. 정월에 장식하는 '가가미모치鏡餠'는 세신의 상징이다. 1월 7일까지 신년행사가 계속된다. 신년에는 떡을 먹을 때도 있지만 '조니雜煮: 떡국'로 원단元旦*인 1일에서 3일까지 아침에 주식으로 한다. 이처럼

---

* 설날.

원단과 비슷한 음식을 먹는 관습은 중국 남부, 한국에도 있다. 원단에 조니를 먹기 전에 '도소주屠蘇酒*'를 마신다. 이것은 중국에서 전해졌으나 현재 중국에는 소멸된 관습이다.

1월 7일: 이날 아침에 '칠초죽七草粥'을 먹는다. 7가지 채소를 넣은 죽을 먹는 중국의 관습에 기원한다.

3월 3일: 히나마츠리雛祭의 날이다. 3월 3일은 7월 7일, 9월 9일과 함께 일련의 기수 숫자가 겹치는 날은 중국 달력에서 계절이 변화하는 날로 여기고, 축제를 벌인다. 일본 고대에는 이날, 인형을 신체에 부벼서 강에 흘려 보낸다. 신체에 서려 있던 사악한 영이 인형에 옮겨지고, 그 인형을 버리는 것으로 정화淨化된다는 뜻이다. 이날은 '쑥떡=풀떡'을 먹는데 이것은 19세기경부터 시작됐으며, 마름모꼴 '히시모찌菱餠'를 먹는 관습으로 자리 잡았다.

히나마츠리는 에도시대에 축제의 성격이 변하여 인형을 버리지 않고, 아름다운 인형을 장식하는 즐거운 날이 되었다. 이것은 가정에서 여자아이를 위한 마츠리가 되어, 소녀들이 주역이 되고, 히시모찌 외에 성찬을 먹는다. 여성도 공공연히 술을 마실 수 있고, 백주白酒라는 단 술을 마시기도 한다.

춘분: 춘분을 중심으로 하여 전후 7일간을 봄의 히간彼岸이라 한다. 가을의 히간인 추분 전후 7일간과 함께 선조의 성묘를 하는 불교의 연중행사 기간이다. 지역에 따라 음식의 종류가 다르지만, 현

---

* 도라지, 방풍, 산초, 육계를 넣어서 빚은 술. 설날 아침에 차례를 마치고 세찬(歲饌)과 함께 마시면 나쁜 기운을 물리친다고 한다.

재 전국에서 많이 먹는 음식은 '모란병牧丹餅=오하기'이다. 일반적인 불교 행사에는 생선이나 술을 함께 하지 않는 것이 원칙이다. 예전에는 쇼진精進식사**외에 단 과자류와 차가 차지하는 비중이 컸다.

5월 5일: 히나마츠리의 주역은 여자아이지만 단옷날은 남자아이 중심의 날이다. '고이노보리鯉のぼり'***를 달고, 집안에 갑옷 등 무구武具를 장식하고, '지마키粽', 또는 '떡갈나무잎떡柏餅'을 먹는다. 떡갈나무가 적은 서일본에서는 산귀래나무 잎이 쓰였다. 이날 지마키를 먹는 것은 고대 중국의 관습이 전해진 것이다.

7월 7일: 칠석으로 백중盆행사의 한가지이다. 선조를 모시는 정령단精靈柵을 만들고, 소원을 적은 좁고 긴 종이短冊를 조릿대나무에 매단다. 조릿대는 백중 때 선조 영의 요리시로寄代****이기도 한다. 이날은 외瓜 등의 과채류와 소면素麵, 索麵을 먹는다. 풋콩을 먹는 것은 중국의 관습에 기원이 있다. 한편 원래 이 계절에 이루어지는 밀의 수확제와 결합한 것으로 생각된다.

7월 15일: 이날을 포함한 몇 일이 '백중'이고, 정월이 다음으로 중요한 축일이다. 전통적으로 선조 숭배와 불교행사가 결합하여 생긴 행사이다. 백중에는 죽은 선조의 혼이 집에 돌아온다고 믿는다. 각 가정에서는 선조를 모시는 정령단에 채소, 과일, 풋콩, 떡, 단자 등을 공물로 올린다. 이 기간에는 채식을 해야 하고, 어민은 생선을

** 채식.
*** 천 또는 종이로 만든 잉어를 대나무에 높이 단다.
**** 신령이 나타날 때 매개체가 되는 것.

잡는 것이 금지되어 어로활동을 하지 않는다.

9월, 10월 보름날: 달을 구경하는 때이다. 음력 8월 보름달에 토란을 올리고, 음력 9월 보름에는 풋콩을 올린다. 토란과 콩의 수확제는 중국을 기원으로 한 보름달을 축하하는 행사와 결합한 것이다.

그 밖의 행사

앞의 행사는 가정에서 일어나는 연중행사의 대표적인 예이다. 그 밖에 지역사회 전체에서 열리는 주요한 연중행사로는 봄, 여름, 가을에 신사 마츠리가 있다. 그것은 봄의 모내기에 관한 마츠리, 여름의 충해와 태풍을 예방하는 마츠리, 가을 수확제로 벼농사에 관련된 마츠리이고, 각 지역에 따라 특색 있는 음식을 함께 준비한다.

개인의 일생과 관계가 있는 하레의 날도 있다. 주요한 통과의례로는 탄생, 성인식, 결혼, 60세의 환갑을 축하하며, 장례도 포함한다. 십간십이지十干十二支를 쓰고 있는 동아시아의 전통력법은 60년을 1주기로 삼고 60세를 환력으로 해서, 새로운 인생의 주기를 맞은 것을 축하한다. 장례식은 불교의례로서 성격을 지니기 때문에 채식류의 음식을 내는 것을 원칙으로 한다.

그 밖의 축하하는 통과의례나 지역 마츠리 음식은 지역 차이가 아주 크지만, 전국의 동일한 축하행사 때에 차리는 식품이나 요리가 몇 가지 있다. 떡과 함께 '찰팥밥赤飯'은 축제의 주식이다. 삶은 팥과 그 국물에 찹쌀을 섞어서 쪄낸 밥으로, 붉은색을 띤다. 일반적인 색의 상징에서 보면, 붉은색은 사악한 영을 쫓아내고, 생명력을 증강하는 효과를 갖고 있다고 생각한다. 축하행사에서 도미나 바닷가재가 빠질 수 없는 또 하나의 이유는 요리를 하면 붉은색이 되는 것을 기쁘게 여기기 때문이다.

축제의 식사에는 평소에 먹지 못하는 고급 요리를 만드는 데, 불사佛事 이외 행사에는 일본인이 더없는 성찬으로 여기는 생선회가 자주 나온다.

5. 개인별 배선법

젓가락

'젓가락箸'은 고대 중국에서 기원한다. 기원전 5세기경부터 당시 중국 문명의 중심지였던 화북부터 그 주변 지역에 보급되었다. 기원전 108년에 한 무제가 위씨조선을 멸망시키고, 한국에 사군을 설치하여 약 400년간 한국은 중국 지배하에 있었다. 이때 한국 식민지지역에 거주하던 중국인의 묘지에서 젓가락과 숟가락이 발견되었다. 삼국시대 523년에 만들어진 백제 무령왕릉에서 발굴된 젓가락과 숟가락이, 한국인이 젓가락을 사용한 최초의 증거이다.

당유사를 파견하게되면서 중국과의 외교 관계에 있던 아스카 시대 일본 궁중에서는 젓가락을 사용하였을 가능성이 있다. 일본에서 젓가락 사용한 증거로 8세기 나라시대 수도인 헤이조쿄平城京 터에서 젓가락이 다수 발굴되었다. 헤이조쿄 유적은 궁중이나 정부의 관청이 있던 구획, 관인들과 백성의 주거지가 있던 구획으로 크게 구별된다. 젓가락은 궁중이나 관청터에서 발견되며, 주택구역에서는 거의 없었다. 궁중이나 관청에서의 연회 또는 관리들의 근무시간에 관청에서 지급되는 식사(급식) 때는 젓가락을 사용하고, 집에 돌아가서 식사를 할 때에는 손으로 집어먹었던 것이 젓가락의 출토 상태에서 나타난다.

헤이조쿄 다음으로 단기간 수도였던 나가오카교長岡京 발굴지의 일반인 주거지역에서도 젓가락이 발견되었다. 그러므로 이 무렵에는 민중도 식사 때에 젓가락을 사용하는 것이 보통이었다고 본다.[7] 『위지』 「왜인전」에는 3세기 일본은 "손으로 먹었다"라고 쓰여 있다. 중국인은 젓가락을 사용하여 식사를 하는 것이 문명인의 매너이고, 손으로 먹는 것은 야만인의 행위라는 개념이 있다. 그 문맥에서 보면, 일본인은 8세기 후반에야 드디어 문명화한 식사를 하게 된 것이다.

숟가락

고대 중국, 한국에서는 '젓가락'과 '숟가락匕'을 써서 식사를 하는 것이 원칙이었다. 14세기 후반에 성립한 명왕조시대부터 중국인은 젓가락으로 쌀밥을 먹었고, 숟가락은 주로 국을 떠먹기 위한 도구였지만, 그 이전에는 밥도 숟가락으로 먹는 풍습이 있었다.[8]

오랫동안 문명의 중심지였던 중국 북부에서는 밀이 도입되어 나눠 먹기도 하였다. 주식은 조, 기장밥이었고, 쌀밥이라해도 끈기가 없는 인디카종이어서 숟가락을 사용하였다. 이후 젓가락으로 끈기가 많은 자포니카종의 쌀밥을 먹은 양쯔강 하류지역 사람들은 명왕조를 건국하였고, 젓가락으로 쌀밥을 먹는 방식이 중국 전토에 보급되었다. 젓가락 이용이 일반화되면서, 인디카종의 끈기 없는 밥을 먹을 때는 밥그릇 가장자리에 입을 대고 젓가락으로 밥을 밀어넣게 되었다.

현재 중국 민중의 가정에서는 볶음밥炒飯이나 국을 먹을 때는 자기 '탕시湯匙'를 쓰는 정도이며, 젓가락만으로 식사를 하는 때가 많다. 젓가락과 숟가락을 함께 사용하는 중국의 옛 관습이 현재의 한국에 남아 있다. 여기서는 밥과 국, 국물이 많은 물김치는 숟가락으로 먹고, 젓가락은 반찬을 집기 위해서 쓴다. 한국의 식사예법은 유럽에서와 마찬가지로 모든 식기는 상에 둔 채로 사용한다. 식기를 손으로 들어올리지 않고, 젓가락과 숟가락을 이용해 음식을 입으로 옮긴다. 한국인들은 일본인들이 밥그릇, 국그릇을 손에 들고 먹는 식사예법을 보고 "거지처럼 먹는다"라고 말한다. 걸인은 상이 없이 구걸하고 다니므로, 식기를 손에 들고 식사할 수밖에 없다는 것이다. 한편 일본인은 밥그릇과 국그릇을 손에서 내려놓고 먹는 것은 예법에 어긋난다고 본다.

나라시대에서 헤이안시대 궁중에서 공식연회를 할 때면 귀족들은 당시 중국식을 배워서 젓가락과 손잡이가 긴 금속제 숟가락으로 식사하였다. 그러나 숟가락으로 식사하는 습관은 민중까지 퍼지지는 않았다. 금속 숟가락은 비싸고, 백성의 식기는 목제로 만들어 입에 닿아도 뜨겁지 않아서 숟가락 필요없이 젓가락만으로 먹었던 것이다.

10세기 중국과 공식 외교 관계가 끊기면서, 귀족들도 숟가락을 이용한 식사를 그만두고, 모든 일본인은 젓가락만으로 밥을 먹게 되었다. 동아시아의 전통적인 식사예법은 식탁에서 나이프를 사용하여 음식을 자르지 않도록 한다. 젓가락과 숟가락 또는 젓가락만으로 식사를 하려면, 젓가락으로 집어서 숟가락에 얹을 수 있도록 작은 크기의 음식이어야 한다. 따라서 조리할 때 재료를 잘게 써는 것이 동아시아 요리의 특색 중 하나이며, 그 때문에 '도마'라는 도구가 부엌의 필수품이다. 세계 곳곳의 부엌에는 도마가 없는 곳도 많은데, 냄비 위에서 바로 재료를 썰거나, 도마 대신에 조리대를 사용하기도 한다.

식기

젓가락을 사용할 때는 음식을 접시보다는 '완碗: 사발형 식기'에 담아야 먹기에 편하다. 특히 밥을 먹을 때 완이 사용하기 쉽다. 그래서 젓가락 문화권에서는 완형의 식기가 발달하였다. 고고학적 유물을 보면, 조몬시대 사람들도 하나의 공용식기에 담긴 음식을 손으로 집어먹었다. 야요이시대 후기인 2세기 후반에서 3세기 주거터에서 거의 같은 크기나 형태의 토기가 4~5개 발견되는데, 가족 구성원 개개인이 각자의 그릇에 나누어 담아서 먹은 것을 알 수 있다.

헤이조쿄에서 관리자의 근무시간 중 식사는 관청이 지급하였다. 이때 사용했을 식기로 발견된 것 중에는 사용자 개인의 이름이 검은색으로 적힌 것과, 타인의 사용을 금지하는 문구가 쓰인 것도 더러 있다. 동일한 모양의 급식용 식기 중에서 각자 자기만의 식기를 정하고, 타인의 사용을 거부했다.[9] 현대 가정에서도 도자기로 만든 '밥그릇'과 '찻잔', '젓가락'은 사용자가 정해져 있고, 가족 내에서도 타인의 식기를 사용하지 않는 규칙이 있다. 지금도 커다란 공용의 접시나 사발에 담긴 음식을 나눌 때는 지카바시直箸*를 하지 않고, 사이바시菜箸**를 사용하는 것이 일반적이다. 이런 것은 일본인이 음식을 먹을 때 타인의 입에 닿은 음식을 자기 체내에 넣기 거부하는 관념이 있음을 말한다. 이것은 물리적 청결에 관한 위생관이라기보다, 앞서 쓴 부정함의 전염을 피한다는 의미가 숨겨져 있다고 생각된다. 식기나 젓가락을 공유하는 과정에서, 사용자의 인격이 다음 사용자에게 감염되거나, 감염의 전달을 예방한다.

이 설명에 모순이 있다고 생각할 수도 있지만, 술이나 가루차를 같은 그릇에 입을 대고 의례적으로 마시는 풍습이 있다. 전통적인 연회 때는 윗사람이 사용한 술잔에 아랫사람이 마시고, 그 술잔에 술을 따라서 돌려주는 풍습이 있으며, 다도에서 하나의 찻잔을 돌려가면서 마시기도 한다. 이는 같은 그릇에 입을 댐으로써, 윗사람

---

* 여럿이 같이 먹는 식사에서 각자의 젓가락으로 음식을 덜어내는 일.
** 조리하거나 음식을 집을 때 사용하는 긴 젓가락.

이 지니는 '마나(초인적인 힘)'가 전달되고, 인격의 활성화를 해내는 효과를 기대하는 것이다. 같은 그릇에 마신 사람 사이에 인격의 공용이 일어나서, 그로 인하여 연대감이 생기도록 하는 행위로서 행하고 있는 것이다.

배선법

다음에는 배선법에 대하여 설명한다. 현재 중국에서는 서구처럼 의자, 식탁, 침대에서 생활한다. 이전의 생활은 바닥에 요를 깔고, 그 위에 침구를 놓고 자는 생활을 했다. 의자, 식탁에서 식사가 보급되기 이전 중국 식사를 역사적 회화 자료에서 살펴보면 이렇다. 바닥에 깐 자리에 앉은 사람 앞에 1인분 요리가 차려지는데, 높이가 낮은 상이 놓여 있다. 2명이 함께 쓰는 좁고 긴 다리가 붙은 또는 다리가 없는 작고 낮은 상이 늘어서 있다. 주방에서 상에 음식을 담아서 식사 장소로 옮겨 대접한다.[10]

그 후 중앙아시아를 거쳐 의자, 식탁을 사용하는 생활양식이 도입되어, 당대에 보급되기 시작했다. 한 식탁에 여러 사람이 둘러앉아 식사할 때 모든 음식은 1인분씩 나누는 배선법으로 밥과 국은 각자의 완에 담아서 분배한다. 그 밖에 부식물은 공용의 큰 접시나 큰 발에 담아서 각자의 젓가락을 사용해 손을 뻗어 먹는 방식으로 변화했다. 지금은 식사를 할 때 먹기 전에 식탁에 모든 음식을 차려놓는 것이 보통이지만, 가정부가 서빙하는 상류계급 가정의 식사나, 레스토랑에서 식사할 때는 요리가 연이어서 나오는 코스 배선법이 적용되어, 항상 따뜻한 요리를 먹을 수 있다. 코스 배선법은 의자에 앉아 식사하게 된 이후의 일로 생각된다. 서구의 코스요리 배선법과 다른 것은 중국에서는 다음 요리가 나오고, 다 먹을 때까지 앞의 요리를 식탁에 둔다.

유교의 남녀유별을 지키는 중국은 20세기 전반까지 가정에서 식사는 남자들의 식사가 끝난 후, 같은 식탁에 다시 음식을 차리고 여자들이 식사를 하게 된다. 한국 가정의 전통적인 식사예법은 중국보다 유교의 영향을 강하게 받아서, 남자와 여자의 구별, 가족 내의 세대 구별을 중시한다. 상류계급의 대가족 가정에서는 조부모, 가장, 같은 세대의 남자, 같은 세대의 여자, 며느리는 따로 식사를 하고, 그에 따라 식탁이 쓰이는 사정이 복잡하다. 기본적으로는 상 형태의 식탁이며, 혼자 먹는 '독상獨床', 2명이 사용하는 '겸상', 여러 사람이 함께하는 자부다이 형태의 '두레반'이나 '교자상'이 있지만, 전통적으로 의자를 사용하지 않고, 온돌 바닥에 앉아서 먹는다. 젓가락과 숟가락, 밥그릇과 국그릇은 개인 전용이지만, 여러 사람이 둘러앉은 식탁에서 부식물은 공용 식기에 담아서 나오고, 덜기 전용의 젓가락 없이 각자의 젓가락으로 덜어 먹는다. 코스형식의 배선이 아니고, 식사할 모든 음식을 식탁에 늘어놓은 배선법이다. 유교가 옅어지고, 핵가족화된 현재의 한국에서는 한 식탁에 가족 전원이 둘러앉아 식사를 하게 되었다.[11]

일본인이 식탁을 사용하기 시작한 것은 젓가락이 도입된 시기와 거의 같다고 생각된다. 하층계급의사람들은 '오시키折敷'라는 다리가 없는 직사각형의 쟁반에, 상류계급 사람들은 상膳을 사용하고, 바닥에 앉아서 먹었다. 1명이 1개의 상을 받으며, 그 위에 1인분의 식사를 모두 차려진, 철저하게 개인 배분의 배선법이다. 많은 가짓수의 식사가 제공되는 연회 때에는 1인상에 다른 요리를 차린 몇 개의 상이 놓인다. 차려지는 상의 갯수에 따라 연회의 격식을 알 수 있는데, 에도시대에는 1명당 5개의 상이 놓이는 연회를 최고로 여겼다.

일본에서 유교는 지식인들 사이의 교양으로 받아들여졌으며, 중국이나 한국처럼 민중 일상생활의 규범으로 침투하지는 않았다. 일반 가정에서는 가족 전원이 모여 함께 식사를 한다. 단, 식사 때 상의 위치에 대해 말하자면 가장 상석에는 가장이, 가장 말석에는 하인이 앉는다. 그 사이에 성별, 세대순으로 가족이 앉는 자리 순서가 정해져 있다.

6. 요리와 연회의 형식

기름기 없는 식사

9세기경에는 이미 현재에 계승된 전통적인 일본 요리의 기본적 조리법, 즉, 직화 구이인 '야키모노燒き物: 구이', '니모노煮物: 조림', '무시모노蒸し物: 찜', '시루모노汁物: 국', '니코고리にこごり'*, 생선회의 전신인 '나마스膾: 회', '아에모노和え物: 무침', '츠케모노漬物: 절임' 등이 일반적인 요리기술로서 확립된 것은 문헌 기록에 의해 알 수

---

* 상어, 넙치 따위의 아교질이 풍부한 물고기를 조려 굳힌 음식.

있다. 그러나 기름을 이용하는 요리법은 거의 없었다. 육식을 거의 안 했기 때문에 동물성 지방이나 버터를 이용하는 요리도 없었다. 식용유를 짤 수 있는 작물은 깨가 있었지만 참기름은 아주 비쌌다. 그래서 일반적으로 깨는 기름으로 쓰기보다 양념의 일종으로 '볶은 깨'나 '간 깨'로 사용하였다. 드물게 참기름을 사용한 요리로 '당과자'가 있다. 밀가루 또는 쌀가루, 콩이나 팥가루를 주원료로 반죽을 만들어 참기름에 튀기고, 그것을 담쟁이의 일종인 돌외(산수국)의 수액을 줄여서 만든 시럽 '아마즈라甘葛'로 단맛을 내며, 귀족의 연회에서 먹었다. 당과자에는 튀긴 과자 외에 여러 종류가 있고, 현재의 소면에 해당하는 '색병索餠'도 당과자의 한 종류이다. 중국에는 식물성기름이나 지방을 사용하여 볶는 요리법이 있지만, 일본 고대에 이 요리법은 전해지지 않았다. 중국에서 볶음이 발달한 것은 송대(960~1279) 무렵부터이다.

전통적인 일본 요리 특징의 하나는 기름이 없는 요리법이라고 할 수 있다. 이러한 요리에 익숙해져, 기름진 맛은 '너무 진하고, 품위 없는 맛이다'라는 인식이 정착되었다. 19세기 후반에 일본인이 서양 요리와 중국 요리를 접하며 '지나치게 기름지다'라는 인상을 갖는 사람이 많았다. 현재 대표적인 일본 요리인 '덴푸라天麩羅: 튀김'는 포르투갈인이 가져온 요리법일 가능성이 높다. 19세기에 이를 때까지, 에도 시가지에서 꼬치에 끼워 튀긴 덴푸라를 길거리 노점에서 팔았는데, 서민 음식으로 인기가 많았다. 점포가 있는 덴푸라집이 출현하는 시기는 바쿠후 말경의 일이다.

다이쿄大饗

헤이안시대 궁중이나 귀족의 연회 기록을 보면, 생선이나 들새 요리가 많고, 식물성식품이 적다. 식물성식품은 생선이나 새에 비하여 가치가 낮은 음식으로 여겨졌을 것이다. 헤이안시대에서 '다이쿄'라는 귀족 연회에는 '다이반台盤'이라는 식탁이 쓰였다. 중요한 손님에게는 사방 1m나 되는 커다란 1인용으로 다리가 있는 상이 식탁으로 쓰이고, 배석한 이들은 사방 2m가 넘는 커다란 식탁에 여러 사람이 둘러앉았다. 이들의 식탁 앞 의자에 앉아서 식사하는 중국식 연회이다. 여러 사람이 한 식탁에 둘러앉지만 모든 요리는 식탁 위에 미리 놓여 있으며 1인분씩 그릇에 분배되고, 젓가락과 숟가락을 사용하여 먹었다. 귀족의 저택에서는 다이반을 두고, 조리나 배선을 하는 방을 다이반쇼台盤所라고 했으며, 부엌인 '다이도고로台所'의 어원이다.

『루이주차츠요쇼類聚雜要抄』에 그림으로 설명된 1116년 월 23일 내대신內大臣 후지하라 타다미치藤原忠通가 베푼 다이쿄의 식탁을 구마쿠라 이사오熊倉功夫의 고증을 바탕으로 소개한다(그림 8).[12]

식탁의 가장 앞쪽에는 굽다리그릇(접시에 높은 굽을 붙인, 고대 식기의 하나)에 밥을 담고, 숟가락과 젓가락, 소금, 식초, 술, 간장의 조미료를 담은 작은 접시가 놓여있다. 이것들의 양쪽에 놓인 빈 접시에 자기가 좋아하는 대로 혼합한 '다레*'를 만들어, 요리를 찍어서 먹는다. 따라서 맛을 내지 않은 요리, 또는 단순한 맛의 요리가 많았다고 생

---

* 양념장.

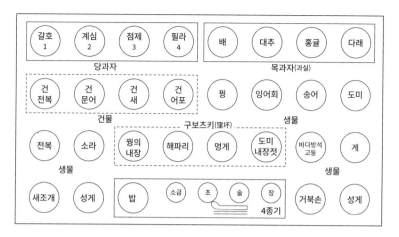

그림 8 후지하라노 타다미치藤原忠通의 다이쿄大饗 식탁(『루이주자츠요쇼類聚雜要抄』를
바탕으로 작성. 구마쿠라 이사오『일본 요리의 역사』p.14)

각된다. 요리는 '히모노干物: 건물', '나마모노生物: 생물', '구보츠키窪坏'***,
'과자菓子'의 범주로 구성되었다. 밥의 뒤쪽에 놓은 구보츠키에는 멍
게, 꿩의 내장, 해파리, 생선 등에 소금을 넣어 발효시킨 젓갈과 같은
식품을 담았다. 다이반의 좌우에는 날것을 담는데, 가열하지 않은 꿩
고기나 어패류이다. 잉어회는 잉어를 초로 무친 것으로 생각되며, 그
밖의 어육이나 게, 성게알, 조개류는 4종류의 조미료를 조합한 다레
에 찍어서 먹었을 것이다. 신선한 해산의 어패류를 교토에서 입수하
기는 어려우므로, 생물이라고 해도 소금에 절였을 것이다. 그림 왼쪽
위에는 건물이 놓여있다. 이것은 건물을 물에다 불려서 굽거나 조림

** 신전에 바치는 물건을 담는 그릇. 떡갈나무 잎을 겹쳐서 대오리로 고정하고, 안
  은 오목하게 만들어졌다.

하여 요리한 것이다. 식탁의 가장 안쪽에 있는 과자 중에는 과일인 목과자木菓子와 당과자가 있다.

28종류의 요리가 나와 있지만 조리법은 단순하고, 보존식품이 차지하는 비중이 높다. 또한 식사 전에 식탁에 미리 배선되어 식은 요리를 먹지 않아도 되었다. 그림에 있는 요리 외에 '국汁'과 '갱羹'*이 나온다. 연회의 처음에는 주인과 손님이 술잔을 들어 마시고, 다음 손님에게 전한다. 이렇게 술잔을 일주하는 것을 일헌一獻이라고 한다. 이후의 시대에는 '시키산켄式三獻'이라 하여, 연회 초반에 술잔을 세 번 돌리는 의례적인 음주가 관례였다. 이상이 연회의 정식식사이며, 오랜 시간에 걸쳐 식사가 끝나면 '온노좌穏座'연회로 이행한다. 의자에서 내려와 원좌円座라는 바닥에 깐 자리에 앉아서 각자의 앞에 '츠이카사네衝重'라고 하는 술안주를 담은 상이 나온다. 온노좌 시작하는 의례적인 음주가 끝나면, 좋아하는 만큼 술을 마시고, 궁중에서는 신분질서에 상관없이 자유롭게 마실 수가 있다. 이때 관현 음악도 나온다.

일본 전통적 연회는 공적 질서를 중시하는 음주인 전반부가 끝나고 나서, 자리를 바꾸어 예를 차리지 않는 2차회가 이어지는 2부 구성이다. 이 원형이 헤이안시대에 이미 성립되었다.

검소한 가마쿠라 무사

헤이안시대 후기에는, 전반의 격식을 차린 식사 자리에는 커다

---

* 고기를 채소와 함께 끓인 국.

란 식탁을 쓰지 않고, 소형 소반을 사용하여 배선하고, 1명의 손님 앞에 식탁을 여러 개 차려놓는다. '혼젠本膳 요리' 배선법의 앞선 것이다.

귀족 대신에 정권을 잡은 가마쿠라시대 무사들의 식사는 검소했다. 최초의 쇼군인 미나모토노 요리토모源賴朝는 무사 정권을 더욱 단단히하기 위해, 무사가 귀족의 호화로운 풍습에 물드는 것을 엄격하게 단속하고, 이 방침은 후세에까지 이어졌다. 정월에 쇼군이 유력한 무사들에게 대접하는 연회형식은 '오우반埦飯'이었다. 귀족정치 말기에 궁중 경호역으로 근무하던 지방 무사들이 궁중 행사 때에 지급되는 점심이 오우반의 기원이다. 가마쿠라시대의 오우반은 나무완에 담은 밥을 이르며, 그것은 전복을 얇고 가늘게 썬 '우치아와비打鰒, 노시아와비', 해파리, 우메보시에 소금과 식초를 첨가해서, 둥근 쟁반인 오시키折敷에 얹어 놓은 간단한 식사이다. 그것도 에도시대 민중 주연酒宴을 '오우반 향연'이라 불리는 것에 이어서 현재에도 기분 내면서 턱을 내는 것을 '오반大盤대접'이라고 한다.

무사가 봉건영주로서 위치를 확립하고, 경제적으로 기반이 공고해짐에 따라, 사치스러워진 식사는 이후 무로마치시대의 혼젠 요리 연회 형식이 된다.

7. 절의 역할

조림 요리

고대 귀족의 연회의 정식식사는 차가운 요리가 많았지만, 중세에 따뜻한 요리가 늘어나며, 가마쿠라시대 이후 기록에는 생선이나 채소를 된장 등으로 끓인 식단이 많아진다. 철제 냄비와 솥이 보급된 부엌 도구의 변화에 대응하여, 조림 요리가 많아진 것이다.

한편 절에서 발달한 쇼진精進 요리가 조림 요리의 일반화에 영향을 주었을 것이다. 고기나 생선을 구워서 먹는 것도 가능해졌지만, 식물성기름이나 지방에 튀기거나, 볶는 요리 기술이 보급되지 않은 일본에서는 채소와 해조를 조리는 것뿐이었다. 이와 같은 식품을 된장으로 조리는 요리법은 아마 절을 중심으로 발달했다고 추측된다.

된장과 스리바치

콩에 곡물, 소금을 넣어 발효시킨 된장은 식물성 단백질이 풍부하고, 단백질이 분해되어 만들어진 각종 아미노산, 특히 음식에 감칠맛을 더하는 글루타민산이 많이 포함되어 있다. 더구나 된장조림을 하면 채소에 된장의 짠맛과 감칠맛이 보태져서 맛있게 먹을 수 있다. 된장은 콩알식품으로, 그대로 부식물의 일종으로 먹을 수 있다. 이것을 조미료로 이용하려면 물에 녹기 쉽게 페이스트 상태로 가공해야 한다. 그 때문에 사용한 '스리바치擂り鉢'*가 가마쿠라

---

* 가는 절구.

시대부터 보급되어 일반인이 사용하게 되었다. 그것은 된장조림 뿐 아니라 깨나 호두를 갈아서 페이스트 상태로 하여 만든 무침음식이 스리바치와 함께 널리 퍼졌다. 마찬가지로 글루타민산을 많이 포함한 식품에 다시마가 있다. '다시마장국'에 채소를 넣어 끓이는 기술은 절에서 발달한 것으로 생각된다.

두부·유바·후

중국이 기원인 콩 가공품, '두부'의 최초 기록은 1183년 나라현 가스가와카미야春日若宮 신사의 문서에 '당부唐符'라고 쓰여 있다. '유바湯葉'는 가마쿠라시대 선승에 의해 중국에서 만드는 법이 전해진 식품이다. 밀가루에 식물성 단백질인 글루텐을 추출한 '후麩'도 가마쿠라시대에 중국에서 전해져 절에서 민중으로 보급되었다. 동물성식품을 금지하고 있는 절에서 단백질 섭취원이 되는 두부, 유바, 후는 중요한 식품으로 체득했을 것이다. 이들 식품 제조법과 요리법은 절을 중심으로 발달하고, 나중에는 절 앞길에 이를 제조하는 가공업자가 출현하며 민중식단에 받아들이게 되었다.

중세에 중국 문명을 일본에 전하는 역할을 해낸 이는 가마쿠라시대에 발흥한 선종禪宗의 승려들이다. 그들은 중국 선사禪寺에서 유학하고, 귀국할 때는 종교 사상만이 아니라 중국의 문화나 예술, 새로운 지식을 갖고 왔다. 식품이나 요리법도 선승이 들여온 것이 많다. 무사 중에 선종 신자가 많았으므로, 선사의 요리나 식사예법이 무사 계급에 받아들여지고, 이후 무사의 공식 식사형태에 영향을 주게 되었다.

덴신点心과 차

중세 절에서 퍼진 요리에 '덴신'과 '차노코茶の子'가 있다. 선승의
생활에서 아침, 저녁 2번 식사 외에 낮에 가벼운 식사를 하는 관습
이 있는데, 이것을 덴신이라고 부른다. 면류나 양갱, 소가 들어간
만두 등 중국 사원에서 전해진 여러 가지 스낵류 식품이나 전부터
있던 떡 등이 절에서 점심으로 승려들에게 제공되었다.

선종은 중국 음차飮茶 풍습이 일본에 보급되었지만, 차를 마실
때 먹는 과일이나 과자가 차노코이다. 이 덴신과 차노코는 일본
과자를 만드는 기술이나 가이세키懷石 요리에 이어지고 있다.

8. 면류의 보급

국수의 기원

면류는 중국을 기원으로 하는 식품으로, 이탈리아의 스파게티
와 같은 면류의 파스타도, 중국에서 실크로드를 거쳐 전파되었다
고 추정된다.[13] 남서아시아 원산 작물인 밀이 중국 화북평야에서
재배된 것은 전국시대(기원전 402~기원전 221) 무렵이다. 서방에서는
밀가루를 빵과 난으로 가공하고, 오븐에 구워서 식용으로 한다. 중
국에서 성립된 밀가루 식품으로 성형한 밀가루반죽을 쪄서 먹는
'만터우饅頭'와 '바오쯔包子', 끈 모양으로 가공한 면류가 있다.

이후 찬 국수 요리도 고안되었지만, 더운 국에 넣어 먹는 것이 면식의 주류이다. 면류는 사발모양의 그릇에 담긴 국물 속 건더기를 젓가락으로 먹는 고대 중국의 식습관이 만들어낸 식품이다. 최초에는 밀가루 반죽을 새알 모양으로 만들어 국물에 넣어 끓이는 '스이동水飩, 水團'과 같이 먹는 방법이었지만, 띠 모양으로 늘여서 표면적을 크게 하여 국물에 잘 묻도록 한 것이 국수의 기원이라 생각한다. 중국에서 면류를 많이 먹게 된 때는 당대가 되고 나서이다.

색병素餅, 소면

나라시대부터 중세에 걸쳐서 문서에 중국 기원의 '색병' 또는 '무기나와麥繩'라고 불리는 식품이 기록되어 있다. 색병=무기나와 麥繩는 면이 아니고, 과자의 일종이라는 설도 있다. 필자는 전승 요리연구가 오쿠무라 아야오奧村彪生 씨와 10세기 전반에 성립된『연희식延禧式』에 기재되어 있는 색병의 원료와 도구를 갖고 재현하여 보았다. 그 결과 색병은 현재 데노베手延べ 소면의 전신에 해당하는 식품임을 실증했다.[14] 15세기 중엽부터 색병을 '소멘'으로 부르지만, 중국어에서 유래한 명칭은 '쒀멘素麵'이다. 색병이나 소면은 면 반죽을 가느다란 띠 모양으로 하여, 두 대나무관 사이에 말아서 늘려 만든다. 색병이나 소면을 제조할 때는 숙련된 기술이 필요하고, 전문 기술자가 농한기의 부업으로서 전문적으로 생산하는 농가에서 만들었다.

그림 9는 1754년에 간행된『일본산해명물도회日本山海名物圖會』에

그림 9 『일본산해명물도회』의 미와소멘

게재되었고, '미와소멘三輪素麵'을 만드는 모습이 있는 그림이다. 귀
족이나 큰 절에서는 소유하고 있는 지방의 장원莊園에서 소면을 만
들어 헌납한다. 또한 상품으로 팔리고 있어서 도시민도 사서 먹을
수 있었다. 숙련된 기술자가 아니면 만들기 어려워서, 자급자족 경
제에 의존하는 일반 농가에서는 밀을 재배하여도 소면을 직접 만
들어 먹을 수 없었다.

우동, 소바

'우동'이나 '소바'는 썰어서 만드는 '절면切面'으로, 국수 반죽을 밀대로 얇게 늘려서 몇 겹으로 접어 칼로 썰어서 만든다. 칼국수를 만드는 것은 매우 숙련된 기술이 필요하지만, 일반 가정에서 만들 수도 있다. 절면 기술은 중국에서는 당대에 성립되지만, 일본 문헌에 우동처럼 보이는 식품이 나오는 것은 14세기 중엽이고, 그것이 보급된 때는 15세기가 되어서이다.

절면 보급에는 목공기술이 관계가 있을 것이다. 밀가루 반죽을 늘리는 바닥 판은 완전한 평면이 아니면 안 된다. 일본에서는 15세기에 대패와 세로로 당기는 큰 톱이 보급되면서, 커다란 평면 판을 만들 수 있게 된 것이 절면이 보급된 배경이다.

우동 만드는 기술을 메밀가루에 응용하여, 16세기부터 '소바기리ソバ切り'가 만들어지게 되었다. 그때까지 메밀은 알곡 그대로 죽이나 메밀밥을 짓거나, 메밀가루로 '소바가키ソバがき'나 '메밀떡そば餅'을 만들어 먹었다. 절면 만드는 기술이 보급되면서 우동과 소바가 일본의 2대 면류가 되었다. 밭작물 지대가 비교적 많은 동일본에서는 소바기리를 좋아하는 한편, 기후가 온난하고 논에서 벼를 수확한 후 이모작으로 밀을 재배할 수 있는 서일본에서는 우동을 선호하게 되었다.

에도시대에는 도시 스낵식품으로 지위를 확보하며 국수집이 번성하였다.

4장
변동의 시대

1. 시대 배경

격동의 시대

여기서 다루는 16세기부터 17세기 전반의 시기는, 일본사의 시대 구분으로는 무로마치시대 후반부터 에도시대 초기에 걸쳐 있다. 그때는 중세적 질서가 붕괴하고, 내전시대를 걸쳐서, 봉건제가 재편성되는 격동의 시대에 해당된다. 1336년에 성립된 무사정권이 있던 무로마치 바쿠후의 쇼군들은 지방통치를 위해서 유력한 무사를 영주로 임명했다. 그러나 이들 영주의 영지에 대한 지배권을 강화하여, 쇼군의 통제에 굴복하지 않게 되었다. 이처럼 독립정권화한 영주를 다이묘大名라고 한다.

15세기 중엽에는 무로마치 쇼군의 통치권은 명목적인 것이 되고, 1467년에는 유력한 다이묘가 두 파로 나뉘어 오닌應仁의 난이 일어난다. 그 이후 내전시대에 들어서, 일본을 통일할 정권의 수립을 둘러싸고 다이묘들에 의한 군사적 경주가 시작되었다.

생산과 유통의 확대

이처럼 지방의 다이묘들이 실력을 쌓게 되는 배경에는 이 시기에 일본의 경제 발전과 그에 맞는 지방도시의 발전이 있다. 1420년에 일본을 방문한 조선통신사가 현재 오사카후 부근의 농업에 대하여 다음과 같이 기록하고 있다.

일본 농가는 가을에는 밀과 보리를 뿌리고, 다음 해 초여름에 수확한 후, 벼 모내기를 하고 초가을에 수확한 다음, 또 메밀을 뿌려서 초겨울에 수확한다. 이와 같이 한 농지에서 1년에 세 종류를 수확할 수 있는 것은 강을 막아서 물을 끌어 논으로 쓰거나, 물을 빼고 마른 밭으로 쓸 수 있기 때문이다.[1]

15세기에는 말과 소에 쟁기를 지우고, 초목의 재나 가축 또는 사람의 분을 비료로 이용하는 것이 왕성해져서 작물 품종도 개량하여 우량품종이 보급되었다. 농업기술의 발전에 보태져서 자기 영지의 경제력을 증강한 다이묘들은 개간을 장려하고, 관개·치수 사업을 적극적으로 행하였기 때문에 농업생산력이 증대했다. 중세 상인이나 수공업자들은 유력한 신사나 사원의 후원으로 독점적인 권익을 보호받으며, 이익 일부를 납입하는 길드인 '자座'라는 조직을 바탕으로 발전했다. 그러나 동란시대에 이르러, 신사나 절의 특권이 다이묘에 의해 축소되고 후원기관 자체가 몰락한다. 다이묘는 배타적인 조직인 '자'를 싫어해서, 상인이나 수공업자의 자유로운 영업을 환영하였다. 다이묘의 본거지로서 성읍城下町에서 자유경제가 개설되고, 여기에서 상공업자가 모이고 지방경제의 중심지가 되는 도시가 형성되었다. 더욱이 이와 같은 지방 도시간을 연결하는 유통 네트워크가 형성되며, 전국규모로 상품의 대량 운송이 가능해지고, 그 결제는 무거운 금속제 화폐가 아니라 환爲替이 쓰이게 되었다.

전란시대이지만, 대부분 전쟁은 다이묘와 그 부하 병사들 간의 이른바 전투 전문가들의 일이었으며, 일반 민중이 전투에 흡수되어 생명을 잃는 경우도 비교적 적었다. 그 때문에 농업이나 상업, 산업이 지향하는 진전이 가능했다.

유럽인의 도래

1543년 규슈 남쪽에 위치한 작은 섬인 다네가種子섬에, 중국 정크선 한 척이 표착했다. 이 섬의 영주는 그 배에 동승한 포르투갈인부터 소총鐵砲 2정을 입수했다. 일본에 유럽인이 최초로 도래한 때이며, 화기火器 전래가 시작된 때이다. 이 소총을 모델로 하여 소총 국산화에 성공했다. 통일정권의 수립을 지향하는 야심적인 다이묘들은 소총를 경쟁적으로 만들어, 단기간에 보급되었다. 화기가 있어서 종래 기마전에서 보병의 집단 전법으로 전술이 변하고, 성곽 만들기 방법도 변화했다.

화기를 이용한 전술을 가장 효과적으로 운용한 오다 노부나가織田信長는 다른 다이묘와 항쟁은 이길 수 있었지만, 일본 전체 지배자가 되기 직전에 망하고, 그 후계자인 도요토미 히데요시豊臣秀吉가 전국을 통일했다. 도요토미 히데요시 사후, 동맹하던 도쿠가와 이에야스德川家康가 도요토미 정권을 무너트리고, 1603년에 쇼군이 되어 에도바쿠후를 개설했다.

화기만이 아니고 유럽인과 접촉으로 새로운 문화가 일본에 도입되게 되었다. 1549년 성프란시스코 사비에르가 일본 최초로 그리스도교 전도를 시작하고 나서, 예수회 선교사들이 일본에 와서 포교활동을 종사하게 되었고, 1582년에 신도 15만 명을 획득한 기록이 있다. 서일본 다이묘 중에서 그리스도교로 개종한 자도 있지만 순수한 종교상의 동기가 아니고, 유럽 선교사와 친밀하게 됨으로써 무역에 의한 이익을 자기 영토에 가져오려는 이점을 계산에 넣은 것이다. 포르투갈 배는 당시 동아시아 배보다 대량 운송력이 있었기 때문에, 그때까지 무로마치 쇼군이 공식적으로 진행하던 중국 무역도 바뀌게 되었다.

포르투갈 배는 소총, 화약, 열대 아시아의 향신료와 약품, 중국에서 생사生絲와 견직물을 일본에 들여오고, 일본에서는 광산 개발로 산출한 다량의 은을 중국에 옮겨 상품으로 만들어서, 이것을 인도 고아Goa에 옮기는 등 중계 무역에 종사했다. 이와 같은 활동에 자극받은 서일본의 다이묘와 유복한 생활을 하던 상인들은 배를 만들어서 중국이나 동남아시아와의 교역을 시작하고, 동남아시아 각지에 일본인 거리를 건설했다.

도쿠가와 바쿠후의 쇄국 정책이 철저했던 17세기 초 30년 사이에 출국한 일본인은 총 10만 명 이상이라고 추정된다. 한편 도요토미 히데요시가 두 번에 걸쳐서 대군을 파병하여 조선 침략을 시도하였고, 조선과 명의 연합군에 패배했다. 이 무렵은 그때까지 일본 역사 중, 일본인의 해외 진출이 가장 활발한 시대였다.

외래의 식문화

16, 17세기에 해외 교류로 호박, 고구마, 담배 등 신대륙 원산 작물이 일본에 전해져 재배되었다. 옛날부터 설탕은 중국에서 수입되었으며 귀중품으로 여기거나 조미료로 쓰기보다 약품으로 쓰였다. 동남아시아와 교역이 활발해지면서 대량으로 설탕이 수입되고, 단 과자류가 만들어졌다. 이것으로 일본에서 전통과자가 형성되었을 뿐 아니라, 유럽에서 전해진 단과자나 사탕의 제조법이 일본식으로 바뀌어 현재까지 남아 있다.

증류기술이 태국에서 오키나와에 전해져 '아와모리泡盛'가 만들어지고, 다시 일본 본토에 퍼져 '소주燒酒'가 된다. 그리스도교로 개종한 사람들이 고기를 먹었고, 유럽의 요리법을 전했다. 그러나 나중에 그리스도교가 탄압되면서 고기를 주재료로 하는 요리는 만들지 않게 되었다. 재료를 고기에서 두부로 바꾸는 등 큰 변화를 거쳐 일식화되고, 조금이나마 남은 유럽의 요리법은 '난반南蠻 요리'로 지금까지 전해온다.

도요토미 히데요시豊臣秀吉는 조선 출병 당시 조선의 수공업 기술 자를 일본에 강제로 데려왔다. 그 사람들이 각지에 도요陶窯*를 만 들어, 선진기술을 적용한 도자기 생산에 종사하게 되었다. 이것이 현재 일본 도자기 식기 생산의 기초가 된 계기이다.

전통의 창조

전국시대는 전란이 계속되어도 문화적으로 불모라고 할 수 없 을 만큼 일본 문화사에서 중요한 위치를 차지하는 시기였다. 그것 은 오래된 질서가 붕괴되고, 새로운 일이 탄생하는 역동적인 창 조시대이기도 했다. 노能, 교겐狂言, 이케바나生け花**, 가부키歌舞伎 등, 오늘날 전해지는 대표적인 일본 예능이 생기고, 회화사, 건축사에 있어서도 가장 창조적인 시대였다. '와비侘び'라고 하는 일본 독자 의 미의식이 형성된 것도 이 시기이다.

이와 같이 문화적 창조 중 식문화에서 뺄 수 없는 것은 '차노유 茶の湯'***의 확립이었다. 이 시기에 유행한 다도와 함께 하는 식사에 서 식단, 서비스 순서, 담기나 식기의 미학, 식사예법 등의 형식이 만들어지고, 현재까지 이어지고 있다.

---

* 도자기를 굽기 위한 가마.

** 꽃꽂이.

*** 다도.

근대 이전의 일본사에서 가장 활력이 넘치던 이 시기는 도쿠가와 쇼군이 쇄국을 선언함으로써 끝이 났다. 에도정부는 당시 그리스도교를 묵인하였지만, 네덜란드, 영국 등과 무역을 시작하면서, 무역 이익을 얻기 위해 그리스도교 포교를 용인할 필요가 없어졌다. 쇼군의 절대적인 권위를 부정할 수밖에 없는 그리스도교는 지배 체제 유지에 마땅한 것이 아니고, 그리스도 포교를 앞세워 식민지화하려는 가능성을 느끼고 있었다.

해외 도항이나 외국선의 내항을 제한하는 정령政令을 몇 번이나 내렸으며, 규슈에서 그리스도교도 반란인 시마하라島原의 난을 진압 후, 바쿠후는 1639년에 포르투갈 선 내항을 금지했다. 그리고 1641년 유일하게 교역 관계를 남긴 네덜란드 상관을 히라도平戸에서 나가사키長崎의 데지마出島로 옮기고, 해외무역을 정부 관리 아래 두는 것에 따라 쇄국 정책이 완성됐다.

쇄국에 의해 해외 영향이 차단되고, 다른 문화와 마찬가지로 식문화도 변화하지 못하고 거의 사라졌다. 이 현상은 이후 200년간 계속되었으며, 국내 상황은 세련과 성숙을 추구하는 시대에 들어서게 되었다.

2. 차茶의 보급

고대의 차

앞에서 언급했듯이 일본에서 차를 마신 최초의 기록은, 815년에

사가嵯峨천황이 중국에서 유학한 승려 에이추永忠의 절에서 차를 마신 것이다. 에이추는 중국에서 귀국할 때 차 종자를 가져와서, 절에 차밭을 만들었을 것으로 추정된다. 사가천황은 궁중이 있는 교토 근처지역에 차나무를 옮겨 심고, 차를 매년 헌상하도록 명령하였으며, 나중에는 교토에 다원을 만들었다.

9세기에는 귀족이나 승려들의 응접실에서 차를 마시는 것이 행해졌다. '깃사喫茶: 차 마시기'는 중국 문명을 동경하는 귀족이나 승려 등 일부 계급의 유행이었다고 추정된다. 견당사遣唐使 폐지 후, 차에 관한 기록이 줄었다. 차는 절의 특별한 의식 때에 마시고, 귀족은 약으로 마시는 예가 알려질 정도로 평소에는 마시지 않았다.

당시의 차는 발효하는 제조법이 쓰였는데, 찻잎을 벽돌모양으로 압착한 '전차磚茶'로 독특한 향기가 있었다. 그 향기가 일본인 기호에 맞지 않아서 깃사의 풍습이 정착하지 않았다는 설도 있다.[2]

말차抹茶의 도입

약 300년간 중단된 후, 가끔 차가 등장한다. 중국에서 유학한 선승 에이사이榮西는 가마쿠라에 미나모토노 요리토모의 보제사菩提寺*인 수복사壽福寺를 개산開山한 인물이다. 그는 중국에서 2번째로 유학할 때, 차의 씨와 묘목을 가져와서 일본에서 재배했다. 1214년 에이사이는 쇼군 사네토모實朝 가지加持**기도에 불려나갔다.

---

* 선조대대의 위패를 모신 절.
** 주문을 외며, 부처님의 가호를 받아 병이나 재앙을 면함.

전날 연회에서 쇼군이 술을 많이 마셔서, 숙취상태였다. 당시 치료라고 하면, 고승에 의한 가지 기도가 무엇보다 효과적이라고 믿었다. 에이사이는 쇼군에게 가지 기도 대신에 차를 좋은 약이라고 마시게 했고, 카페인 효과가 매우 커서 쇼군은 바로 회복했다. 그리고 에이사이는 『깃사요조기喫茶養生記』라는 책을 써서 쇼군에게 바쳤다.

에이사이가 가져온 것은 중국 송대의 차 마시는 법이다. 차 순을 따서, 바로 쪄낸 후 더운 물을 붓고 저어서 마신다. 현재의 '차노유'와 같아서, 그 향기도 일본인 기호에 맞았다. 말차를 마시는 습관은 절과 상급무사 사회부터 퍼지기 시작하여, 13세기 말에는 민중 사이에까지 퍼지며, 약용효과를 구하는 데서 기호품으로서 마시는 것으로 변모했다.

투차闘茶

14~15세기에는 상류계급에 '투차'라는 게임이 유행했다. 산지 몇 곳의 차를 마시고 비교하여, 산지를 맞혀 득점하면 상을 받는 것으로 유희화한 다회茶會였다.

14세기 말 투차형식에 관하여 『깃사오라이喫茶往來』에 기록이 있다. 이것에 따르면 우선 술을 세 번 돌려 마시고, 소면을 먹으면서 차를 한잔하고, 산해진미로 식사를 하고, 과자를 먹으면서, 정원에서 잠시 휴식을 취한다. 그리고 차를 마시기 위해 방으로 자리를 옮겨, 차과자와 함께 산지가 다른 4종류 차를 10회 마시고, 산지를

맞히는 투차를 행했다. 투차가 끝난 다음에 차도구를 치우고, 노래
나 음악, 춤을 감상하면서 술을 마시는 연회로 이어졌다. 이렇게
보면 앞서 서술한 헤이안시대 귀족들의 연회형식에 중심행사로
차 마시기를 더한 것이, 투차의 연회형식이다.

신흥 다이묘들은 투차를 애호하고, 그 연회장에는 중국에서 수
입한 호화로운 미술품을 다수 장식하는 것을 경쟁적으로 했다. 마
치 미술관 안에서 연회를 여는 것 같았다.

와비侘び차의 세계

15세기 후반부터 호화로운 투차에 대하여 보다 내면적·정신적
인 미학을 '깃사'에 가져오는 움직임이 시작되었다. 16세기에 이
르러, 당시 무역항이던 사카이堺의 유복한 시민의 지지를 얻고, 그
들처럼 차마시는 방법을 '와비차'라고 부르게 되었다.

'와비'란 세속적인 세계에서 은퇴하여, 간소한 생활 중에 맛을
보고, 안정된 심경을 이르는 것이다. 화미華美한 것, 요란한 것, 사
람을 놀라게 하는 기발한 표현을 배제하고, 불필요한 것을 없애고,
간소하고 세련된 아름다움을 추구하는 것이 와비이다. 그것은 선
종禪宗이 추구하는 정신적 경지에 공통되는 것으로, 와비차를 떠받
치는 이데올로기는 선禪의 영향력이 인정되며, 선승이 쓴 글씨를
좋아해서 와비차의 다실에 걸려 있었다.

와비차를 완성시켜, 현재도 이어지는 여러 다도 유파의 창시자
는 센리큐千利休(1522~1591)이다. 와비차 다실은 '시중市中의 산거山

居'로 여겼다. 초기 와비차가 유행한 사카이堺의 상인들은 호화로운 저택에 살지만, 이와는 대조적으로 다실은 언뜻 보면 초라해 보였으나, 실은 최상의 건축재료만 사용한 것이다. 다실에 딸린 정원은 심산의 경치를 상징하는 것으로 삼았다. 즉 와비차회가 행해지는 장소는 일상적으로 생활하는 세속적인 공간이 아니고, 별세계인 셈이다.

다실에 들어가기 전에 정원에서 손을 씻고 입을 헹구지만, 그것은 신사나 절에 참배할 때 행하는 '기요메淸め'* 의식과 마찬가지이다. 즉 다회는 종교의식을 모방한 성스러운 모임을 상징한다. 다실에 들어서면, 군주와 신하, 부자와 가난한 자로 나뉘는 세속적인 신분의 질서는 소멸하고, 참가자는 모두 평등해진다.

차노유에 정열을 쏟은 '다인茶人'으로 불리는 사람은 본명 외에 다회에서 불리는 다른 이름을 갖는다. 다실 안에서는 그 이름으로 불리며, 일상생활의 신분이나 직업과 상관없이, 말하자면 다른 인격으로 행동하는 것이다. 세속적인 정치, 종교, 가족의 푸념이나 돈벌이 이야기를 하는 것은 다실에서 금기로 되어 있다. 이러한 비일상적인 공간에서 몇 시간 동안 은둔하고, 정신을 상쾌하게 하여, 사람은 다시 세속적인 세계로 돌아가는 것이다.[3]

센리큐가 완성시킨 차노유의 형식을 살펴보자. 다회는 둘로 나누어 서술했다.

---

* 정하게 함.

다회茶會와 가이세키懷石 요리

다회 전반은 '가이세키' 식사가 중심이 된다. 수행 중 선승이 따뜻한 돌을 헝겊에 싸서, 배에 품고 신체를 따뜻하게 한 것이 가이세키의 어원이다. 마찬가지로 신체를 데우는 정도의 가벼운 요리라는 의미로 다회 식사를 가이세키라고 한다. 나중에 마실 진한 차의 자극을 부드럽게 하기 위해, 미리 먹어두는 가벼운 식사이다. 리큐利休는 가이세키라는 화려한 식사를 내는 것을 훈계하고, 당시 연회에 비하여 훨씬 검소하게 쌀밥과 국, 3품의 찬을 차리는 '1즙 3채一汁三菜' 식단이 바람직하다고 했다. 그 이후 1즙 3채가 정형화하면서 쌀밥과 국, 흰살 생선회와 생선회 무침인 무코츠케向付け, 채소와 생선 또는 조육을 익힌 조림, 생선구이 등으로 구성되었다. 이를 '가이세키젠懷石膳'으로 부르고, 1인용 쟁반에 담아 제공한다. 이것이 가이세키 기본요리 식단이지만, 이후 시대에 여러 가지 요리가 추가되어서 반드시 소박한 식사라고 말할 수 없게 되었다.

이 요리는 처음부터 주인이 모두 만드는 것이 원칙인데, 식사 접대와 그 후에 내는 차도 주인이 손수하게 되어 있다. 식사 때에는 술이 제공되며, 마시는 방법은 정형화된 예법이 있다. 그러나 중세 연회의 맨 처음에 나오는 의례적인 음주에 비하면, 비공식적인 성격이 더욱 강한 음주이다. 식후에 과자를 먹고 손님들은 다실을 나와 정원에서 휴식을 취한다. 그 사이에 주인은 식사 뒷정리를 하고, 다실에 꽃과 족자를 바꾸고, 새로운 무대를 설정해둔다. 준비가 되면, 손님은 다실에 돌아와서, 중심행사인 차를 마신다. 이것이 후반부이다. 처음에는 '고이차다데마에濃茶点前'라고 하여, 진한 차를 만들어 같은 찻잔茶碗을 순서대로 돌아가면서 마신다. 차를 다리기와 마시는 방법은 복잡한 예의가 있고, 참가자들은 이에 맞추어 우아하게 행동해야 한다.

차를 만들기 위한 도구와 찻잔, 다실 인테리어 디자인은 모두 와비의 미학으로 통일되어 있으며, 그것을 감상하고 화두로 해야 함을 잊어서는 안 된다. 마지막에 말차를 더운 물에 조금 넣고 섞은 '우스차薄茶*'를 마시고 다회는 끝난다. 이렇게 보면 투차연회를 간략화하고, 최초의 의례적 음주와 최후의 주연을 없앤 것이, 리큐 다회형식이다. 그러나 나중에 차를 마신 다음에 별실로 옮겨 주연을 베푸는 다회도 있다.

차노유茶の湯의 영향

리큐가 대표자가 되어, 만들어낸 새로운 형식의 다회는 그때까지의 고전적인 일본문화를 통합하여, 새로운 전개의 계기가 되었다. 다실의 건축은 스키야數寄屋 짓기라는 새로운 건축양식을 만들어냈다. 다실 정원은 현대 일본 정원 양식에 크게 영향을 주었고, 다실에 걸린 그림은 미술 양식에 영향을 주었다. 그곳에 장식한 꽃꽂이는 새로운 양식을 만들고, 차를 만드는 도구나 찻잔은 금속 공예, 칠공예, 도예의 발전을 촉진했다. 마찬가지로 식사문화에 큰 영향을 주었다.

---

* 연한 차.

세련된 일본 요리는 계절감을 연출하는 것을 중요시하여, 각 계절을 상징하는 요리가 식탁의 주역이 되는데, 이것도 차노유의 영향이 크다. 1월과 2월 다회에는 다실에 다른 실내장식을 하고, 차를 만드는 도구나 찻잔, 식기도 다른 조합을 하는 등, 다회의 미학을 두고 계절의 미묘한 변화를 상직적으로 반영하는 것이 이루어진다. 차와 함께 하는 요리에도 마찬가지로 요구되기 때문이다.

선禪과 차의 철학에서는, 너무나 인공적인 것, 완전한 것은 부정된다. 자연에 없는 대칭symmetry구도는 채용되지 않고, 불완전하고 균형 잡히지 않은 것에서 아름다움을 끄집어 낸다. 서양 회화처럼 화면을 모두 칠하지 않고, 여백을 둔다. 그리지 않은 여백의 아름다움을 바라보는 것이 선의 화면이다. 중세에 있어 연석 식사는 식탁 일면에 음식이 많지만, 아주 높이 대칭 장식을 했다. 그러나 가이세키 요리에는 대칭되게 담지 않고, 여백의 아름다움을 의식하게 되었다. 이것이 현재 일본 요리의 담기 미학의 기본이 되었다. 또한 다회의 행동 양식이 그 후 식사예법에 큰 영향을 주고 있다.

3. 난반진南蠻人이 전한 것

난반진과 코모진紅毛人

중국인의 전통적인 세계관에 따르면, 중국 문명권 남쪽을 '난반南蠻'이라 부르고, 문명화되지 않은 민족의 세계가 있다고 여기고 있었다. 이 개념을 이어받은 일본인은 인도나 동남아시아, 중국 남부를 경유하여 일본에 온 포르투갈인이나 스페인인을 '난반진'이라고 부른다. 그들이 가져온 요리를 난반 요리, 유럽에서 만드는 법이 전해진 과자를 난반 과자라고 이름을 붙였다.

그 다음 프로테스탄트 네덜란드인이나 영국인이 오는데, 그들을 이베리아반도 사람들과 다르다고 알게 되면서, 북서 유럽인을 '코모진紅毛人'이라 불렀다. 쇄국 후에는 네덜란드 한나라와 통상 관계를 유지하게 되어 홍모인이라고 하면 네덜란드 사람을 가리키게 되었다.

그리스도인과 육식

성프란시스코 사비에르는 말라카에서 일본인 야지로彌次郎를 가톨릭으로 개종시켰다. 일본 최초 그리스도교도인 야지로를 안내인으로 하여 1549년에 일본에 포교하러 온 그는 일본인 신자로부터 사람들의 호감을 잃지 않으려면 고기를 먹지 않아야 한다는 충고를 듣고 이를 지켰으며, 고기가 없는 식사에 아무 말을 못했다. 사비에르를 쫓아서 일본에 온 선교사들이 포교에 성공하여, 그리스도교로 개종한 사람들은 불교나 신도의 금기에서 해방되어 예수회 신부와 함께 고기를 먹게 되었다. 어떤 신부의 편지에 의하면 1557년 부활절 다음날 현재 오이타大分시에서 신부가 그리스도교 신자 약 400명을 식사에 초대했다. 이때 수소 1마리를 잡아서 고기를 밥과 함께 나눠 먹었는데, 신자 대부분은 식사에 만족했다고 한다.

난반선이 많이 입항한 곳은 규슈의 나가사키와 히라도平戶지만, 여기서는 그리스도교 신자만 아니라, 일반인들도 소고기를 먹었다. 나가사키에서 소고기 값이 급등한 기록이 있고, 이 지역에서 식용을 목적으로 돼지를 사육한 기록도 있다. 단 이 두 곳 항구에서는 난반선 이외에 중국선도 기항하였으므로, 돼지를 식용하려고 사육한 것은 중국인 영향도 있었음을 고려해야 한다.[4] 교회 미사에서 빠질 수 없는 빵도 나가사키와 히라도의 일본인 기술자가 만들었으며, 이 지역에 온 유럽인에게 팔았다. 하지만 일본인 식사에는 빵이 보급되지 않아서, 주식이 아닌 과일처럼 빵을 먹었다고 하는 유럽인의 보고가 있다.[5]

쇄국 이전에 도쿠가와 쇼군 정부는 그리스도교를 금지하는 법령을 1612년에 발령했다. 그리스도교적인 풍습을 배제하는 정책도 취했는데, 우선 소고기와 빵을 금지하여 먹지 않도록 했다. 당시 나가사키에는 중국선이 많이 들어와서 중국인 거리가 형성됐다. 중국인의 일상적인 식사는 소고기를 먹는 풍습이 없고, 돼지, 닭, 오리 고기를 먹었으며, 그들의 육식은 금령 대상이 아니었다.

난반 요리

쇄국이 실시되면서 네덜란드인 외의 유럽인은 국외로 추방되고, 네덜란드인도 나가사키항 데지마出島에 격리시켜 거주하도록 했으며, 일본인과 접촉을 금지했다. 따라서 에도시대에는 홍모라 불린 네덜란드인의 음식이나 식습관이 일본인에게 미치는 영향은 거의 없었다. 하지만 단기간 접촉으로 난반진이 식문화에 미친 영향은 컸으며, 그 요리법은 일본식화하여 오늘날까지 남아 있다.

『난반요리서南蠻料理書』라는 문헌에는 40종류 요리와 과자 만드는 법이 기록되어 있다. 그중에는 중국에서 기원한 듯한 요리법이나 일본 요리도 포함하지만, 대부분은 포르투갈에서 기원한 것이다. 현재에 전하는 사본은 에도시대 말에 쓴 것으로 추정되지만, 원본이 성립된 때는 쇄국 전후로 생각된다.[6] 『난반요리서』에 나타난 요리법 중 포르투갈에서는 사용한 우유와 크림을 생략하거나, 밀가루 대신 찹쌀가루를 사용하여 모두 일본적으로 변형되었다. 빵 반죽을 만들 때에 이스트 대신에 감주를 섞어 발효세균의 발효작용에 따라 팽창시켰다.

에도시대를 통하여 나가사키의 가정요리에는 '난반 요리'가 몇 가지 받아들여졌지만 현재까지 전해진 것은 본래 요리를 대폭 개혁한, 요리명 외에는 서양 기원으로 보이지 않는 것도 많다. 수육을 주재료로 하는 것을 어육으로 바꾸거나, 유제품을 사용하지 않도록 변경하거나, 된장, 간장의 일본 조미료를 넣어 일본식 요리로 변화시킨 것이다. 이와 같이 현재에 전해진 '일본화한 난반 요리'를 만들어냈다.

나가사키에서 '히가도'는 참치, 무, 당근, 고구마를 주사위 모양으로 썰어 간장으로 맛을 낸 조림 요리이다. 포르투갈어로 '재료를 작게 썬다'는 의미의 피카두picado에 어원을 갖는 요리명이다.

원래는 소고기를 기름에 볶은 조림 요리이다. 여기서 소고기 대신 같은 붉은색을 띠는 참치로 변경하고, 요리에 사용하는 유지를 응용하여 일본 부엌에서 소테sauté과정을 생략하고, 조림요리로 변화하였다.

동일본에는 '간모도키雁擬き', 서일본에는 '히료스飛龍頭' 또는 '히로우스'라는 명칭으로 알려진 두부식품의 어원은 팬케이크 일종으로 기름에 튀겨서 꿀 등에 찍어 먹는 포르투갈의 필세스filhses, 스페인어로 필로스filos에서 유래한다. 1784년에 발간된 『탁자식卓子式』이라는 책에는 찹쌀가루에 달걀을 섞어서 만든 반죽을 기름에 튀겨 설탕시럽을 끼얹어 먹는 것이 히로우스라고 적혀 있다. 이것은 과자에 한정되지 않고 기름에 튀긴 요리 전체를 나타내는 명칭으로 바뀌고 나중에는 두부 요리의 이름이 되었다고 생각된다.

대표적인 일본 요리 가운데 '덴푸라'는 포르투갈인이 전한 요리법에 기원을 갖는다고 한다. 포르투갈어로 조리를 의미하는 템페로tempero 혹은 템포라tempora라는 종교 용어가 어원이라는 설이 있다. 3월, 6월, 9월, 12월 첫째 수요일, 금요일, 토요일을 템포라라고 하여, 이날은 고기를 먹지 않고, 생선을 먹는 풍습이 있다. 이 관습을 지키는 선교사들이 기름에 튀긴 생선을 먹는 모습을 본 일본인이 이를 '덴푸라'라고 한 것이 종교용어의 기원설이다.

17세기 초에 성립했을 것으로 추정되는 요리법을 구체적으로 설명한 일본 최초 실용서인 『료리모노가타리料理物語』에는 난반 요리라는 식단이 있다. 닭고기와 무를 함께 끓여서, 그 뼈를 발라내

고 도로 스프에 넣어, 술, 소금 또는 된장으로 간을 맞추고, 마늘과 파, 버섯을 넣어 먹는 국물이 많은 요리이다. 이 요리가 나가사키에서 후쿠오카福岡로 전해져서, 변화를 거듭하며 후쿠오카의 명물 요리인 '미즈타키水炊き'가 되었다. '아차라츠케アチャラ漬け'는 무, 순무, 연근 등의 채소를 잘게 썰어서 고추, 식초, 설탕, 소금 또는 간장을 섞은 액체에 재우는 절임이며, 이후 '난반츠케南蠻漬け'로 불렸다. 이것은 페르시아어로 achat가 어원인데 포르투갈에서 일본으로 전해졌다. 그러나 이 종류에 고추를 넣은 단초절임을 말레이반도, 인도네시아, 필리핀에 진출한 일본인이 본국에 들여왔을 가능성도 있다.

난반 과자

고기를 재료로 하거나 일본인이 일상에 사용하지 않는 소기름이나 향신료를 강하게 쓰는 난반 요리에 비하여, 난반 과자는 일본인의 환영을 받았으며 지금도 많이 먹고 있다.

나가사키의 명물 '카스텔라'는 이베리아반도 카스텔리야지역 케이크이며, 포르투갈어인 보루드카스텔라boro de Castella에서 유래한다. 요리에 오븐을 사용하지 않는 일본에서는, 커다란 쇠냄비를 숯불 위에 놓고, 철제 뚜껑 위에도 숯불을 얹어, 아래위로 열을 가하여 카스텔라를 굽는 아이디어이다. 히라도의 명물과자인 '카스텔라'는 포르투갈어로 카스텔라 도스castella doce이며, 에히메愛媛현의 '타르트'는 포르투갈어 타르타tarta에 기원이 있는 과자이다.

또한 포르투갈 설탕과자인 콘페이토confeito, 알페로아alfeloa, 카라멜루caramelo는 각각 '곤페이토金平糖', '아루헤이토有平糖', '카르메라'라는 명칭으로 오늘날까지 전해지고 있다.

포르투갈 디저트 요리에는 달걀노른자를 주재료로 하여 만드는 케이크가 있다. 포르투갈어로 실 모양의 달걀을 의미하는 피오스 드 오보스fios de ovos는 나가사키에서 후쿠오카에 전해져 지금의 '계란소멘卵素麵'이 되었다.

신대륙 원산작물

새로운 요리나 과자의 도입은 물론 음식을 둘러싼 사회경제적으로 중요한 영향을 미치는 것은 전 신대륙원산의 재배식물이 일본에 전해졌기 때문이다. 스페인인과 포르투갈인이 이들 작물을 우선 동남아시아, 중국에 갖고 왔다. 그곳에서 일본에 전래된 경위는 난반진뿐 아니라 중국인과 당시 동남아시아와 중국과의 무역에 종사하는 류큐琉球인에 의해서도 이루어졌다.

이 시기에 전래된 작물 중에는 가장 중요한 것이 '고구마'이다. 스페인인이 신대륙에서 루손섬에 가져온 고구마는 1593년 중국의 푸젠성에 전해졌다. 1605년 류큐 왕조의 사절이 푸젠성을 방문했을 때 고구마 묘를 화분에 담아서 가져왔고, 그것이 오키나와 각지에서 재배되었다. 한편, 히라도에 있던 영국 동인도회사 상관商館장인 리처드콕스Richard Cocks가 오키나와에 고구마를 주문하여 히라도에 고구마밭을 만들었다. 이것이 일본 본토에서의 고구마 재배 시작이다. 고구마는 서일본 바다에 면해 있고, 온난하고 건조한 지방에서 많이 재배하게 되었다. 특히 논농사가 부적합한 지리학적 조건의 장소가 많은 오키나와, 북규슈, 분고스이도豊後水道* 주변 지대, 쓰시마, 세노나이해瀬戸内海 여러 섬에서 아주 중요한 주식작물이 되었다. 이들이 식품에서 섭취하는 에너지의 60% 이상을 고구마가 차지하는 지역도 있었다.[7] 쌀 생산량이 적고, 인구가 희박한 지방에서 고구마 도입에 따라 인구가 증가했다.

'호박'도 신대륙원산의 작물로 16세기에 포르투갈인에 의해 가져온 것이다. 메이지明治시대가 되어 미국에서 새로운 품종이 도입되기 이전에는 일본에서 재배하던 호박은 두 그룹으로 나뉜다. 하나는 '보우부라'로 불리는 포르투갈어로 아보보라abobora에 어원을 갖는 계통이다. 또 한 가지 품종은 중국에서 전래되었는데 '난징南京 호박'으로 불렸다. 가보차カボチャ의 명칭은 캄보디아에서 전해진 작물이라는 전승에 바탕이 있다. 마찬가지로 중국 가지의 뜻으로 '당가지唐茄子'라고 부르는 지역도 있다. 호박의 조림이나 된장국은 배를 채우는 데 알맞은 요리로, 여름철 농가에서는 매우 자주 먹는 준주식 작물이었다.

'고추'는 1542년에 포르투갈인이 들여왔다고 한다. 그때까지 매운 맛을 지닌 향신료는 수입품인 후추가 쓰였다. 에도시대 전반까지 면류에 후춧가루를 뿌려서 먹었다. 고추가 도입되면서 '도가라

---

* 규슈 오이타현과 시코쿠 에히메현 사이에 있는 물길이다. 북쪽에서 세토나이해 남쪽으로 태평양에 접하는 지역.

시唐芥子'라는 이름 외에 '난반', '난반 후추胡椒', '고려 후추高麗胡椒' 등으로 불리게 되었다. '당', '고려' 등 지명은 중국이나 한국에서 전래되었음을 나타내는 것이 아니고, '외국 전래의~' 의미를 나타낸다. 그것은 재래 매운맛 향신료인 겨자, 후추에 적용된 것이다. 에도시대에 들어서 '시치미도가라시七味唐辛子'**가 고안되어, 면류를 먹을 때 탁상조미료가 되었다. 고기나 유지를 먹지 않는 일본인에게 고추는 지나치게 강렬한 향신료로 느껴져, 소비량이 아주 적었다. 1970년대가 되어 고기 소비량이 증가함과 보조를 맞추어 일본에서 고추 소비량이 늘어나게 되었다.

일본 요리에 자주 쓰이는 '강낭콩'은 남미 원산의 것이 중국에 전해져, 1654년에 황벽종黃檗宗의 선을 일본에 전하기 위해 온 중국의 인겐隱元 스님이 가져온 것이기 때문에 인겐 콩이라고 불렸다. 하지만 실제로 인겐 스님은 다른 품종의 콩을 가져왔다. 남미 원산의 '낙화생'도 중국을 거쳐 일본에 전해졌으므로 '난징南京 콩'이라고 한다.

4. 새로운 스타일의 성립

『야마이노소시病草子』의 식사
『야마이노소시』는 갖가지 병이 있는 환자를 그린 두루마리 그림인데, 헤이안시대 말에서 가마쿠라시대 초기에 해당하는 12세

** 고추, 후추, 산초, 겨자, 채종, 마(麻) 열매, 진피, 7가지 재료로 만든 조미료.

그림 10 『야마이노소시』의 치조농루병 남자(『일본의 에마키絵巻 7』p.93)

기 말부터 13세기 초에 만들어졌다고 추정된다. 그중에 치조농루
齒槽膿漏 남자가 식사하는 그림이 있다. 이 그림에서 민중의 보통 식
사 내용을 알 수 있다(그림 10).

'오시키折敷'라는 네모난 나무쟁반에 1인분 음식이 놓여 있다. 식
기는 모두 목제 칠기 완이나 접시로 추정된다. 쌀밥을 담은 평평
한 완과 국그릇, 작은 접시의 반찬 세 가지가 식사의 전부이다. 반

찬 중 하나는 생선이고 다른 두 가지는 알 수 없다. 아마 절임이나 마른 찬일 것이다. 반찬의 양은 아주 적은데, 밥그릇에 담긴 쌀밥은 고봉으로 수북하다. 이 시대에 1회 식사로 먹는 쌀밥은 한 번에 담는 관습이 있어 '고봉밥高盛飯'이 되었다.

후대가 되면, 현재 밥공기와 같은 형태의 식기를 사용하고, 완이 비워지면, 밥은 다시 담는 배선방법으로 바뀌었다. 또한 오시키가 아니고, 다리가 달린 각상을 민중 식탁으로 쓰게 되었다. 이런 것을 빼면, 『야마이노소시』 식사풍경은 20세기 이전 일본에서 민중의 보통 식사의 기본형식을 잘 나타내고 있다.

국과 찬

일상식사는 쌀밥과 국, 반찬 세 종류의 음식으로 구성되어 있다. 쌀밥과 이에 곁들이는 츠케모노는 식사에서 빠지지 않고, 당연히 있는 것으로 보이고 그 외에 식단에 나오는 찬으로 식사 내용이 평가된다. 『야마이노소시』 그림의 식단은 1즙 3채이고, 이후 센리큐가 정한 가이세키 기본형과 요리의 질은 어떻든 간에 같은 형식이다.

1즙 3채 또는 1즙 2채가 민중의 보통 식사이고, 가장 소박한 식단은 1즙 1채이다. 상류계급 향연 때는 2즙 7채 식단으로 국과 찬의 숫자가 증가한다. 제공되는 요리의 숫자가 많은 연회에서는 상 하나에 모두 놓을 수 없어, 손님 한 사람 앞에 소반이 여러 개가 놓인다. 그것은 둘째 상, 셋째 상과 같이 상의 수가 많을수록 훌륭한 연회로 평가되었다. 최고 연회인 상 7개의 연회는 8종류 국물과 30종류 이상의 부식물이 나오기도 한다.

혼젠 요리

이와 같이 상을 여러 개 늘어놓는 형식의 연회 요리를 '혼젠本膳 요리'라고 한다. 혼젠 요리는 무로마치시대 무사의 정식 향연형식으로 발전했다. 그 후 민중에도 침투되어, 20세기 전반까지 혼젠 요리의 계보를 잇는 가이세키會席 요리가 새로운 연회 요리형식으로 되었다. 예를 들어 민중 결혼식에 나오는 연회는 가이세키요리를 간략화한 형식으로 이루어진 것이다.

정식 혼젠 요리는 의례적인 음주가 있는 '시키산켄'으로 시작하여, '혼젠本膳', '니노젠二の膳', '산노젠三の膳', '스즈리부다硯蓋'의 순으로 식사를 제공한다. 상좌부터 음식을 담은 상이 차례로 놓이고, 마지막에 주인에게 배선한다. 식사의 마지막에 나오는 스즈리부타는 그 이름대로, 원래는 벼룻집 뚜껑에 과자, 가마보코蒲鉾, 쓰쿠다니佃煮* 등 보존되는 음식을 담아서, 손님은 그 자리에서 먹지 않고 가져가는 것도 가능하다. 나오는 상의 숫자가 많을수록 고급 연회로 여겨, 상이 7개나 나오는 연회도 있었다.

혼젠 요리 식기는 칠기를 쓰는 것이 원칙이다. 손님마다 많은 개수의 칠기의 상과 몇 종류 칠기 식기를 준비해야 한다. 그래서 부유한 도시 상인의 집이나 시골 지주의 집 창고에는 50객용,

---

* 작은 어패류와 채소를 간장, 설탕 등으로 조린 반찬.

30객용 등 칠기 상과 식기가 세트로 보존되어 있었다. 자가 용도만이 아니며, 이 같은 식기를 갖고 있지 않은 친척이 연회를 할 때 빌려주기도 하였다.

무로마치시대에는 요리사의 유파가 확립되어 귀족의 요리사는 '시조류四条流', 무사들 사이에서는 '대초류大草流'나 '진사류進士流'라는 직업요리사에 의한 유파가 주류가 되었다. 그들은 자기의 권위를 지키기 위하여 요리나 배선에 관한 자세한 규칙을 많이 만들어 냈다. 생선의 자르기와 음식 담는 방법 등 요리인의 유파에 따라 다른 정한 규칙이 있고, 그 일부는 구전되는 비법으로 여기고 있다. 또한 손님 측에서도 젓가락 쓰는 방법 등에 관하여 예법을 정하는 것이 요청되었다. 한편 쇼군의 저택이나 궁중에서도 여러 가지 예법이 정해져 있고, 상류사회 혼젠 요리의 연회는 볼품이 화려하지만, 본래의 맛을 추구하는 것에서는 멀어져 버렸다. 그와 같은 시대적 배경에서 나온 것이 '가이세키 요리'이다.

로타리케스와 연석 요리

예수회에서 외교를 담당하는 선교사 조안 로타리케스João Tçuzu Rodrigues는 1577~1613년 일본에 체재하고, 도요토미 히데요시나 도쿠가와 이에야스가 인정하여 후대를 받았다. 그는 일본어에 능숙하여 『일본교회사』에 아츠지安土·모모야미桃山시대 연회에 관하여 기술하고 있다.

그에 의하면 노부나가信長, 히데요시秀吉 이전의 연회형식에는

① 한 사람당 상이 3개 나오는 연회

② 상이 5개 나오는 연회

③ 고귀한 사람을 대접하는 가장 장중한 것으로 엄정한 상 7개가 나오는 연회

④ 엄숙히 차를 마시는 사람에게 권하기 위해서는 특수한 방법과 예법을 갖추고 초대하고, 아주 고가의 기물을 사용하여 다실에서 하는 모임이 있었다고 한다.

말할 필요도 없이 ④는 차노유모임이며, ①~③은 혼젠 요리의 향연이었다.

로타리케스에 의하면, 혼젠 요리 연회는

취향을 나타내어 조리한 요리를 각 사람에게 먹도록 하기보다는 각 사람의 신분에 대하여 존경과 후의를 나타내는 의례로서 행해졌다. 그렇기 때문에 그들 연회에는 커다란 위안이 있고, 술을 마시는 데 많은 예법이 있고, 음주가 잘 되도록 여러 가지 맛있는 술안주가 나오고, 더구나 악기를 사용한 음악이나 연극을 하는 오락도 있고, 이외에 모임에 맞추어진 여흥도 있었다. 요리는 한입크기로 잘라져서 상에 올려지므로, 차갑고 맛이 없고, 그중에서 국물, 즉 국만 따뜻하게 나와서, 사람들이 좋아했다.[8]

이 형태만 남은 혼젠 요리에 비해서, 새로운 연석 요리의 등장에 대해서 로타리케스는 다음과 같이 쓰고 있다.

'노부나가信長나 타이코太閤시대부터 행하기 시작하여 현재 왕국 전체에 퍼져있는 당시 유행한 연회이다.'라고 하는 것은 그 시대 이전에 많은 것을 고치고, 여분의 것, 번잡한 것을 버리고, 그 오랜 습관을 바꾸는 것과 함께 연회에 관해서도 더욱 평상의 식사에 이르기까지 크게 개선했다. (중략) 요리에 대해 말하자면, 그냥 장식용으로 보이기 위해서 나온 것이나 찬 것을 없애고, 그 대신에 따뜻하게 충분히 조리한 요리를 적당한 때에 내오는 그들의 차노유와 같이 질이 높은 내용을 지닌 것으로 되었다. 그 점은 차노유에서 배울 점이 많이 있다.[9]

차노유에서 식사인 가이세키 요리는 1즙 3채를 기본으로 하지만, 품수가 적어도 취향을 나타내어, 실질적인 맛을 추구한다. 혼젠 요리를 부정하는 것부터 시작된 가이세키 요리는 혼젠 요리의 형식에도 영향을 주었다. 정식 향연으로 혼젠 요리를 보다 실질적인 것으로 나중에는 에도시대에 있어 비공개로 스스럼없는 형식의 연회 요리인 '가이세키 요리'를 만드는 원동력이 되었다.

식기의 변화
가이세키 요리가 성립된 이후에 도자기 식기가 자주 쓰이게 되었다. 중세에 가장 많이 쓰인 것은 목제 식기이다. 가장 허술한 것은 칠하지 않는 나무 완이나 접시였지만, 민중이 자주 쓰는 것은 칠을 한 허술한 목기였다. 칙칙한 붉은색이나 흑색 칠을 전면에 한 것으로, 그림이나 모양의 디자인이 거의 없다. 그 밖에 센 불에 굽고 유약은 거의 바르지 않은 질그릇도 자주 사용했다.

고귀한 이들의 정식 향연에는 저온에서 구운 연질의 적갈색 질그릇 토기의 술잔, 접시, 완이 사용되었다. 조잡하고 값이 싸지만, 보다 고귀하고, 고가인 식기로서 최고급 연회에 쓰였다. 이것들은 연회에 한 번 사용하고 나서 버렸으며, 신도제神道祭 의식도 마찬가지이다. 신도의례에 있어 사용된 기물은, 제 때마다 새로 만들어, 제가 끝나면 버리는 일이 많았다. 더러움을 피하고, 신들에게는 항상 청정한 것만을 준비하는 의도를 갖는다.

가마쿠라시대부터 무로마치시대에 걸쳐서는 중국에서 도자기를 수입하여, 일부 인사들은 그것을 식기로 사용했다. 두 번에 걸친 도요토미 히데요시의 조선 침략 때에는, 그것에 참여한 다이묘가 도자기 만드는 기술자를 포로로 잡아 일본으로 연행하여, 자기 영토에 요를 만들어서 당시 선진적인 기술에 의한 도자기 생산이 일본 각지에서 개시되었다. 이런 도자기는 식기로서 먼저 쓰였고, 또한 제조된 식기의 형태, 디자인, 그림 등을 주문하여 제작하는 것은 차노유와 관계가 있는 사람들이었다. 그들은 도자기제의 찻잔을 가장 중요한 미술품으로 중요시하고, 감식안이 높았으므로, 단기간에 일본 도자기제 식기는 고도로 발달하고, 유럽에 수출하게 되었다. 이렇게 출현되어 색이 아름다운 그림이 그려져 있는 식기나 전체가 희게 빛나는 식기에, 얼마나 아름답게 음식을 담는 것은 가이세키요리에 정력을 쏟아부었던 것이다.

그 이전 식기의 주류가 된 목제 칠기는 물레로 제작하므로 완형이나 원형 소형 접시로 모양이 한정되었고, 그 색도 단조로웠다. 그와 같은 식기는 요리 담기의 미학을 한정되게 했다. 근세가 되어 도예가 발달하면서, 일본 식기는 세계에서 가장 다양한 색조를 지니게 되었다. 그것을 상대로 일본 요리 담기에 연구를 기울이게 된 것이다.

5. 식사의 횟수 변화

세이쇼나곤淸少納言이 본 목수의 식사

『마쿠라노소시沈草子』는 10세기 말에 성립되었다, 그중에서 세이쇼나곤은 궁중 건물의 건축공사에 종사하는 목수들의 식사를 관찰하고, 다음과 같이 쓰고 있다.

목수들의 먹는 모습이 기묘하다. 음식이 모두 나오기 전에 기다릴 수가 없어 우선 나오는 국을 모두 먹어버렸고, 다음에 찬을 모두 먹어버려서, 쌀밥은 먹지 않는가 하고 보니, 나중에 밥도 모두 없어져버렸다. 두세 명의 젊은이가 모두 이와 같이 먹는 식이어서, 이와 같은 식사를 하는 것이 목수들의 식사 습관일 것이다.

쌀밥, 국, 찬을 함께 갖추어 식사를 시작하는데, 이 세 종류의 음
식을 교대로 먹는 것이 정식 식사예법이고, 한 종류 음식만을 전
부 먹고 나서, 다음 음식을 먹기 시작하는 목수들의 식사는 무례
하다고 그녀는 생각한 것이다. 그것만이 아니고, 이 시대의 궁중은
1일 2식이었는데, 그것과 다른 식사시간에 밥을 먹는 목수가 기묘
하게 보여졌다고 한다.

중세까지 정식의 식사는 하루에 두 번이었다. 직업이나 계급에
따라 식사시간이 다르지만, 육체 노동을 하는 민중은 일출 후에
식사를 하고, 일몰 전에 저녁밥을 먹는다. 단 목수나 병사, 농번기
의 농민과 같이 중노동을 하는 사람들은 두 끼 식사 이외에 몇 차
례 더 간단한 식사를 했다고 한다.

하루 세 번 식사로의 변화

1221년 준토쿠順德천황은 유식고실有識故實*의 해설서인 『금비초
禁秘抄』를 지었다. 그중에는 예전 천황의 식사는 두 번이었지만, 당
시는 세 끼 식사로 변화하였다고 쓰여 있고, 이때 궁중이나 귀족
들은 세 끼 식사를 하게 된 듯하다. 앞서 언급한 바와 같이 선종의
절에서 이루어진 아침 저녁 두 끼 식사 사이에는 점심이나 차과자
를 먹는 습관이 다른 종파에서도 채용되었다. 16세기 절에서는 이
를 실질적인 점심식사의 위치에 자리하게 되고, 교토의 민중도 세

---

* 고래의 선례에 따라, 조정이나 귀족, 무사의 행사 및 법령·제도·풍속·습관·관
직·의식·의복 등의 것. 또한 그들을 연구하는 것.

끼가 보통이 되었다. 한편 16세기 말에서 17세기 초경에도 지방 무사들 사이에는 하루 두 끼 식사를 했다는 기록이 남아 있다. 그후 17세기 말까지 전국에서 거의 세 끼 식사를 하게 되었다.

이 장에서 다룬 시대에는 직업차이, 계급차이, 지역차이가 있으면서도 공통적으로 하루에 두 끼에서 세 끼 식사로 변화하였음을 알 수 있다. 이 시대는 식물성기름을 사용한 등불이 민중의 집에 보급된 시기이고, 촛불 제조가 시작되었다. 특히 도시에서는 밤의 생활이 길어지고, 두 끼 식사로는 부족하여 세 끼로 변화하였다고 생각된다.

노동강화와 함께 하는 세 끼

그뿐만이 아니라 그 시대에 '사람들은 노동시간이 길어져서, 3번 식사를 하게 되었다'라는 가설도 성립된다고 할 수 있다. 자급자족경제가 해체되고, 화폐를 사용하는 상품경제가 전국에 보급되기 시작한 시대였다. 상품생산이 대량생산이 도입되고, 상업경제도 비약적으로 발전했다. 농업에 있어 새로운 농지가 개발되어, 중세에 비하여 생산력이 증대된 것이다.

기계 생산이 시작된 산업혁명 이전의 생산은 인력을 기초로 하고 있다. 따라서, 이 시대에 있어 일본의 생산력 증대는 사람들이 장시간 일하거나 근무하게 되었다는 뜻이다. 장시간 노동에 따라서, 1일 최종 식사시간이 늦어져서, 일몰 후에 식사를 하는 것이 흔해지고, 정오 전후에 식사를 하게 되어, 보통 하루에 세 끼 식사를 했을 것이다.

5장
전통적 식문화의 완성기

1. 시대 배경

현재에 이어지는 전통의 형성

이 장에서는 1641년 쇄국 체제를 완성하고 나서 메이지 원년 (1868)에 도쿠가와 쇼군에 의한 통합 체제가 붕괴되어 에도시대가 끝날 때까지 시대를 다루려고 한다. 그것은 현대에 이어지는 전통 적인 식문화를 완성한 시대이다. 그 대부분 시간이 쇄국 아래에 있어서, 해외부터 식에 관한 새로운 문화요소를 받은 것은 적고, 그 이전 시대까지의 가치관이나 요리법, 식사방법을 완성시킨 시 대이다.

다음 장에 언급할 메이지시대 이후는, 일본의 '근대화'와 함께 새로운 음식이나 요리법 도입에 정력을 기울였다. 그러나 메이지시대 이전부터 이어진 전통적인 식문화를 더욱 세련시켜 변화시 킨 노력은 별로 이루어지지 않았다. 또한 이미 완성도가 한쪽으로 기울어진 그 이상의 변화는 곤란하기도 했다. 그 때문에 현재 이 어진 전통요리의 반 이상은 200년 이상 올라간 도쿠가와 정권의 평화시대에 생겨난 것이다.

사회체제

당시 일본사회는 쇼군을 정점으로 하는 봉건체제로 운영되어 왔다. 에도를 본거지로 하는 쇼군은 직할령의 가신단家臣團*을 갖고 있지만, 국토의 많은 부분은 쇼군으로부터 임명된 200명 이상 다 이묘들의 영지領地인 한藩으로 분할되어 있었다.

다이묘는 전쟁 때는 군단을 제공하여 쇼군의 지휘 아래에서 전 투하는 것, 쇼군이 명령하는 토목공사 등은 무상으로 봉사하는 것, 에도에 저택을 갖고 인질로 처자를 살게 하고, 1년마다 영지와 에 도를 번갈아 사는 참근교대參勤交代 등 의무를 지니고 있다. 다이묘 는 영지 안에 성을 지니고, 그 주변은 성읍도시가 펼쳐지고, 그곳 에 가신단, 상인, 수공업자가 거주한다.

도요토미 히데요시가 일으킨 태각검지太閤檢地 이래 밭의 면적과 수량을 전국적으로 조사하여, 다이묘의 영지를 쌀의 생산량으로 환산하여, '가가加賀백만석'이라고 하는 것 같이, 토지평가시스템 인 석고제石高制가 성립했다. 다이묘는 농민으로부터 세로 쌀을 물

---

* 집안에서 일보는 신하들.

납으로 징수하여, 가신의 봉급을 쌀 몇 석으로 지급하였듯이 쌀이 지배자 측의 경제 단위가 되었다. 무사들은 지급된 쌀을 상인들에게 팔아서 현금을 손에 넣었다.

쌀의 생산과 유통을 둘러싸고 형성된 국가 경제체제 바탕에서, 봉건 영주들은 대량 쌀을 얻기 위해, 관개공사나 논 개발에 노력을 하였지만, 한편 농민들로부터 쌀을 착취하기 위해 높은 세율을 물렸다. 그 때문에 쌀을 생산하는 농가는 연공미年貢米를 공출하면 자기들이 먹을 쌀이 부족하여 채소를 섞거나 보리나 잡곡을 섞은 밥이나 고구마를 상식으로 할 수밖에 없었다. 이렇게 일본 역사상 처음으로 쌀을 충분히 먹지 못하는 도작농가가 출현했다. 한편, 현금경제에 의존하여 생활하는 도시에 사는 상인들은 무사가 판 쌀을 주식으로 하고, 빈곤한 사람도 쌀을 상식으로 했다.

에도시대에 주요한 사회계급은 사농공상士農工商의 넷으로 구성되었다. 정점이 무사이고, 다음이 국민의 90%를 차지하는 농민층, 그 아래가 기술자가 위치하여, 생산에 종사하지 않는 상인은 최하층에 있었다. 하지만 평화로운 시대가 계속되어 도시가 발전하고, 소비물자의 수요가 증대하면서, 상품유통에 관련한 상인들의 경제적 실력이 아주 크게 되었다. 상인의 축적된 자본이 주조업 등 공장생산 단계의 산업에 투자되어, 그것이 한층 이윤을 가져오고, 부는 상인계층에 집중하게 되었다. 18세기가 되면, 일본 경제를 움직이는 것은 무사계급이 아니고 화폐경제를 추진하는 상인들에게 있음이 명백하게 되고, 다이묘들도 영지에서 생산되는 쌀을 담보로 하여, 금융업을 운영하는 큰 상인들로부터 돈을 빌리게 되었다.

농민의 생활 수준 향상은 농민이 농작물을 현금화하고, 영주가 거두는 몫이 적게 되는 것을 의미한다. 그래서 무사계급은 농민이 되도록 자급자족경제에 머무르게 하고, 농민의 사치를 금하는 정책을 했다. 그리고 무사 자신도 금욕적인 도덕을 지키는 것도 노력하고, 사치스런 식사를 즐기거나, 먹는 것을 불평하는 것은 '무사답지않다'는 사회적 규범이 생긴 것이다.

상인과 기술자가 만들어낸 도시적 식문화

이 시대 식에 관한 문화의 중핵은 무사도 아니고 농민도 아니고, 도시에서 거주하는 상인과 기술자였다. 18세기 중엽에 에도, 교토, 오사카의 세 도시에는 음식점이나 간단한 식사를 파는 외식점이 출현했다. 고급음식점의 주고객은 유복한 상인들이었고, 소바집, 우동집 등과 같이 가벼운 스낵점을 지켜온 것은 임금노동자인 기술자들이었다.

이들 외식시설은 급격하게 증가하여, 18세기 말의 에도 길거리에는 당시 세계에서 음식점의 밀도가 가장 높았다. 갑자기 불어난 많은 외식점들의 자유경쟁 중에서 새로운 요리와 서비스가 많이 탄생했다. 그것이 무사나 농민 계층에도 들어가게 되어, 지방도시에도 영향을 주게 되었다. 세계 여러 나라에서 세련된 식사나 의복의 패션은 궁중이나 귀족사회에서 시작되어, 결국은 아래 계급에 침투되는 것과 같이 사회계급의 위에서 아래로 경로를 거쳐서

보급되는 것이 일반적이다. 그러나 이 경향은 에도시대 일본에서
는 들어맞지 않았던 것이다. 먹는 것뿐만 아니라, 옷이나 머리스타
일 등 패션은 대도시의 연극배우나 유곽遊廓 여성에서 시작된 것이
거의 대부분이고, 무사나 귀족, 농민을 기원으로 하는 것은 거의
없다. 연극이나 유곽의 주요한 고객층도 상인과 기술자였다.

일본은 시민혁명이 없었기 때문에 제도적으로 특권 계급이던
무사 지배가 계속되었지만, 실제는 부르주아인 상인과 화폐경제
의 바탕이 되는 도시 프로레타리아 기술자로 구성된 시민사회가
18세기 대도시를 성립하였다.

세 도시의 식食

산업과 상업의 발달에 따라 일본 전국을 덮는 거대한 시장경제
의 네트워크가 형성되었고, 그 중심지는 에도와 오사카이다. 천황
은 의연하게 교토의 궁중을 지키고 있으나, 정치적인 영향력은 거
의 없었으므로, 교토는 이름만으로 멈추었다. 문화, 예술, 공예의
중심지로서 기능을 유지하였지만, 경제활동의 중심지로서 교토의
위치는 하락했다.

오사카는 도요토미 히데요시가 만든 도시이지만, 에도시대에
들어서 정권의 중심지가 동일본의 에도로 이동하였기 때문에, 권
력 소재지로서 성격은 지니지 못하고 순수히 경제적 중심지인 도
시였다. 그 지리적 조건에서 서일본의 물자가 오사카에 집하되었
고, 거기에 거리적으로 에도 쪽에 가까운 홋카이도나 일본해에 면

한 동북지방의 물자도, 세토나이 해를 경유하는 기타마에부네北前
船로 오사카에 해상 운송하는 것이 항해의 위험이 적었다. 그 때문
에 오사카에는 전국의 식품이 모였고, 다시 오사카에서 서일본 각
지로 유통되었던 것이다.

국가경제의 기본이 된 쌀의 단위는 당시 물가를 결정하는 최대
요인이었다. 각 다이묘가 세금으로 거둔 쌀 중에 화폐로 바꾼 몫
은 에도와 오사카의 쌀시장에 운송되어 쌀 도매상 상인에게 팔렸
지만, 에도보다 오사카 쌀시장의 규모가 커졌고, 오사카 시장이 전
국의 경제활동에 큰 영향력을 지녔다. 북해도 아이누족이 모은 다
시마, 남방 류큐섬에서 만들어진 설탕도 오사카에 모이게 되었으
므로, 이 도시는 '천하의 부엌'으로 불렸다.

신흥도시인 에도의 소비생활은 쌀, 채소, 생선 등 기본적 식량을
제외하면 애초 오사카 방면에서부터 운송된 소비물자에 의존하는
것이 많았다. 간장, 술도 간사이關西 지역에서 생산된 그대로 오사
카에서부터 해상으로 운송된 술은 '구다리사케下り酒'로 불렸다. 식
품뿐만 아니라 공예품 등도 가미가타上方: 교토 부근, 간사이 지역의 물
산이 좋다고 하여, 에도 주변에서 만들어진 것은 '구다라나이(별 볼
일 없는)'로 여겼다. 훗날 에도에 인접한 지바千葉현에서 에도 시민의
기호에 맞는 진간장濃口醬油을 생산하면서, 간사이에서 간장을 가져
오는 것이 없어졌지만, 술에 관해서는 20세기 말 향토술地酒 열풍
이 일어날 때까지 도쿄에서는 구다리사케의 소비량이 많았다.

에도마에江戸前

오랫동안 역사적 권력과 문화의 중심지였던 간사이에 비해서, 간토 사람들은 열등감을 갖고 있었지만 안정된 도쿠가와 정권의 바탕에서 에도는 약 100만 명으로 당시 세계에서도 유수의 인구를 갖춘 도시로 성장하면서, 문화적으로도 간사이에 대항하는 실력을 갖게 되었다. 대표되는 요리로 '니기리즈시', 소바, 덴푸라는 에도 시민들이 키운 음식이다. 오랫동안 간사이 음식만이 세련되었다고 평가받았지만, 18세기 후반부터는 에도가 식문화에서 또 하나의 중심지가 된 것이다.

이 무렵 '에도코江戸っ子'라는 말이 보급되어, 에도에서 나고 자란 사람들이 처음부터 에도 문화를 자랑으로 여기고, 세련된 문화를 체득한 사람을 츠通나 이키粋*라고 칭찬하였다. 식문화에서 쇼쿠츠食通나 멋부리며 먹기 등으로 여기게 되었으며, 에도에서 발달한 음식인 소바에 대한 평가가 그 예이다. 그 결과 현재에도 일본의 음식을 간사이 중심으로 하는 서일본권과 에도를 중심으로 하는 동일본권의 둘로 나누어 논할 때가 많다.

2. 도시와 농촌

농민의 규제

1640~1642년에는 이상기온으로 전국적으로 흉작이었으며, 도

---

* 멋쟁이.

쿠가와 정권이 발족한 이래 최대 기근이 들었다. 공식통계가 없어서 확실히 숫자는 모르지만 5만~10만 명의 아사자가 있었다고 추정된다. 굶주린 농민들은 농촌을 떠나서 성읍이나 주요 가도 연변의 마을, 에도, 오사카, 교토 등 대도시에 먹을거리를 찾아 유입되고, 그 대부분은 '걸인'이 되었다. 이때 바쿠후는 굶주린 사람들에게 식량을 주는 것과 함께 도시의 걸인을 고향으로 송환하고, 곡류를 낭비하는 술 제조와 면류 제조를 제한하는 등, 사태를 타개하는 정책을 내세웠다. 그것과 함께 장기적인 정책으로 관개용수의 정비 등 농업생산의 개선을 재촉하는 법령, 농민의 생산과 생활에 관한 규범을 정하는 법령, 농지 매매를 금지하는 법령인 '전답영대田畓永代 매매금지조치' 등을 발포했다.

이 매매금지령에 따라 '풍요로운 농민은 농지를 모아서 점점 윤택해지고, 빈곤한 농민은 농지를 팔아서 점점 빈곤해지는 것'을 방지하기 위하여, 농지 매매를 금지한다는 바쿠후의 공식 설명도 있었다. 하지만 실제로는 토지를 소유하지 않고 조세를 부담하는 능력이 없는 빈농이 증가하여 봉건체제를 유지하는 경제기반이 약화되는 것을 염려한 조치이었다. 이 법령에 따라 농가에서 태어난 사람은 농지가 있는 마을에서 떠나면 곤란하게 되어, 그 결과 소비생활을 하는 도시의 민중과 식량생산에 종사하는 농민과의 생활의 차이가 현저하게 되었다.

1634년 바쿠후에 농민의 생활규범을 정하는 조례가 있었다. '토민위치각土民位置覺' 중에는 다음과 같이 음식에 관한 규제사항이 적혀 있다.

- 농민의 일상적 식사에는 쌀 이외의 곡물을 넣어야 하고, 쌀만 먹지 말 것.
- 농촌에서 면류, 만두, 두부 등 곡류나 콩을 낭비하는 사치스런 음식을 파는 장사를 하지 말 것.
- 농촌에서 술제조를 운영하거나 다른 곳에서 사서 술을 파는 장사를 하지 말 것.
- 농민은 시장이나 마을에 나가서, 술을 마시는 것을 하지 말 것.

이 조례에는 의복은 무명으로 제한하고, 담배를 재배하지 말 것 등, 농민 생활을 규제하는 여러 가지 조항이 있다. 농민에게 집에서 쓰는 쌀 소비를 줄이고, 농촌에 현금경제가 침투하는 것을 방지하고, 사치를 금지시켜 생활수준을 낮춰, 지배자가 농민으로부터 착취하는 조세—주로 쌀의 물납—의 양을 확보하려는 정책이다. 한편 농민은 연공年頁으로 공출하는 이외의 쌀은 팔아서 현금을 손에 쥐기 위한 상품이 되고, 그렇게 자가소비용의 쌀의 양을 줄일 수 있게 했다.

그래도 쌀은 주식

그 결과 농민의 일상식사에서 쌀에 보리나 조, 기장을 섞거나 무 등의 채소를 섞어서 밥을 짓는 가테항カテ飯이 보통이 되었다.

그러나 주식을 쌀 이외 잡곡만으로 먹는 경우는 적고, 조금이라도 쌀을 한데 섞어 짓는 것이 보통이며, 부유한 농민일수록 쌀의 비율이 높았다. 하지만 증량제 잡곡이나 채소를 섞지 않고 흰쌀밥을 일상으로 먹는 지역도 있었다. 종래 역사학자나 민속학자는 에도시대 농민의 생활을 논할 때 쌀을 생산하고 있는데도 불구하고, 쌀을 일상적으로 먹을 수 없었다고 농민상을 강조한 것도 많았지만, 실제로 그러했을까? 이것에 대한 의문이 있다.[1]

앞에 쓴 것과 같이 산지山地로 쌀생산이 어려운 히다飛驒지역의 에도시대 말 기록에서도 쌀이 가장 중요한 식량으로 소비된 것이 증명되었다. 다른 조사에서도 바쿠후 말기인 1840년대의 나가스長州: 야마구치현에서 무사를 뺀 민중—그 대부분은 농민의 주식 식품 중에 쌀이 차지하는 중량비가 60%로, 당시 전국 평균—으로 같은 정도를 나타낸다. 이 숫자는 에도시대 후반까지 바뀌지 않았다고 생각된다.[2]

에도시대 농민의 생활에 대한 기록은 언제나 다른 것을 섞지 않은 흰쌀밥만을 먹는 도시의 지식인과 농민의 가난한 식사를 강조한 것이 많다. 조밥, 기장밥도 기재되어 있지만 '증량제'로 쌀을 섞었을 것이다. 어느 특정 지방의 예를 들어 그것이 전국적으로 마찬가지일 것으로 추정하는 것으로, 쌀을 먹지 못하는 농민의 이야기가 확대된 것이다. 위정자의 의도에도 불구하고, 농민이 상품 경제에 휩쓸리는 것을 저지하는 것은 불가능했다. 차, 담배, 등유 등의 원료가 되는 유채씨菜種, 목화 등 상품작물의 재배가 증가하고,

대도시 근교에서 시장에 출하하기 위해 채소를 키웠다. 농한기에 도시에 돈벌러 가는 농민도 증가하였다. 또한 농지매매 금지령을 빠져나가는 방법으로 농촌지대 부자들은 농지를 확보하려고 농민에게 돈을 빌려주고, 갚을 때는 저당 농지를 자기 것으로 하므로 사실상은 농지를 사 모으는 것이 가능했다.

이렇게 되어 농민도 화폐 경제에 편입되고, 농민에게 면류, 술, 두부를 금지하는 법령은 유명무실해졌다. 도시 근처 농촌에서는 이 식품들을 사서 먹는 것이 가능해졌지만, 상업활동이 활발하지 않은 지방 마을에는 19세기 후반까지 국수와 두부를 파는 가게가 없었다. 그런 곳에서는 국수와 두부는 원료부터 집에서 직접 제조하는 것으로 손이 많이 들기 때문에 일상식이 아니고, 행사 때나 손님 접대 때 성찬으로 여겼다. 따라서 농촌의 연회기록에는 사온 술이나 집에서 만든 두부나 국수가 식단에 나타나는 때가 많다.

사무라이의 식食

무사는 농업에 종사하는 것이 금지되었으므로, 저택 안에서 집에서 먹을 채소나 과일을 소량 재배하는 이외에는 소비자였다. 주군主君에게 월급으로 쌀을 받아, 집에서 소비하고 남는 쌀은 팔아서 현금으로 바꾸었다. 무사 계급에 따라 다르지만 지방 도시에서 무사는 보리밥을 일상적으로 먹었고, 된장은 집에서 만드는 경우가 많았다.

일반적으로 무사의 식사는 유복한 상인들에 비해서 검소했다.

쌀을 기초로 한 무사의 경제체제가 무너지고, 산업이나 상업이 만들어 내는 화폐 경제가 사회를 움직이게 되면서 무사의 생활은 결국 빈곤해졌다. 19세기에 이르러서는 부업을 하거나 전당포에 가지 않으면 먹을거리를 얻을 수 없게 되는 하급무사도 많아졌다.[3]

쇼쿠츠食通의 출현

도시에서 사는 상인이나 기술자의 생활에 비하여 무사정권에서 규제는 농민에 비하여 여유가 있었다. 에도시대 도시 주인공은 현금경제에 전면적으로 의존하여 자기의 수입에 맞는 자유로운 소비생활을 하는 민중이었고, 절약을 미덕으로 하는 도덕에 묶여서 경제적으로 점차 핍박을 받는 무사계급은 아니었다. 그리고 당시 사회에서 가장 자유로웠던 대도시 민중들이 예스러운 형식을 배제하고 실질적으로 맛있는 음식을 만들어낸 것이다. 대도시의 시민 중 음식에 대한 교양이 있는 '쇼쿠츠'라 불리는 사람들이 출현했으며, 음식의 패션화나 유희화는 대도시에서 일어났다.

계절에 앞서서 가장 먼저 나오는 채소나 생선을 비싼 돈을 지불하고 입수한 음식을 자랑하는 것이 유행했고, "첫물 가다랑어를 먹으면 75일간 오래 산다"라고도 했다. 부자가 아닌 목수 등 기술자들이 10일 후에 1/10로 가격이 떨어지는 첫물 가다랑어 1마리를 10일분의 임금에 해당하는 금액을 지불하고, 사시미로 먹는 것을 자랑하는 일도 있었다. 18세기 말부터 19세기에 걸쳐서, 에도에는 대식과 술 많이 마시기 시합이 유행하였지만 이것은 식의 유희화의 예이다. 단, 도시민의 일상식사는 소박하고, 에도 시민 대부분은 일상식사로 아침에는 쌀밥, 된장국, 절임으로, 점심과 저녁에는 채소와 두부 등의 조림 또는 생선조림이나 구운 반찬 한 가지가 추가되는 정도였다.

3. 간장의 보급

고대의 곡물장穀醬

된장은 주요한 원료인 대두에 소금과 누룩麴, 糀을 넣어 발효시킨 식품이다. 일본에서 사용되는 누룩에는 콩에 곰팡이를 배양한 콩누룩 외에 밀누룩과 쌀누룩이 있다. 이처럼 콩 발효식품은 중국 한나라 때 원형이 성립되고, 한국과 일본에 전해졌을 것이다. 701년『대보율령大宝律令』에 '시豉', '장醬', '말장末醬'의 명칭이 나타난다. 시는 최종제품이 콩 낱알 모양이 남아있는 짠맛의 발효식품이고, 현재의 '다이토쿠지大德寺 낫토納豆', '하마 낫토浜納豆'로 불리는 식품인데, 절에서 많이 먹으므로 '데라 낫토寺納豆'로도 불린다. 장은 대부분 콩에 밀이나 쌀 등의 곡물과 누룩, 소금, 술을 섞어서 발효시킨 페이스트 상태 조미료로 간장의 원형에 해당되는 식품이다.

'말장'은 된장味噌이다. 현재 가정에서 소비하는 된장의 90% 이상은 된장국味噌汁을 만드는 데 쓰인다.『연희식延喜式』에서 국의 재료로 된장을 사용했다는 기록으로 보아 10세기에도 된장국이 있

었음을 알 수 있다. 그러나 중세의 민중은 일상식사에서 된장국을 먹은 적이 거의 없었다. 나메미소なめ味噌는 된장 부식물의 용도로 된장조림, 된장무침 등 조미료로써 활용도가 컸다. 된장국이 보급된 것은 전국시대부터의 일이다.

된장을 조림이나 요리의 조미료로 사용하면 된장의 색이 식품을 덮어버리고, 무거운 맛이 된다. 그래서 요리의 외관을 아름답게 하고, 보다 가벼운 맛으로 하기 위해 날된장과 물을 헝겊주머니에 담아 달아매서 떨어지는 액체를 모은 '나마다레生垂', 물과 함께 끓인 된장국물을 헝겊주머니에 담아 거른 '다레미소垂味噌'로 만들어서 조미료로 사용했다. 나마다레나 다레미소는 상류계급이 먹는 고급요리에 사용되고 나중에 간장으로 바뀐다.

제조의 기본적 원리에서 보면 된장과 간장은 많이 닮은 것으로 최종제품이 페이스트 상태인지 액체 상태인지에 따라 차이가 있다. 된장보다 액체가 많은 '히시오醬'의 즙을 조미료로 사용하는 것이 간장醬油(원형)이고, 그 이용은 고대까지 올라간다는 설도 있다. 간장 제조법은 된장보다 복잡하고, 된장보다 세련된 맛이 있었지만 값이 비싸서 '히시오지루醬汁'를 조미료로 쓰는 것은 좀처럼 일반화되지 않았다고 생각된다.

된장맛에서 간장맛으로

16세기가 되면 간장이라는 명칭이 여러 책에 나온다. 16세기 후반에는 간사이關西에 간장을 대량 생산으로 제조하는 기업이 성립되고, 해상운송으로 다른 지방에 팔기 위한 간장운반선을 가진 업자도 있었다. 간장은 공장과 같은 기능을 지닌 곳간蔵에서 생산하여, 상품으로 보급되었다. 그 때문에 일상 요리에 간장을 사용하는 것은 상품경제에 의존하는 도시민으로부터 시작되었다.

에도는 대소비 도시가 되면서 간사이에서 간장을 대량 운반해 왔다. 17세기 중기 이후에 현재 지바현의 조시銚子와 노다野田에 에도를 시장으로 하는 간장산업이 발달하였다. 간사이의 '우스구치 쇼유薄口醬油'에 비하여 농후한 향기가 많은 '고이구치쇼유濃口醬油'를 만들기 시작했다. 이것이 에도인의 기호에 맞아서 18세기 후반에 에도 간장은 지바千葉현산으로 바뀌게 되었다.

18세기가 되면, 도시 요리는 주로 간장으로 맛을 내게 되었다. 된장은 조미료로 쓰이는 것이 적어지고, 거의 된장국 전용 식품이 되었다. 그러나 시골 농촌에서는 20세기 초까지도 일상 요리의 맛내기는 된장을 사용했다. 간장은 행사나 접객 때에 지방의 간장업체가 제조한 것을 소량 사서 사용하는 정도였다.

1950년대까지는 된장을 집에서 만드는 농가가 많았으나 간장은 상품으로 구입하는 조미료였다. 된장 만들기에 비하여 간장 만들기는 복잡한 공정이 필요하고, 자가 제조가 어렵다. 제조에 수고가 많이 들 뿐만 아니라 액체를 짜고 남은 찌꺼미를 먹을 수 없으므로, 된장에 비하여 원료의 수율이 나쁜 간장은 농민들에게는 사치스런 식품이고, 평소에는 집에서 만든 된장으로 맛을 내는 음식을 먹었다. 농촌에서도 간장을 사서 먹었고, 다른 지방에서도 술 제조업자와 더불어 소규모의 간장 제조업자들이 있을 뿐이었다. 20세기가 되면 대규모 공장을 갖춘 큰 간장산업에 따라 시장의 독점화가 진행되어, 그 상품이 전국적으로 유통되면서 농가에서도 일상요리에 간장을 사용하게 되었다.

이렇게 보면 200년이 넘는 세월에 걸쳐서 일본 요리의 맛은 된장에서 간장맛으로 변화하고, 그것은 도시의 맛이 농촌으로 퍼져가는 과정이었다.

만능조미료

일본인은 새로운 식재를 만나면, 우선 간장을 이용하여 요리를 시도해본다고 한다. 지금도 간장은 만능조미료로 자리를 굳건히 하고 있으며, 간장 없이는 일본 요리가 성립되지 않는다. 서양의 부엌과 식탁에서 소금과 후추가 빠지지 않듯이, 일본의 부엌에서는 맛내기에 간장을 사용하고, 식탁에도 작은 간장병이 놓여 있다. 그림 4에는 일본인의 염분 섭취량은 간장, 된장이 대부분이지만, 간장과 된장은 단순히 염분의 보급원이 아니고, 음식물에 감칠맛과 향기를 더하는 기능을 한다. 대두나 곡물의 단백질이 분해되어 생긴 각종 아미노산이 풍부하고, 그중에서도 감칠맛이 나는 글루타민산 함유율이 높다. 그 외에 산미, 당분, 알코올도 포함되어 있어, 여러 가지 향기 성분을 지닌 복잡한 풍미의 조미료이다.

간장이 등장하면서, 간장의 사용을 전제로 한 새로운 요리가 고안되었다. 날생선을 먹는 방법이, 나마스ナマス에서 사시미로 변화

한 것도 간장의 보급과 관계가 있다. 고대부터 내려온 나마스는 날생선을 얇게 썰거나 채 썰어 식초나 된장과 양념으로 맛을 낸 무침인 '아에모노'였다. 미리 무쳐서 그릇에 담을 때가 많고, 생선 살을 써는 법은 신경 쓸 필요가 없었다.

『스즈시카가기鈴鹿家記』1399년 6월 10일 기사에 "생선살, 잉어, 끓인 술, 와사비指身, 鯉, イリ酒, ワサビ"라고 게재된 것이 '사시미'라는 단어가 처음 나온 문헌이라고 한다. '이리사케イリ酒, 煎り酒′熬酒'란 술에 매실을 넣어 끓여서 만드는 조미료이다. 잉어의 사시미에 와 사비를 곁들이고, 끓인 술을 찍어서 먹었다. 사시미에 생강초나 겨 자초를 찍어 먹는 방법도 있지만 에도시대에 들어와, 도시에 간장 이 보급되면서 사시미에 와사비 간 것을 곁들여, 작은 접시에 간 장을 담아 함께 제공하는 것이 일반화되었다. 무침으로 하던 나마 스와 달리, 사시미를 좋아하게 되면서, 생선살을 말끔하게 썰어서 아름답게 담는 것이 요리인의 실력을 보여주는 것이 되었다.

사시미와 함께 해외 일본음식점에서 인기가 있는 '니기리즈시', '덴푸라'*, '데리야키照り焼き'**는 에도시대에 보급된 요리이지만, 어 느 것이나 맛내기는 간장을 사용하고 있다. 간장은 생선, 고기, 채 소, 해조 등의 식재 종류에 관계없이 이용되고, 가공하지 않은 요 리, 조림요리, 구이요리, 찜요리 등 조리기술을 넘어서 사용되는, 문자 그대로 만능조미료이다. 이 귀중한 조미료에 의존이 지나쳐

---

* 튀김 요리.
** 단간장 구이.

서, 요리인들은 새로운 미각을 만들어 내는 기술 개발에 별로 의욕을 나타내지 않았고, 식품 자체가 지닌 맛을 잃지 않고 먹을 수 있게 하려고 했다.

모든 요리에 쓰이는 간장의 맛은 말하자면 '중립中立의 맛'으로 여기고, 오히려 소재 그 자체의 맛이 주역이며, 자연의 맛을 살리기 위하여 복잡한 맛내기를 배제하여야 한다고 생각했다. 그래서 '요리를 하지 않는 것이 요리의 이상理想이다'라고 하는, 역설적 가치관이 생겨나게 되었다. 새로운 맛의 창조나 복잡한 기술을 배제한 요리인들은, 정력을 쏟는 것은 보다 좋은 소재를 선택하는 데에 있고, 아름답게 자르고 담는 기술이었다. 그것은 에도시대 고급요정의 요리인들 사이에서 발달했다.

4. 레스토랑의 출현

시민사회와 외식산업

중국 전한前漢 중기 도시에는 음식점과 간단한 식사를 파는 술집이 있었고, 상업이 발달한 송대에 이르러서는 레스토랑에 준하는 외식시설이 도시에 세워졌다. 세계에서 외식점이 가장 오래전부터 발달한 곳은 중국이다. 그러나 세계 다른 지역에서 향락을 위한 식사를 제공하고, 사교의 장이기도 한 레스토랑이 출현한 것은 근대가 들어서이다. 우선 18세기 유럽과 일본의 고급요리를 제공하는 음식점이 생기고, 유럽의 레스토랑은 식민지 확대와 함께 세계로 퍼졌다. 상업활동을 멸시했던 조선시대에는 외식점이 발달하지 않았다. 서울에 음식점이 개업한 때는 19세기 말에서 20세기 초로, 이때는 일본이 한국으로 진출하여 근대화에 힘을 기울이던 때였다. 서울에 최초 고급음식점은 1887년 개업한 일본음식점이었다.

쇄국 아래에서 성립한 일본의 외식문화는 중국이나 서구의 영향을 받아 발달한 것인데도, 일본과 서구에 비하여 발달하였지만, 일본과 서구의 외식시설의 역사는 평행하는 현상으로 인정된다. 그것은 시민사회의 성숙을 기초로 하여 성립된 외식산업이다.

18세기경까지 서구에서 외식을 할 수 있는 시설은 큰 거리에 있는 영어로 '인inn'이나 '터반tavern'이라는 여관으로, 간단한 식사나 술을 제공하는 장소일 뿐이었다. 여기에서 제공하는 식사는 민중의 일상적 요리였다. 최고급 음식과 그것을 요리하기 위한 기술, 그와 같은 식사를 맛보는 데 어울리는 식당의 시설과 호화로운 식기는 궁중이나 귀족 저택 등 사회의 최상층 계급이 독점하였다. 그 후 프랑스에서 프랑스혁명(1789~1799)에 따라 귀족인 고용주를 잃은 요리사들이 도시에서 '레스토랑'을 개업하였다. 즉, 절대왕정이 붕괴되고, 시민사회가 성립함에 따라서, 식사대금을 지불할 능력만 있으면, 누구라도 세련된 식사를 즐길 수 있게 되었다.

일본에서는 시민혁명이 없었지만, 에도시대에 부르주아가 성장하고 사회의 경제적 실권을 잡게 되면서, 고급요리를 제공하는 레스토랑이 거대 도시에 출현하게 되었다. 그 경과를 에도 거리를 예로 들어보기로 하자.

여행과 외식

전통적인 일본 여관에는 '기친야도木賃宿'와 '하다고旅籠'의 두 종류가 있었다. 여행자들이 음식을 지참하고 숙박하거나, 숙소의 부엌에서 자취하는 숙박시설이 기친야도인데, 기친木賃은 '장작薪木대금'의 뜻이다. 식사를 제공하는 여관을 '하다고'라 하여 16세기에는 주요한 길이나 도시 일곽에 여관이 모여 있는 구역이 있었다. 에도 시가지가 건설되면서 지방에서 온 여행객을 위한 '하다고'에서의 식사는 아직 허술하였다고 생각된다.

전국戰國시대가 끝나고, 평화가 오랫동안 지속됨에 따라 에도시대에는 매우 많은 수의 민중이 에도, 교토, 오사카 등을 방문하고, 이세伊勢신궁에 참배하고 각지의 볼거리를 찾아 관광여행을 하게 되었다. 여행의 즐거움 중 한가지로 각지의 명물요리를 여관에서 제공하기 시작하였고, 요리를 전문으로 파는 여관이 생겨났다. 그 전통이 현재 '요리여관料理旅館'으로 이어지고, 숙박 손님뿐 아니라 식사만 하러 오는 손님들도 많아졌다. 이와 같이 여관은 레스토랑 기원에 이어지는 외식시설의 하나이지만, 그보다 더 중요한 것이 '차야茶屋'이다. 차야, 또는 찻집이 발달한 데에는 여행 인구의 증대와 대도시와 도시 근교의 신사와 절의 관광을 겸하여 참배하는 사람들이 늘어난 것과 관계가 있다.

1404년 교토 도지東寺 문 앞에 참배객들이 목마름을 달래는 한

잔에 일전錢받는 찻집이 있었다는 기록이 있지만, 이것은 행상이고, 상설로 점포가 있었던 것은 아니다. 16세기에는 길거리 여관이 밀집한 슈구바宿場* 중간지점 등에 여행자가 쉬고 싶어지는 장소에 찻집을 만들었다. 이 같은 찻집이 슈구바에도 진출하여, 차뿐 아니라 떡이나 과자, 술이나 술안주의 간단한 요리를 팔게 되고, 여관을 보호하기 위하여 슈구바에 있는 찻집에서는 식사를 제공하거나 재우는 것을 금지하고 있었다.

다양한 찻집

17세기가 되면서 도시의 유명한 신사나 절 문 앞에 찻집이 생겨났다. 이런 찻집에서는 손님이 많이 오도록 미모의 직원을 두기도 하였는데, 이후 찻집 여직원이 우키요에浮世繪의 미인화 주제가 되고, 인기있는 이들은 오늘날 여배우의 브로마이드 사진처럼 만들어 붙이기도 하였다. 원래는 차 마시는 장소로 출발한 '미즈차야水茶屋'가 17~18세기의 에도 길거리에서 여러 가지 영업형태로 분화하여, 차를 마시는 것과 관계가 없는 찻집도 출현했다. 찻집을 빌려서 접대하는 일도 있고, 방을 빌려주는 것을 주요한 영업형태로 하는 찻집도 생겼다. '접대찻집', '만남찻집'을 주로 하는 곳은 남녀의 만남 장소로 이용되었다.

스모장相撲場 옆에는 '스모찻집', 극장 옆에는 '사바이芝居찻집'이 생기고, 관객의 휴식이나 식사에 이용되었다. '조림찻집煮賣茶屋'에

---

* 옛날 주요 가도의 요소에 만든 역참.

서는 간단한 식사를 할 수 있었다. 가게에서 준비한 몇 종류의 메뉴의 정식을 준비하여, 큰 방에서 모르는 이들과 합석을 하거나, 땅바닥에 걸상을 놓고 걸터앉아 식사를 하는 형식도 있었다. 노동자나 여행자가 식사를 하는 곳으로 신분이 높은 이들이 출입하는 곳은 아니었다.

1657년 에도 시내 2/3가 소실되는 메이레기明曆 대화재 뒤에 길거리 재건을 위해서 모인 노동자들의 식사를 제공하기 위해 생긴 것이 조림찻집의 시작이었다. 조림찻집이 번성하게 되니 그중에서는 식사를 팔기보다 술 판매를 주된 영업형태로 하며, 술안주를 내는 '이자카야居酒屋: 일본식 선술집'가 파생되었다. 또한 에도 명물이 된 '소바집'이 많이 생긴 것도 메이레기 대화재 이후 일이다.

에도 바쿠후가 열리고 나서 메이레기 대화재까지 약 반세기 동안에 문헌 기록에는 외식을 위한 시설은 거의 발달이 없었다. 대화재 이후 아사쿠사절淺草寺 문앞에 찻집에서 차밥, 된장국, 조림, 콩조림 등을 '나라차奈良茶'라는 이름으로 팔기 시작하니, 에도 전체에서 나라차를 먹으러 오는 손님들이 모여들었다. 이것은 에도에 있어서 본격적인 음식점의 시작일 것이다.

요리찻집

'요리찻집'이라는 본격적인 음식점은 우선 교토, 오사카에서 1680년대에 그 원형이 성립되었다고 생각되지만, 그 자세한 역사는 알 수 없다. 1760년대에는 에도 료고쿠兩國에 세 채의 요리찻집이 있었다는 기록이 있으므로, 시내가 아닌 다른 장소에도 비슷한 가게가 몇 채 있었을 것이다.[4] 고급 요리찻집은 손님 자리에 일본 정원이 있고, 아름다운 자리에서 접대받고, 세련된 고급요리를 주문하여 즐길 수 있었다. 그러나 요금이 아주 비싸서, 일반 시민은 엄두도 못냈다.

요리찻집의 출현 이전, 고급 무사나 상인들 등 부유 계층 사람들의 연회는 자택에서 이루어졌다. 찻집이나 여관보다도 그들의 저택 방이나 식기가 더 훌륭했고, 빈틈없게 시중을 드는 하인들을 고용하고 있었다. 단지 그 요리가 진짜로 맛있었는지는 모르겠다.

혼젠 요리를 주류로 하는 부유 계층의 연회 식사에는 다 먹을 수 없을 정도로 많은 가짓수의 요리가 나오는데, 찬 요리가 많고, 또한 그것을 먹기 위한 번잡한 예법이 요구되어, 보는 요리로는 좋지만 맛을 즐기는 요리는 아니었다. 이처럼 저택에 고용된 요리사들은, 여러 가지 행사나 의식을 위한 특별요리를 만드는 데 애쓸 수밖에 없었지만, 어찌 보면 실질적인 맛보다도 전통적인 형식을 중요시하는 경향이 있었던 것 같다. 상업적 외식시설인 요리찻집에서는 요리의 외관뿐 아니라 맛까지 훌륭한 요리가 아니면 손님은 오지 않는다. 그 주요 고객층은 의식이나 행사와는 관계없이, 맛있는 요리를 편안한 분위기에서 즐기고 싶어하는 부유한 상인이었다. 그리고 요리찻집은 요금에 맞는 맛있는 요리를 만들 수 있는 요리사가 필요했다. 그와 같은 상황에서 요리찻집의 기원을 갖는 조리 기술이 최근까지 전승되어 온 것이 고급 요정의 요리사이다. 요리찻집에서 일하는 요리사의 중심은 그때까지의 궁중요리사 유파와 바쿠후요리인 유파와 별도로 상업적 요리에 종사하는 도시요리사 조합이 만들어지고, 그것이 시대가 지나면서, 몇 개의 유파로 나뉘어 현재까지 이어져 왔다.

초기 요리찻집은 부유한 상인들이 이용했는데, 요리만을 즐기는 것이 아니고, 장사를 위한 교제의 장으로도 기능이 있었다. 무사 계급 중에서 요리찻집을 우선 이용한 것은, 각 한藩이 에도에 저택을 두고 루스이留守居로 불리는 외교관 역할을 담당하는 상급무사가 있다. 그들은 한의 비용을 쓰면서 요리찻집에서 회담을 하고, 한끼리 외교교섭을 하거나, 부자 상인과 만나서 한의 재정부족을 채우기 위해 돈의 차용을 의뢰하는 일이 있어서, 에도의 고급 요리찻집은 '루스이찻집'으로 불렸다. 현재에도 일본 경영인이 레스토랑에서 상담을 하거나 정치가들이 고급요정에서 회합을 하는 것이 알려져 있지만, 그것은 18세기까지 올라가는 풍습이 있다. 술을 마시면서 회담을 하거나, 또는 게이사藝者를 불러 노래나 춤을 즐기면서 술을 마시는 것은 요리찻집의 요리 대부분이 밥을 먹기 위한 부식물이라기보다는 술안주가 주체가 되는 요리라서였다. 그것이 지금까지 요정요리에 이어져 있고, 초대된 외국인이 "이것은 끝없이 계속되는 오드블의 연속이었다"는 감상을 주는 것이다.

19세기 초에 에도 시내에 아주 많은 요리찻집이 생겼는데, 고급집뿐만 아니라, 그중에는 적은 돈을 가진 기술자들도 이용할 수 있는 가게도 많이 있었다. 큰 요리찻집은 이벤트 회장으로 기능을 갖는다. 와가和歌나 하이쿠俳句의 모임, 춤모임, 서도나 회화의 전람 회장으로도 이용되어, 문화적 활동을 먹으면서 즐겼다.

5. 스낵집의 발달

고밀도의 음식점 분포

19세기 전반의 에도는 당시 세계에서 음식점이 가장 밀집한 도시였을 것이다.[5] 1814년에 '마치후레町触'에는 당시 에도시내에서 영업하고 있는 음식점은 7,603개로 기록되어 있다. 당시 추계인구를 계산해보면, 에도 시민 160명당 1개 음식점이 존재한 것이다.

업종 내역은 단자국團子汁, 엿, 떡, 센베이煎餠 등 과자류 파는 가게가 2,866곳로 가장 많다. 조림안주집煮賣肴屋, 조림찻집, 조림술집煮賣居酒屋이 2,374곳으로 음식점의 30%를 점했다. 우동집, 소바집은 718곳, 장어구이집蒲焼屋 237곳, 초밥집 217곳, 차츠게茶漬け, 채소밥菜飯을 포함한 요리찻집料理茶屋이 938곳이다.[6] 꽤 많은 수로 추정되는 음식행상과 당시 음식점이 밀집해 있는 연극거리나 유곽에 있는 점포 수는 위의 마치후레町触 조사 대상에서 제외이므로, 실제로는 훨씬 더 많은 수의 음식점이 있었을 것이다. 1860년 소바의 원료인 메밀이 비싸져서, 메밀국수 값을 올리기 위해 에도 소바집 집회가 열렸는데, 이때 3,762곳이 참가했다고 한다. 다만 밤에 행상을 하는 '요타가소바夜鷹そば'는 참가하지 않았다.

연회장이 있고, 여러 가지 종류의 음식으로 구성된 코스요리를

제공하는 요리찻집은 여러 업태 음식점 중 일부에 지나지 않는다. 일반 민중에게 일상적인 음식을 특정해 전문화한 점포가 에도의 음식점 대부분을 차지하고 있었다. 소바집, 초밥집, 덴푸라집 등이 대중적인 음식점의 대표인데 일부 고급점을 제외하고는 저렴한 가격에 먹을 수 있었다. 또 한 가지 에도에서 좋아하는 음식으로 '장어구이鰻の蒲焼'가 있다. 약간 고가이지만 '장어집鰻屋'에 가는 것은 고급요리를 먹을 때이다. 이것들이 에도에서 발달한 요리로 현재에도 도쿄의 명물로 되어 있다.

에도에는 한 동네에 대개 한 곳의 소바집이 있었다고 한다. 야간에도 사람이 많아 번화한 지역에는 소바, 초밥, 덴푸라를 파는 포장마차나 상설가게가 한 동네에 서너 곳 있었다. 번화가에는 도로에 면한 상점의 반수가 먹는 집이고, 그 대부분은 가벼운 식사를 파는 곳이었다. 민중을 상대로 하는 간이음식점은 본래 포장마차에서 출발했으며, 찻집의 기원을 갖는 일반외식시설이 아니다. 상설로 점포를 갖고 있지 않고 이동하는 '행상'이 음식을 파는 형태로 성장하였다. 서서 먹는 포장마차에서 점포를 갖고 영업하는 경로의 패턴이 많았다. 에도의 길거리에 포장마차가 많아진 것은 1770년이다.

단신생활자가 많은 도시

대도시 특징의 하나는 24시간 활동이 그치지 않고, 정해진 식사시간 이외에도 가벼운 식사가 가능한 음식점이 많은 것이다. 이처

럼 근대에 있어 세계 대도시의 공통적인 특징 외에, 에도의 특수
사항으로는 홀로 생활하는 남성 인구가 많았던 것을 들 수 있고,
그들이 가벼운 식사를 파는 식당의 발달을 재촉했다. 에도 저택屋
敷과 본령領国을 격년으로 참근參勤교대하는 다이묘에 속한 사용인
들은 대부분 지방출신자로 결혼할 때까지 근무처 앞 가게에서 숙
식을 제공받아 생활하고 있었다.

에도 시가지가 팽창함에 따라 늘 건설공사가 있었다. 목조건축
이 밀집한 에도에서 큰 화재가 가끔 일어났고, 그때마다 시가 재
건을 위하여 많은 지방 출신자가 돈벌이하러 에도에 모여들었는
데 그들은 거의 단신부임자들이었다. 1718년 에도 인구조사 결과
는 53만 명 중에 약 39만 명이 남성이었다. 즉, 인구의 73%가 남
성으로 아주 불균형한 남녀비율이었다. 이것은 동네 주민을 상대
로 한 조사였다. 조사대상에 포함되지 않는 무사, 절, 신사, 피차별
계급의 사람들도 넣으면 에도 총인구는 100만에 달했다고 추정
된다. 무사 가정의 대부분은 단신부임자이므로 18세기 당시, 세계
최대 인구가 있던 에도는 남자가 많은 도시였다. 남녀비율이 거의
비슷해지는 것은 바쿠후 말부터였다.

상점에 고용된 이들은 주인이 주는 식사에 만족하지 못할 때는
가까운 식당을 이용했다. 연립주택에 사는 인부와 기술자들의 주
거는 좁고, 최소한의 취사밖에 할 수 없었으며, 단신자가 많으므
로, 행상에게 음식을 사거나 외식하는 경우가 많았다. 기술자나 인
부는 수입은 적어도 일급으로 현금을 손에 쥐고 있는 경우가 많아

서, 에도에서 일을 해도 저축은 열심히 안 했다. 그날 번 돈을 그날 다 쓰지 않고, 남기는 것은 창피한 일로 여겼다. 낭비를 악덕으로 보지 않는 기풍도 영향을 미쳐, 외식에 돈을 쓰니 음식점이 고밀도로 발달하게 되었다.

이와 같은 민중의 외식풍습이 상층 계급에도 영향을 주어 신분에 관계없이, 에도인은 가정 밖에서 식사를 자주 하게 되었다. 또한 가난한 이들이 찾는 저렴한 가게부터 훌륭하게 꾸민 점포에서 세련된 가벼운 음식을 제공하는 점포까지, 고객층의 신분이나 소득의 차이에 맞는 다양한 점포가 생겼다. 17세기 중엽에 소바는 싸구려 음식으로 인식되어, 경제사정이 넉넉지 못한 이들이 소바 포장마차를 찾았다. 18세기에 들어서면서 좋은 좌식 자리를 갖춘 소바집이 출현하였고, 신분이 높은 사람들도 소바를 먹으러 가게 되었다. 18세기 말에는 다이묘의 에도 저택에서 상급 무사들이 어디 소바집이 맛있다, 어디 초밥집이 맛있다는 등 음식점의 평판을 이야기하게 되었다.

삼도의 비교

에도는 전국에서 외식이 가장 보급된 도시가 되었다. 19세기 중엽에 에도, 교토, 오사카의 사람들의 다른 기풍을 비교해 보자.

놀러갈 때 교토 사람들은 반드시 집에서 만든 요리를 도시락에 담아 들고 가고, 음식점에서 사먹는 것은 천한 신분이 하는 짓으로, 훌륭한 신분은 하지 않는다고 한다. 에도에는 여러 계층이 있어서 맨손으로 나가서 점포에서 외식을 한다. 도시락을 지참하고 외출하는 것은 가난한 이로 여겼다. 오사카는 에도와 교토의 중간으로 도시락을 들고 가지만, 자기집에서 만들지 않고 반드시 요리집에서 만든 도시락을 갖고 갔다.[7]

6. 요리기술과 외식 정보의 출판

요리서의 역사

에도시대에는 목판인쇄 책이 다수 간행되어 출판문화가 번창했다. 당시 독서가 민중 사이에 보급되어, 일본은 세계에서 식자識字율이 최고인 나라였다. 그리고 에도시대에는 요리책도 간행되었다. 오랫동안 요리의 기술은 사람들이 만드는 것을 보고, 견습하거나, 들어서 전승되었다. 이것을 책으로 기록하게 되면서, 세련된 요리 지식이 특정 지역이나 특정 계층을 넘어서 시골이나 민중 사이에까지 침투하게 되었다.

에도시대에 인쇄·간행된 목판 요리서는 110~130 종류로 알려져 있다. 그 외에 인쇄하지 않은 필사본도 남아있는 것이 그 두 배수가 된다.[7] 가마쿠라시대 말인 13세기 말경에 성립된 『주방유기廚房類記』라는 궁중 식단을 적은 사본은, 요리 만드는 법을 구체적으로 기술한, 일본에서 가장 오래된 문헌이다. 이들은 귀족이나 무사의 의례적 연회의 음식, 배선법, 식사예법에 대하여 적고 있다. 그 저자는 궁중 요리 또는 무로마치 바쿠후의 쇼군에 속해 있는 요리사의 유파와 관계가 있는 사람일 것이다. 독자는 그와 같은 연회에 출석하는 자격이 있는 사람이거나 그와 같이 요리를 만드는 요리사로 추정된다. 즉, 중세의 요리서는 아주 적은 수의 모임에서 유통된 정도이다.

　에도시대의 요리서

　최초의 근대적인 요리책은 『료리모노가타리料理物語』라는 제명이고, 초판 간행은 1600년 전후로 추정된다. 이 책은 몇 차례 판을 증쇄하였으며, 현존하는 책 중 가장 오래된 것은 1643년에 인쇄된 것이다. 저자는 불명이지만, 특정 요리사의 유파에 소속되지 않은 자유로운 입장에서 기술되어 있다. 그때까지 요리서에 나온 것도 있지만, 요리나 식사에 관하여 사소한 전래와 고사에 대하여 쓴 권위주의, 형식주의적 기술이 아니고, 요리 만드는 법의 실용적인 지식이 쓰여 있다.

　전체는 20부문으로 구성되어 있지만, 크게 나누면 2부이고, 전반부에서는 재료별로 적합한 요리명을 나란히 적고, 후반부는 조림, 구이 등 요리의 일반적 기술과 각각의 기술을 대표하는 요리를 만드는 법이 적혀 있다. 후반에 대표적인 요리의 구체적인 만드는 법이 게재되어 있을 뿐만 아니라, 재료와 요리명만을 쓰고, 만드는 법은 없는 요리도 많이 있다. 그래서 그 책은 아마추어 독자 대상에 아니고 전문 요리사를 주요한 독자 대상으로 쓴 것임을 알 수 있다.[9]

그 후 구체적으로 요리 만드는 법을 해설한 실용적인 책이 계속 출판되었다. 재료별로 분류한 것, 요리법을 나눈 것, 요리 기술별로 분류하여, 그 기술에 적응되는 재료를 들어놓은 것, 식사의 식단 예를 들어 각각 구상하는 요리 만드는 법을 적은 것 등, 스타일이 여러 가지가 있다. 이 요리책에 많이 공통되는 것은 식단 모음이 아니고, 요리 만드는 법을 체계적으로 기술하려는 시도를 하고 있는 것이 많다는 점이다.

본초서本草書

중국 의학·약학의 영향을 바탕으로 성립된 일본의 박물학인 '본초학' 연구자들에 의해, 요리의 소재에 관한 연구서도 간행되게 되었다. 본초원리에 바탕을 둔, 각각의 식품재료가 신체에 어떻게 작용하는가를 쓰는 것에 따라 건강을 유지하고, 질병을 치료하기 위해서 어떤 식품을 선택하면 좋은가가 쓰여 있다. 그 대표가 히도미미츠다이人見必大가 출간한 『혼조슛간本朝食鑑』으로 1697년에 간행되었다. 이 책은 광대한 종류의 일본산 동식물을 분류하여, 그 가공법, 요리법, 한약적 특징, 민속학적 사항 등에 관하여 삽화로 해설한 12권의 백과사전적 저작이다.

대중에 친밀한 요리서

도시에서 외식점이 증가하기 시작한 1760년대부터 요리서를 간행하는 수도 증가했다. 그 이전 요리서는 저자가 요리사이고, 독자도 요리사를 대상으로 쓴 전문서로서 성격이 강했다. 그런데 18세기 후반부터는 일반 대중을 독자로 삼아 필자도 전문요리인으로 한정하지 않고 글재주가 있는 지식인들의 요리서가 많아졌다.

문학작품을 패러디parody한 기술법을 채용하거나, 요리에 둘러싼 문학을 인용하거나, 진귀한 요리를 소개하거나, 삽화를 많이 사용하는 등, 단순히 실용적 요리 지식의 교과서에 멈추지 않고, 재미있는 읽을거리로서 성격을 지닌 요리책도 나왔다.[10] 그 예로 1782년 오사카 서점에서 첫판이 간행된 『두부백진豆腐百珍』이 있다. 100종류의 두부 요리법을 소개한 책이지만, 당시 유행하던 두부요리집의 풍경을 삽화로 넣고, 두부에 관한 중국과 일본의 문학작품을 발췌해서 싣고, 두부 역사에 관한 인용문 등도 수록하고 있다. 두부라는 민중에 친한 식품을 들어서 그 요리법을 배울 뿐 아니라, 지적 흥미를 만족시키기 위한 읽을거리이기도 하다. 저자명은 생광도인하필醒狂道人何必醇이라 적혀 있지만, 당시 오사카에서 활약한 전각가篆刻家 소야가구센曾谷学川의 팬네임으로 추정된다. 이 책은 호평을 얻어 다음해에는 『두부백진』 속편이 간행되고, 정·속편 모두 교토와 에도의 서점에서도 판매되었다.

이 책의 성공에 자극되어 1763년에는 『도미두부요리 비밀상자鯛豆腐料理秘密箱』, 1764년에는 『무백진大根百珍』 등 백진시리즈 요리책이 이어서 간행되었다. 당시 요리서의 베스트셀러를 목적으로 출판계획을 세웠던 것이다.

미식gourmet 가이드북

음식에 관한 출판물에는 또 한 종류가 있는데 음식기행 가이드 북이다. 에도, 교토, 오사카 3도에 있어서 음식점의 발달과 더불어, 다수의 점포 중에 맛있는 집을 선택하는 데 필요한 정보를 정리한 것이다. 당시 출현한 것은 먹으러 다니는 즐거움을 찾아 '고메'나 지방에서 도시로 온 여행자들을 대상으로 각종 레스토랑 가이드 북이 18세기 말경부터 출판하게 되었다.

그 대부분이 씨름 번호표와 비슷하여, 한 장의 음식점 번호표였다. 가운데 씨름 번호의 심판원行司란에 가장 유명한 음식점이 적혀 있고, 그 좌우에는 당시 평판이 높은 음식점 이름을 적고, 동서의 오제키大關 이하는 순위별로 수백 수십 점포가 적혀 있다. 이것을 참고로 맛있는 점포를 선택하여 먹으러 다니는 것을 즐긴 것이다. 이와 같은 레스토랑 가이드북이 팔리게 된 것은, 선택이 힘들 정도로 많은 음식점의 증가현상과 맛있는 점포로 먹으러 가려는 이가 한정된 계층 사람이 아니고, 불특정 다수 대중의 즐거움으로 퍼졌다는 것을 의미한다. 레스토랑 가이드북에 실린 점포 선정은 어떻게 했는지 알 수 없지만 무언가 특정의 점포를 선전하려는 의도가 느껴지기도 한다. 엄밀한 심사 체계를 바탕으로 만들어진 것이 아니지만, 미슐랭 레스토랑 가이드북이 간행된 때보다 1세기 전부터 일본의 대도시에서는 레스토랑 가이드북을 참고하여 미식을 즐기는 사람들이 출현한 것이다.

1848년에 간행된 에도 길거리의 음식 가이드북『에도명물 술밥 안내서江戸名物酒飯手引草』는 휴대에 편리한 소형 책자였다. 이 책에는 에도에 있는 가이세키會席요리집, 즉석음식점, 차츠게茶漬집, 소바집, 초밥집, 장어구이집 등 영업 형태별로 분류하여 594곳의 점포명, 주소가 기재되어 있다. 예를 들어 장어구이집은 90곳이 기재되어 있지만, 다른 자료에서 보면 당시 에도 시내에는 약 100곳의 장어구이집이 영업하고 있던 것을 알 수 있다. 그중에서 추천하는 90곳을 선택한 것이다.

7. 아이누와 류큐

북단과 남단

고대 국가가 통일이 된 후 에도시대까지, 중앙정권의 통치가 미친 곳은 혼슈, 시고쿠, 규슈와 그곳에 소속된 작은 섬들이었다. 이 전통적인 일본 영역 내에서도 방언의 차이나 문화의 지역차가 인정되지만, 거시적으로는 동질적인 사회로서의 역사를 거쳐왔다. 그러면서도 홋카이도의 선주민이던 아이누Ainu와 류큐섬들의 사람들도 에도시대가 되고 나서 바쿠후의 통치 아래에 편입되어, 일본 국민화한 것이다. 이렇게 오랫동안 문화적 전통을 달리하던 북단과 남단의 전통적 식문화에 대하여 간단히 소개하려고 한다.

혼슈에 이어서 면적이 큰 홋카이도는 아한대의 한랭한 기후로 침엽수가 발달한 식생植生이고, 그 선주민들은 아이누 사람들이다. 아이누란 아이누어로 '인간'을 의미한다. 수염과 체모가 진한 색이고, 눈매가 깊고 코가 큰 얼굴이므로, 아이누인들은 유럽인과 같은 코카서스인종에 소속하고 있다는 설도 있었지만, 이 설은 현재에는 부정되고, 아이누인들도 일본인和人과 마찬가지로 몽골로이드Mongoloid종*으로 여기고 있다. 기묘한 것은, 일본의 북단에 사는 아이누와 남단의 류큐인은 형질인류학적으로 유사점이 많은 것이 지적되고 있다. 그 이유는 다음과 같이 설명된다.

즉, 구석기시대부터 조몬시대 일본열도에는 북단에서 남단까지 거의 같은 체형을 한 몽골로이드 집단이 살았었다. 거기에 야요이시대에 논벼농사 농업을 갖고 온 새로운 몽골로이드 집단이 중국, 한국에서 이민 와서, 조몬인과 혼혈되었다. 고훈시대에도 많은 사람들의 이민이 있었다. 그 때문에 일본의 중심부는 조몬인과 중국, 한국에서의 이민과의 혼혈에 의해 형성된 신체적 특징을 갖은 사람들이 차지하게 되었다. 그리고 열도의 남북에 조몬인의 자손들이 남았는데, 그들이 아이누와 류큐인들이라는 생각이다.[11]

이 두 민족은 논벼농사와 금속기를 사용하는 야요이 문화의 영향을 받지 않았으므로, 오랫동안 수렵과 채집으로 식량을 의존하는 생활양식이 남아 있다.

아이누 문화의 역사

15세기 이후 아이누의 역사는 홋카이도를 내방한 일본인의 기

---

* 니그로이드(Negroid, 흑인종), 코카소이드(Caucasoid, 백인종)와 함께 인류의
3대 인종군 가운데 하나이다.

록에 의해서 알려지게 되지만, 아이누는 문자가 없는 사회였으므로, 그 이전의 일은 고고학적 조사에 의존할 수밖에 없다. 홋카이도에는 혼슈 등에서 조몬 문화가 끝난 후에도 조몬 문화의 연장선상에 있는 '속조몬 문화'가 계속되었다. 9~11세기에는 '사츠몬擦文 문화'에 옮겨가지만, 그 시기 혼슈와 교류가 있었음을 알 수 있다. 혼슈의 하지기土師器 영향을 받은 토기를 사용하고, 홋카이도 남부 유적에서는 일본어 문자가 쓰여진 토기가 발견되었다. 사츠몬 문화시대에서 조, 기장, 수수 등 소규모 재배가 되었다.

사츠몬 문화시대에 홋카이도 동부·남부에는 아무르강(흑룡강) 중·하류 지역, 사할린, 쿠릴 열도와 공통된 문화가 병존하였던 것을, '오호츠크 문화'라고 부른다. 이것은 아무르강 하류지역에서 사할린에 걸친 지역에 거주하고 있는 '니브히족Nivkhs: 길리야크족 Gilyarks이라고도 한다'이 남하하여, 홋카이도에도 전했다고 추정된다. 아이누 문화는 오호츠크 문화의 여러 가지 요소를 받아들였다. 아이누 조각의 디자인은 현재 시베리아 소수 민족과 공통되고, 나중에 쓸 '곰축제'도 오호츠크 문화의 영향으로 성립된 것이다.

이 무렵 남방 일본 문화와 시베리아 오호츠크 문화와의 교류에 의해, 아이누도 금속기를 사용하게 되었고, 13~14세기에는 철제 작은 칼이 보급되었다. 이 무렵 아이누 사회는 강가를 따라 분포한 소집단이 정치적으로 통합되어, 수장酋長제에 의해 운영되었다고 생각된다. 그러나 홋카이도의 아이누가 하나로 모여 아이누국가를 형성하지는 못했다. 17~18세기 아이누는 쿠릴 열도, 캄차카

반도, 사할린 남반부까지 분포하였고, 통나무배를 저어서 쓰가루津輕 반도, 시모키다下北 반도, 아무르강 유역과도 교류했다.

아이누와 일본인의 관계는 대부분 일본인 측의 일방적인 착취의 역사였다. 13세기 이후에 일본해 연안의 교역이 발달한 결과, 금속기, 쌀 등을 혼슈에서 가져오고, 아이누는 그 대신으로 동물 가죽이나 화살촉으로 쓸 독수리 깃, 연어, 송어, 다시마를 혼슈에 공급했다. 15세기에 처음으로 일본인이 홋카이도 남부에 들어가서 살고, 15세기 중엽에는 남부 해안 11개소에 기지를 축성했다. 1457년 일본인의 지배에 저항하는 아이누민족에 의해 '코샤마인 Koshamain 전戰'이 일어났다. 그 후에도 1789년까지 몇 번이나 일본인에 대한 저항운동의 무장봉기가 있었지만, 모두 최후에는 일본인 이주자들에게 진압되고 말았다.

에도시대가 되어 도쿠가와 쇼군은 홋카이도에 남단을 마츠마에松前 씨의 다이묘료大名領로 지정했다. 즉 에조지蝦夷地라고 불렸으며 아이누의 토지였던 북해도가 중앙 정부의 통치하에 편성되었다. 한藩으로 불리는 다이묘료는 쌀의 생산량을 기초로 하여 구획된 토지의 지배권을 바쿠후가 공인하는 제도로, 몇만 석이라는 고구다카세이石高制로 토지가 평가되었다. 그러나 벼농사가 곤란한 기후인 마츠마에한의 경우는 예외였고, 최초로 무고無高로 1719년에 1만석의 다이묘료로 격이 올라갔다. 바쿠후는 마츠마에 씨에게 마츠마에지松前地로 불리는 아주 작은 토지의 소유권을 주었을 뿐만 아니라, 마츠마에한의 지배가 아닌 광대한 아이누 거주지의 산물을 다른 지방과 교역하는 독점권을 인정했다. 처음에 아이누는 마츠마에한과 교역상대 입장이었으나, 결국은 수취 대상이 되었다.

17세기 말부터 18세기 초에 홋카이도와 오사카을 잇는 기타마에부네北前船의 왕래가 빈번하게 되면서, 당시 농업선진지대이던 간사이에서 어유魚油를 추출하고 난 청어찌꺼기를 비료로 사용하면서, 홋카이도 청어찌꺼기의 수요는 팽대하게 되었다. 또한 홋카이도산 다시마의 수요도 확대되었다. 마츠마에한은 상인들에게 어장漁場에 대한 세금을 내게 하고, 잡은 청어와 다시마 대금의 일부를 납입시켰다. 이렇게 얻은 이익이 한의 중요한 재원이 되었다. 이들 어장에서는 혼슈에서 돈벌이 나와 일하는 어부들 밑에서 아이누가 최하층 노동자로 혹사당했다. 이렇게 전통적 아이누 사회는 해체가 진행되었다.

메이지시대가 되면, 홋카이도는 일본 국내에 남겨진 프론티어로, 이민이 밀려들었다. 에도시대에는 일본인 거류지는 홋카이도 남부 만이었으나, 모든 지방에 이민자가 분포하여 개척을 시작하였고, 이 한랭한 토지에서 벼농사하는 것을 성공했다. 메이지 이후 정부는 아이누에 대하여, 일본인으로 '동화 정책cultural assimilation'을 착수했다. 그 결과 혼혈이 진행되어 순수한 아이누는 아주 적어졌다. 아이누어를 말할 수 있는 사람 수가 줄어들고, 일상적인 식생활도 일본인과 다름없게 된 것이다. 현재 홋카이도에 거주하는 아이누의 인구는 약 2만 5,000명이다.

아이누의 식생활

20세기 전반에 아이누 음식을 조사한 보고서가 간행되는 등, 현재 아이누의 식생활에 대하여 몇 개의 보고서는 있지만, 메이지시대 이전 아이누의 식에 관한 역사적인 측면에 관해서는 단편적 자료에서 복원한 정도이고, 충분한 연구가 되어 있지 않다고 할 수 있다.[12] 조, 기장, 수수를 소규모 재배했지만 아이누의 전통적인 식생활의 기반은 농업이 아니고, 조몬 문화 이래 계속된 내륙에서는 수렵과 야생식물의 채집, 강가와 바닷가에서는 어로에 의존했다.

수렵과 어로는 남자의 일이고, 야생식물의 채집은 여자의 일이었다. 봄부터 가을까지의 계절에는 주로 산란을 위해 강을 역류하는 연어나 송어를 잡고, 장과漿果 류, 뿌리줄기 등 야생식물을 채집하여 먹는 것과 동시에, 그것을 겨울철을 위해서 저장식료로 가공했다. 겨울에는 사슴과 그 외 동물을 수확하는 시기였다. 해안가에서는 바다표범, 물개 등 바다동물이 식량이 되었다. 일본 다른 지방에서는 식사에서 차지하는 탄수화물 식품의 비중이 아주 높지만, 아이누의 식사는 생선, 고기의 단백질과 지방을 많이 섭취하는 것이 특색이다.

연어와 송어

생선 중에 가장 중요한 것이 연어이고, 많이 잡히는 시기에는 주식으로 먹고, '신의 물고기'로 불렸다. 직화에 굽고, 졸이는 이외에 생으로도 먹었다. 가을 끝에는 어획한 연어를 옥외에서 냉동한

것을 얇게 썰어 불에 쬐여, 반 해동상태에서 소금을 뿌린다. 날생선 먹는 방법에 기원을 두고, 인공 냉동한 연어를 회로 하여 간장과 와사비를 곁들여 먹는 요리는 지금은 홋카이도 이외의 술집 등에서 많이 나오게 되었다. 이것을 '루이베ルイベ'라고 부르지만 '녹은 음식'이라는 아이누어에서 유래한다.

연어 요리법은 여러 가지가 있는데, 연골도 두들겨서 식용하고, 내장과 머리도 요리하고, 큰 뼈 이외에는 모든 부분을 식용하고 있다. 연어를 '가을 식량'이라 부르고, 송어는 '여름 식량'이라고 하여, 여름철에는 송어를 많이 먹는다. 이들 생선은 건조, 훈제, 냉동어로 하여 보존식품으로도 만든다.

에조사슴과 큰곰

사냥한 수확물 중에 가장 중요한 것은 에조사슴인데, 연어, 송어와 함께 중요한 식량이었다. 예전 북해도에는 사슴이 많이 생식하고 있었고, 냄비를 불에 올려놓고 사슴사냥을 나갔다고 한다. 사슴은 아주 일반적인 대상이었으므로, 곰처럼 신격화하지는 않았다.

아이누의 전승에 의하면, 큰곰은 인간에 가까이할 수 없는 심산에 있는 신의 나라에 살고 있고, 가끔 인간 세계에 놀러 오면, 선물로 고기를 등에 지고, 모피 외투를 입고 방문한다고 한다. 그래서 큰곰(히구마)의 고기와 모피는 신의 선물로 여기고, 큰곰을 수렵할 때는 습관적인 원칙에 따라서, 마을 사람 모두와 나눈다. 아이누 의례 중에 가장 성대한 것이 큰곰의 의례적 도살인 '이요만데(곰축제)'이다. 이 축제에는 생포한 큰곰의 새끼를 1~2년간 사육하여 신에게 기도하고 올리고 도살한 다음, 그 요리와 함께 향연을 펼치고, 큰곰의 영혼에 공물로 올리고, 이들을 선물로 신의 나라에 돌려주는 것이다. 식량 재생산의 가능성이 되는 수렵의례이고, 비슷한 의례는 큰곰이 생식하는 시베리아와 북아메리카 북부 산림지대의 민족에게도 분포한다.

식물성 식량과 술

야생식물로 가장 중요한 것은 우바나리姥百合, cardiocrinum cordatum의 구근鱗莖이다. 비늘 모양의 뿌리는 나무절구에 찧어서 하룻밤 물에 담가 그 용액을 체에 걸러서 그대로 두면, 전분이 가라앉는다. 이것을 말려서 보관하여 단자를 만들어 삶거나 죽에 넣어 먹는다. 여과할 때 체에 남은 것은 보존하여 식량으로 이용한다. 도토리 열매도 떫은맛을 빼고 단자를 만들어 먹는다. 조, 기장, 수수는 보통 때 죽으로 먹지만 의식이 있는 날에는 밥을 짓거나, 가루로 하여 단자를 만든다. 풀기가 있는 기장은, 조나 수수보다도 상급의 곡물로 여겨서 주로 떡으로 가공한다.

아이누는 곡물을 주식용보다는 술의 원료로 재배했다. 조, 기장 외에 일본인과의 교역으로 얻은 쌀도 주조 술의 원료로 쓰였다. 기장, 도토리의 열매, 큰우바나리의 구근을 삶고, 계수나무의 껍질을 가루로 하여 뿌리는 누룩의 제법도 있지만, 에도시대에는 일본인과의 교역에 의해 얻은 쌀누룩을 발효 스타터로 사용한 주조법이 행해졌다. 원래 주조법은 '입으로 씹은 술'이었다고 추정된다. 쌀로 만드는 경우는 도정한 쌀을 날로 여성이 씹고, 타액과 함께 용기에 담아서 방치해두면, 알코올발효가 된다. 이것은 타액 중의 효소의 당화작용을 이용한 주조법이다.

식사와 조미료

식사는 보통 아침식사 한 번이었다. 수육이나 어육을 썬 것에 여러 가지 야생식물을 보태 끓여서, 건지와 국물이 많은 '오하우' 라는 음식이 식사의 주역이고, 그것에 조, 기장, 수수 등의 수분이 많은 죽과 구운 생선 등을 차린다.

아이누는 소금을 만들지 않아서 교역에 의해서 얻은 소금을 사용하는 외에 해안부에서는 바닷물을 이용하여 요리를 했다. 근대에는 일본인으로부터 얻은 된장도 쓰는 경우가 있다. 그 밖의 북방민족과 마찬가지로 에조사슴, 큰곰, 바다표범, 청어, 정어리 등 지방을 끓인 뒤 녹여서 응고시킨 것을 요리에 사용하는 것이 많았다. 향신료로 강한 향이 나는 산마늘을 좋아했다.

요리에는 교역에서 얻은 철냄비가 쓰였지만, 나무껍질樹皮로 만든 그릇에 재료를 담아서 구운 돌을 넣어 끓이기도 했다. 에도시대에는 일상의 식기로 목제의 완椀, 젓가락, 숟가락도 있었다. 의식 때의 식사는 혼슈에서 가져온 칠기 식기를 사용했다.

류큐琉球의 역사

규슈 남단에서 타이완 사이에 징검돌과 같은 모양으로 남서로 여러 섬들이 이어져있다. 이 열도 중에 큰 섬은 규슈 최남단에서 약 300km 떨어진 이와미오시마奄美大島이다. 규슈와 이와미오시마 사이에 섬들은 역사적으로 일본 본토와 동질의 문화를 공유하여 왔다. 그러나 이와미 여러 섬과 그 남측에 위치하고 있는 류큐 여러 섬은 기본적으로는 일본문화에 속하면서도 아주 개성적인 문화를 갖는 지역이다. 예를 들어 이 지역에서 말해온 '류큐 방언'은 언어학적으로는 고대 일본어와 공통의 선조를 갖는다고 생각하지만, 다른 방언군과는 차이가 현저하다. 류큐의 여러 섬은 현재 행정적으로는 오키나와현에 속하고 약 100개의 작은 섬들로 구성되어 있다. 그중 44개 섬은 사람이 살고 있지만, 그 외 작은 산호초의 섬들은 무인도이다. 아열대기후지역에 위치하고, 사탕수수 재배로 사탕의 생산과 파인애플, 파파야 등 열대과일을 재배를 주로 하고 있지만, 관광을 빼면 산업자원과는 거리가 먼 곳이다.

오키나와 본토에서 약 3만 년 전 구석기시대 인골이 발견되었지만, 당시의 식사 내용을 구체적으로 나타내는 자료를 발견되지 않는다. 오키나와 섬들에서는 조기 조몬 문화 유적이 발견되고, 그때부터 오키나와는 본토와 같은 문화를 공유하고 있었다. 그러나 남규슈와의 접촉도 있었음에도 불구하고, 오키나와에는 야요이시대의 벼농사가 보급되지 않고, 수렵채집경제가 오랫동안 지속되고, 야생식물 채집과 멧돼지, 어패류를 먹는 식생활이었다. 10세기경까지 석기를 사용하였고, 본토에 비하여 금속도구의 도입이 아주 늦어서, 문화의 변경지대로 남아 있다. 기원후 3세기경부터 화전 농업이 일어나고, 조, 타로감자, 얌감자가 재배되었다고 추정된다. 그 후 보리가 재배되었고, 11세기에 논벼농사가 도입되었지만 쌀의 생산량은 적었다.

벼농사가 도입될 무렵, 각지에 안지按司로 불리는 수장首長들이 등장하고, 구스크城라는 성벽을 만들어 항쟁을 반복했다. 14세기가 되면, 다른 수장들이 복종시킨 수장을 왕으로 하는 3개의 작은 국가가 오키나와 본토를 중심으로 성립되었다. 14세기 후반에 중국에서 명왕조가 확립되면, 모두 조공을 하고 보호국이 되었다. 1429년에 통일왕조가 성립되고, 류큐왕국이 되었다. 이 류큐왕국도 명 황제로부터 왕권을 승인받고, 중화제국 위성국가의 일원이 되었다. 명의 황제에 조공을 위해서 사절단을 보내고, 의례적인 공물을 하고, 그 반례로서 황제로부터 선물이 류큐왕에게 하사되는 형식상의 조공 관계였다. 하지만, 조공은 구실이고, 실질적으로는 무역 관계였다. 명은 해외출국을 금지하는 정책을 택했으므로, 중국인은 공식으로 해외무역을 할 수 없었다(원래는 쟝크선에 의한 밀무역이 하는 중국인도 있었다).

중국에 가까운 섬국가인 류큐는 중국과의 무역에 열심이어서, 명대 270년간에 171회 조공무역이 일어났다. 이 횟수는 조공국 중에 1위이고, 제2위는 안남安南, 현재 베트남의 89회를 훨씬 웃돌고 있다. 자원과는 거리가 먼 류큐는 그 지리적 이점을 살려서 일본,

조선, 마카오, 파렌반, 안남, 루손과의 중개무역으로 얻은 상품을 중국에 수출했다. 류큐의 상선은 중국에서는 비단과 도자기, 일본에서는 칼과 미술공예품, 조선에서는 고가의 약용인삼과 호랑이 가죽, 동남아시아에서는 상아, 향신료, 염료 등의 상품을 들여와, 이들 지역에 유통시킨 것이다. 이처럼 14~16세기에 류큐는 무역 국가로 발달했다.

1609년 에도 바쿠후의 허가를 얻어, 규슈 남단의 다이묘인 시마츠가島津家는 류큐를 침략하여 정복했다. 그 후에도 왕국체제는 소중하게 보존되었지만, 시마츠한島津藩[*]이 국왕이나 고관 임명 등을 권리, 고액의 세금을 받는 권리 등을 얻어, 류큐는 시마츠를 통하여 에도 바쿠후의 지배하에 편입되었다. 한편 중국과의 조공 관계도 적어지고, 류큐는 일본과 중국의 정치체제에 이중으로 복속하는 반독립왕국이 되었다. 대외무역을 중국에 한하여 허락했지만, 그것은 시마츠나 바쿠후의 규제 아래서 일어났다. 이렇게 통상국가이던 류큐의 번영은 쇠해지고, 섬 사람들은 시마츠가 정한 과혹한 인두세에 머리가 아프게 되었다.

메이지 정부 성립 후에 다시 문제가 된 것은 류큐의 복귀였다. 정부는 왕국을 폐지하고 새 정부의 통합현으로 하려고 하였지만, 류큐인들이 이것을 반대하여, 중국 청조도 류큐에 대한 권익을 주장했다. 그러나 1879년, 메이지 정부는 무력을 배경으로 류큐왕국을 폐지하고 오키나와현으로 했다.

---

[*] 사츠마한(薩摩藩)이라고도 한다.

육식의 섬들

중국과 교류에 의해 도입된 도교의 영향도 인정되지만, 류큐인들의 신앙생활 기반은 토착 종교 샤머니즘이었다. 메이지시대 이전에는 불교가 민중의 종교로서 침투하지 않았고, 수육을 먹는 것에 대하여도 금기는 없었다. 석기시대 유적에서 개가 출토된 것은 비교적 새로운 것이고, 중국과 교역활동을 통하여 14~15세기에는 돼지, 염소, 닭을 류큐에 가져왔다고 생각된다.

한국의 역사적 기록물인 『조선왕조실록』에 1477년경 류큐 서남단의 작은 섬인 요나국与那国에 표류한 조선인의 기사가 있다. 그에 따르면 "요나국에서는 닭을 키우지만 그 고기는 먹지 않는다. 오키나와 본토섬은 말, 양, 고양이, 돼지, 닭, 오리를 키우고, 소, 말, 닭을 먹는다"고 하지만, 여기서 말하는 양은 염소일 것이다.[13]

류큐인에 의하면 가장 중요한 식용가축은 돼지이고, 매일 먹을 수 있을 정도의 마리수를 사육이 가능하도록 사료를 공급하는 것은 불가능했다. 그 때문에 돼지고기는 일상의 식사가 아니고, 제사 때에 성찬이었다. 돼지고기 요리는 정월 행사에 빠지지 않는 것으로 여기어, 정월 전에 각 집은 돼지를 도축한다. 그 고기 일부는 소금에 절이거나, 절인 고기를 화로 위에서 훈제하고, 장기간 저장한다. 고기만이 아니고, 지방, 내장, 혈액까지 버릴 것 없이 먹고, 돼지의 귀나 내장은 현재에도 오키나와의 명물요리로 여기고 있다. 그것에 비하여 본토에서는 메이지시대에 육식을 재개한 후에도 내장은 식용하지 않고, 제2차 세계대전 후에 야키니쿠燒肉가 유행하게 되고 나서 처음으로 내장 먹는 것이 보급되었다. 그러나 현재에도 일본인은 혈액을 요리에 사용하지는 않는다.

류큐에서는 수퇘지를 거세하는데, 이 기술은 돼지 도입과 함께 중국에서 전해졌다고 생각된다. 본토의 전통적인 가축사양기술에는 거세습관이 없고, 소나 말의 거세를 하게 된 것은 20세기 이후의 일이다.

고구마와 사탕수수

융기 산호초 토양이 많은 류큐의 섬들은 벼 등 곡물재배에는 적합하지 않고, 매년 통과하는 태풍에 의해 농작물의 피해가 심하여, 가끔 기근의 경험을 해왔다. 그와 같은 때는 야생 '소철'을 식용으로 했다. 소철은 사고sago야자와 마찬가지로 줄기의 수髓에 대량의 전분을 갖고 있고, 씨에도 전분이 많으나, 유독성분을 포함하고 있기 때문에 전분을 제조할 때 대량의 물로 처리하지 않으면 위험하다. 기근 때는 소철을 먹어서 중독사하는 예가 많았다.

고구마가 중국에서 오키나와 본토에 도입된 것은 1605년이다. 신대륙 원산의 고구마가 마닐라를 경유하여 남중국에 전해진 것은 1593년인데, 그 후 23년 후에 오키나와에서 재배하게 된 것이다. 곡물농경의 환경에 불리한 류큐에 대량수확이 가능하고 아열대 기후에서 연중수확을 할 수 있는 고구마가 전래된 것은 큰 사건이었다. 17세기 초에 류큐 인구는 10만 명이었으나 18세기 중엽에는 20만 명으로 증가했다. 이 인구 증가를 떠받든 식량이 고구마였다.

　20세기 될 때까지 민중의 일상식사는 삶거나 찐 고구마와 생선, 채소, 해조를 넣은 된장국의 두 가지로 구성된 것이 보통이었고, 쌀밥을 먹는 것은 드물었다. 그러나 계층이 높은 사람들은 하루 3끼 모두 쌀밥을 먹었다. 고구마는 돼지의 사료로도 중요했는데, 작은 고구마나 사람이 먹고 난 것 혹은 껍질을 돼지에게 주었다.

　1610년에 중국에서 이와미오시마奄美大島에 제당기술이 전래되고, 1623년에도 류큐에도 설탕을 만들게 되었다. 아열대 기후인 이 지방에서 사탕수수 재배에 적합하므로 에도시대에 설탕이 이 지방의 특산물이 되었고, 그 생산은 류큐왕국 정부의 관리 아래에서 이루어지고, 본토에 수출하는 것에 따라 왕조의 경제를 떠받드는 중요한 산물이 되었다. 류큐산의 전통적인 설탕은 흑갈색을 한 흑당이고, 미네랄과 비타민B_1, B_2의 함유량이 높으므로, 백성의 건강유지에 기여했다고 알려져 있다.

　궁중요리

　류큐에서 최고의 요리는 왕조 행사 때에 나오는 궁중요리인데, 그 요리법에도 에도시대 류큐의 정치적 위치가 영향을 미쳤다. 류큐 왕조에 새로운 왕이 즉위할 때, 중국의 황제로부터 왕권을 보증하는 칙어勅語을 받든 사절단이 보내진다. 책봉사冊奉使라고 불리는 이 사절단을 맞이하는 식전이 류큐왕조 최대의 행사이었다.

　그 일행은 400~500명으로 체재기간은 반년 이상이나 되니 온 나라가 접대를 했다. 그 때문에 비용이 막대하므로, 1533년에 왕래한 사절단을 대접하기 위해서 돼지를 하루에 40~50마리를 도살하였는데 마릿수가 부족하여 먼 곳의 시골이나 다른 섬에서부터 가져왔다는 기록이 남아있다.

책봉사의 사절단에게는 중국 요리 식단으로 접대했다. 그 때문에 처음에는 중국에서 요리사를 불렀지만 나중에는 류큐의 요리사를 중국에 유학시키도록 했다. 한편, 수도인 '슈리首里: 현재의 나하 那覇시'에는 시마츠한의 관리 주재소가 있고, 여기에 파유된 고관의 접대를 위하여, 요리사를 가고시마鹿兒島에 보내 일본 요리를 배우도록 했다.

중국과 일본 양쪽의 영향을 받아 형성된 궁중요리는 상류계급이나 유복한 사람들의 가정에 보급되어, 그것이 류큐의 고급요리로 여기게 되었다. 또한 류큐 요리의 발달에 있어 뺄 수 없는 것으로 시마츠의 정복 후 오키나와에 생긴 유곽遊廓의 영향도 있다. 오키나와의 도심에는 요리집이 없고, 유곽이 겸업을 하고 있었다. 여기서 나오는 전문 요리사가 만든 고급요리가 가정 요리에 영향을 주었다. 이렇게 에도시대에 성립하여 현재까지 전수되고 있는 고전적 류큐요리는 중국과 일본 양쪽의 영향을 받으면서 류큐의 기후나 산물에 맞는 독자 스타일을 형성했다.

요리의 코스나 식단은 기본적으로는 혼젠 요리 형식으로 차려지고, 칠기 1인상이 쓰이고, 그 위에 칠기와 도자기의 일본식 식기를 놓고, 젓가락을 사용하여 먹는다. 고급 식사가 되면 상의 숫자가 많아지는 것도 혼젠 요리와 마찬가지이다. 식기에는 요리를 아름답게 담고, 그 때문에 칼로 아름답게 써는 기술을 중시하는 것도 일본 요리와 마찬가지이다. 그러나 성찬의 재료로 돼지고기를 사용하고, 돼지기름에 의해서 중후한 맛내기를 좋아하는 요리는 중국의 영향이 현저하다.

동남아시아와의 교류

류큐 요리의 이름이나 기술은 중국에서 전해진 것이 많지만, 그것만은 아니다. 예전 동남아시아와 교역으로 전해진 것을 생각할 수 있다. 예를 들어 류큐 남부 섬들에서 '피파치' 또는 '피파즈'라고 불리는 쟈뱌섬 원산의 '긴후추長胡椒'를 재배한다. 그 열매를 분말로 해서 돼지고기 양념을 하거나, 어린 잎을 다져서 요리의 향내기에 사용하는데, 이것은 류큐의 상선대商船隊가 동남아시아에서 활약하고 있을 때 가져온 작물일 것이다. 류큐 식생활 특색의 하나는 두부를 자주 먹는 것이다. 두부 요리로 가장 일반적인 것은 '참푸르champur'라 불린다. 여러 가지 채소를 썰어서, 두부와 함께 돼지기름으로 볶는 요리이다. 인도네시아, 말레이에서는 소재를 섞거나, 저어 섞는 것을 '참푸르'라고 하니 이것이 어원일 것이다.

류큐에서는 쌀을 입에서 씹어 술을 만들었는데, 15세기에 샴Siam*으로부터 증류주 제조기술이 전해지고, 그것이 현재에도 오키나와의 명산으로 여기는 '아와모리'가 되었다. 아와모리의 제조

* 오늘날의 태국.

에는 샴에서 수입한 인디카종의 쌀을 사용하는 것이 보통이고, 일본술 제조에 사용하는 누룩과 종류가 달라서 '흑국균黑麴菌: 이와모리 곰팡이'을 이용하여 발효시켜, 증류한 다음에 항아리에서 숙성시킨다. 아와모리는 난반가메南蠻甕라는 샴에서 수입한 항아리를 사용하고 있었지만 나중에 류큐의 도요에서 항아리를 굽게 되었다. 아와모리의 제법이 본토에 전해져서 소주를 만들게 되었다.

장수현長壽県

전 세계에서 일본인의 평균수명이 최상위권이다. 그중에서 오키나와현이 가장 장수의 현이었다. 영양학자들에 의하면 옛날 일본인의 식생활은 단백질과 유지가 부족한데 비하여, 오키나와에서는 돼지고기와 생선에서 동물성 단백질을 많이 섭취하고, 또한 두부에서 식물성 단백질도 많이 섭취했다. 유지도 오키나와에서는 돼지의 지방으로 섭취하고 있다. 더구나 고구마, 특산의 흑설탕, 여러 가지 해조류의 섭취량이 많은 것도 장수의 원인이 되었다고 설명했다

류큐 요리에는 연안에서 채취한 해조를 이용한 요리 메뉴가 많지만 토산품만이 아니라, 다시마를 이용한 요리가 아주 많다. 통계에 의하면 다시마를 가장 많이 소비하는 곳이 오키나와이다. 일본 북단의 북해도에서 산출된 다시마를 가장 남단의 오키나와에서 가장 많이 먹는다는 것은 왜 그럴까? 과거 류큐는 다시마의 집하지가 되어 류큐인들도 다시마를 많이 먹게 된 것이다. 그 다시마

는 마츠마에한松前藩의 지배체제 아래에서 아이누가 생산에 종사하였다. 바쿠후 체제에서 소수집단이던 아이누와 류큐인이 다시마를 통하여 묶인 것이다.

1985년까지 오키나와는 남녀 모두 일본 첫째의 장수현이었다. 그러나 2010년에는 오키나와현 남성의 평균수명은 전국의 20위, 여성은 3위로 전락했다. 그것은 오키나와가 오랫동안 미국의 점령 아래에 있는 동안 식생활이 양식화된 영향이라고 설명된다. 점령 하의 식량난시대에 다진고기 통조림인 '런천미트'가 미군 경유로 돼지고기의 대용품으로 보급되고, 더구나 햄버거와 프라이드 치킨 등을 파는 패스트푸드점이 미국이 통치하는 오키나와에 본토보다 먼저 보급되었다. 이와 같이 빨리 식생활의 양식화가 진행되면서, 오키나와의 전통적인 식생활이 쇠퇴했다. 스테이크와 햄버거를 좋아하게 되고, 동물성 지방과 소금 섭취량이 증대하고 채소 섭취량이 격감하였던 것이다.

제2차 세계대전 후에 자라난 세대는 비만자가 많고, 생활습관병에 의한 사망률이 높다. 그리고 사회적 활동을 함께 하는 외식이 많은 남성부터 평균수명이 짧아진 것이다. 이와 같이 오키나와는 일본 전체의 장래에 일어난 일을 먼저 맞이하게 되었다.

6장
근대에 있어서 변화

1. 시대 배경

서구 모델의 근대화

일본인이 쇄국체제 아래의 작은 세계에 갇혀서 들어앉아 있는 동안에, 산업혁명이 진행된 유럽에서는 자본주의가 급속히 발달하여, 커다란 경제력과 군사력을 지닌 국가가 성립되었다. 이들 열강은 상품의 시장과 자원을 바탕으로 아시아에 진출했다.

1853년 도쿄만에 돌연히 미국 함대가 나타났다. 사령관 페리 Matthew Calbraith Perry는 개국을 요구하는 대통령의 친서를 바쿠후에 건네고, 그것을 받아들이지 않으면 군사행동도 개시하겠다는 자세를 나타내었다. 이것이 계기가 되어 1850년대에 바쿠후는 미국, 영국, 프랑스, 네덜란드, 러시아와 통상조약을 체결했다. 즉 국내 몇 개의 항구에 이들 나라 배의 내항, 무역을 허가하고, 외국인의 거주구획을 만들기를 승인할 수밖에 없었다. 이들 조건은 거주하는 외국인에 대하여 일본의 재판권을 행사할 수 없고, 관세 세율도 일본측이 결정할 수 없는 등 불공평한 조건이었다. 통상조약에 따라 일본은 생사生絲, 차가 무역에서 주요한 수출상품이고, 수입품은 직물, 면직물, 무기였지만, 무역에 동반하여 국내 물가는 상승하고, 하급무사나 농민의 생활은 힘들어지게 되었다. 또한 개항한 장소 모두 바쿠후의 직할령이 되어서, 무역 이익을 바쿠후가 독점되게 되니, 여러 한藩의 불만과 무역에서 이익을 올린 상인들에 대한 하급무사의 반감이 높아졌다.

이러한 사회적 불만이 외국인 배척운동으로 결집되어, 드디어 바쿠후를 쓰러뜨리자는 존황양이尊皇攘夷운동으로 발전했다. 이 운동을 추진한 하급무사의 지도자들은 쇼군을 타도하고 명목적인 왕권의 보유자이던 천황을 선택하여, 나중 정권을 떠맡게 되어, 메이지유신明治維新을 실현했다.

천황이 퇴위한 쇼군이 살던 성으로 교토에서 이주하고, 에도江戶는 도쿄東京로 개명된 수도가 되었다. 다이묘의 한藩이 폐지되고, 천황을 정점으로 하는 중앙집권 정부가 를 모델로 한 근대국가화로 강력하게 밀어붙였다. 이 목표는 근대산업을 이식하여 일본에 산업혁명을 실현시키는 것과 징병제도에 근거해 근대적인 군대를 만들어내는 것, 즉 부국강병을 실현하는 것이었다. 그를 위해서 근대적인 학교제도의 도입과 강한 병사와 튼튼한 신체를 지닌 노동자가 되는 국민을 만드는 것이 불가결하다고 생각했다.

서구의 사정에 도통한 당시 지식인들은 서구인에 비하여 일본인의 체격이 빈약한 이유의 하나는 육식을 하지 않고, 유제품을 먹지 않은 데 있다고 생각했다. 1871년에 천황이 소고기를 먹은 것이 신문에 보도되고 일반 국민들도 먹을 것을 장려했다. 당시 고기를 먹거나 우유를 마시는 것은 문명인의 자격으로 여겼다.

군대 식사에는 고기를 사용한 식단을 채용하게 되었다. 도시에 서양음식점이 개업하기 시작하였지만, 그것은 이국적인 요리이면서 '고기 요리를 먹여주는 곳'으로 인기를 얻었다. 스키야키와 같은 전통적 일본 요리법에 응용한 고기 요리가 고안되었지만, 새로운 소재인 고기는 서양 요리의 기술이 채용된 것이 많아서, 서양음식점은 고기를 먹을 수 있고, 새로운 음료인 맥주를 마실 수 있는 장소로 번성하게 되었다. 이웃 나라인 한국이나 중국의 전통 요리에도 고기가 사용되고, 빵이 아닌 밥과 함께 먹을 수 있는데, 사용이 서투른 나이프, 포크, 스푼 등 도구가 아니고 젓가락으로 먹으므로, 일본인에게 있어 쉽게 익숙해지는 고기 요리였다. 그러나 한국음식점, 중국음식점은 오랫동안 일본에서 시민권을 얻을 수 없었다. 그것은 근대화의 과정에 있어 일본의 해외 여러 나라에 대한 태도에 관계가 있다.

일본은 지정학적 위치에서부터 역사적으로 일본인에게 문명의 모델은 늘 중국이었다. 그러나 아편전쟁(1840~1842)으로 중국이 서구에 침략되는 과정에 대한 정보를 얻은 일본의 지식인은 일본 개국 이전에 서구 문명이 세계를 움직이고 있다는 것을 알고 있었다. 그리하여 근대화에 있어 중국을 버리고, 서구 문명을 모델로 채용하였다. 서양식사는 문명적으로 배울 점이 많지만, 중국, 한국 요리는 정체된 아시아 식사로서 돌아보지 않았다. 더구나 일청전쟁(1874~1875)에서 승리하고 나서, 중국을 멸시하는 풍조가 강했다. 당시 고베, 요코하마, 나가사키에 중국인거리가 생겼지만, 그곳의 중국음식점에 출입하는 것은 일본주재 중국인들뿐이었고, 중국 요리는 '전근대적으로 위생적이 아닌 음식'으로 여기고 있었다. 일본인에게 중국 요리는 싸고 맛있는 음식으로 여겨졌고, 도시에 중국음식점이 많이 생겨난 것은 제1차 세계대전이 끝나고 난 후이다.

한국 요리에 대한 편견은 더욱 강했다. 마늘과 고추가루를 많이 사용하는 한국 요리가 고기와 향신료를 거의 쓰지 않던 일본인의 전통적 미각에 맞지 않는 것도 있지만, 한국 사람들에 대한 민족차별과 깊은 관계가 있다. 1910년 한일합병에 따라 일본은 한국을 식민지로 했다. 이를 계기로 한국인들을 '일본인으로 교화해야 할 민족이다'라고 보는 관념이 강하고, 한국 여학교의 가사 수업 때 한국인 여학생에게 일본 요리를 가르칠 정도였다. 일본 도시에서 일본인을 대상으로 한국음식점이 개업한 것은 패전 후 한국의 식민지시대가 지난 1945년 이후의 일이다.

일본은 타이완, 한반도를 식민지로 하고, 1904~1905년 러일전쟁 후에 남만주에 있어 이권과 시민을 독점하는 권리를 얻고, 더구나 제1차 세계대전 후에는 미크로네시아 여러 섬을 국제연맹에서 위임 통치령으로 위탁 받아 영토를 확대하면서 제국주의의 강력한 동지가 되었다. 그 경제적인 기반을 받쳐준 것은 자본주의 성장과 그것과 함께한 산업혁명의 진행이었다. 1919년에 일본 공업생산액이 농업생산량을 넘어서서, 일본은 농업국에서 공업국이 되었다.

이와 같은 경제구조의 변화와 함께, 인구는 급격히 증가했다. 근대적인 인구조사가 이루어진 1872년 인구는 약 3,500만 명이었지만, 1919년에 약 5,000만 명으로 늘어났다. 국내에 있어 식량증산과 식민지에서 수확하거나 해외로부터 수입할 수 있는 공업생산의 진전이 인구의 증가를 불러왔다.

새로운 생활양식의 출현

다이쇼大正시대 일본은 제1차 세계대전에 참전했으나, 큰 희생을 겪지 않고, 태평양과 중국에 있던 독일 영토의 권익을 얻게 되었다. 전쟁으로 피폐한 유럽 대신에 아시아 시장을 획득하여, 경제가 상승하였고, 평화로운 번영의 시대를 맞이했다. 이 시기 일러전쟁 후 정치적 발언권 강화를 시작한 군부를 비판하고, 자유주의, 민주주의를 신봉하는 풍조가 높아졌다. 말하자면 '다이쇼 데모크라시' 이다.

이 무렵 도시에서는 화이트칼라의 급여소득자 등 중산계급의 인구가 증대되고, 새로운 양식에 어울리는 사람이 되었다. 이 계층 사람들도 가정에서는 기모노를 입고 쉬지만, 집밖 직장에서는 양복을 입고 살고, 전통적인 일본건축의 거주에는 서양식 응접실을 갖추었다. 앉거나 몸을 웅크리고 요리를 하는 종래 부엌 대신에, 서서 작업을 할 수 있고, 도시가스와 수도를 사용하는 양식의 부엌을 선택했다. 중국 요리에 익숙해지고, 그때까지 외식으로 하였던 서양 요리를 가정에서 만들기 시작하였고, 다방에서 커피를 일상적으로 마시게 된 것은, 이 계층의 사람들이었다. 이와 같이 새로운 생활을 통하여, 설탕과 우유의 소비량이 증대했다.

이와 같이 현대인의 식생활을 이어가는 다이쇼 데모클라시 아래에서 새로운 생활양식은 미성숙 단계에서 엄격한 사회 정세 변화에 직면하여, 좌절하게 되었다. 1925년의 월가에서 시작된 세계대공황이 다음 해 일본에 파급되어, 근대국가 체제가 된 일본은 최대의 경제적 위기를 경험하게 되었다. 불황의 영향을 심각하게 받은 것은 새로운 식食의 양식에 어울리는 중산계급이었고, 그 후에 닥친 전쟁시대가 되면, 이 신흥 중산계층뿐 아니라, 일본인 전체 식생활에 대폭 후퇴는 어쩔 수 없었다.

전쟁시대의 식생활

1931년에 군부가 만주사변을 일으키고, 만주에서 침략전쟁을 시작하고, 괴뢰정권인 만주국을 만들었다. 그것에 대하여 국제적으로 비난이 일자, 일본은 국제연맹에서 탈퇴하고, 국제적으로 고립화되고, 강력한 발권을 갖는 군부의 파시즘의 길을 걷게 되었다.

1937년 중일전쟁, 1941년 태평양전쟁을 일으키고, 1945년 연합군에 항복하기까지 15년간, 전쟁시대가 계속되었다. 오랜 전쟁 때문에 식량 확보가 곤란하게 되고, 1941년부터 정부에 의한 식량 배급제도가 시작하였지만, 태평양전쟁의 말기에는 배급할 식량도 거의 없어서, 국민 대부분은 공복에 지친 상태였다.

패전 후에 정부의 가장 중요한 정책의 하나는 식량 증산에 있고, 특히 쌀의 수량 증대에 노력을 기울였다. 쌀의 생산량은 15년전쟁 이전까지 회복된 것은 1950년대 중엽이었다.

1960년대가 되면서 일본경제는 급속한 성장이 눈에 띄게 되었다. 경제 성장은 음식이 양적으로 늘어난 것만 아니라, 질적인 변화를 가져왔다. 쌀과 채소에 의존하는 전통적인 식생활에서 이전에 비하여 보다 많은 생선을 먹고, 고기가 일상 식탁에 올라오게 되고, 동물성 단백질의 섭취량이 증대했다. 유지 섭취량도 많아지고, 전통적인 일본 요리에 사용하지 않았던 향신료도 쓰이게 되고, 아침식사에 밥을 짓지 않고, 빵을 먹는 가정도 많아졌다. 서구, 중국, 한국에 기원한 외국 요리 기술이 가정의 부엌에 들어오고, 일상 식탁에 올라오게 되었다. 그 한편에 1962년 이후 쌀의 소비량이 계속 감소하고 있다. 쌀을 배불리 먹고 반찬이 식욕증진제로서 소량만 있으면 되었던 주식 중심의 전통적 식사 패턴에서, 미각을 즐기려고 찬을 여러 가지 먹는 식사 패턴으로 변화한 것이다.

식食의 산업화

이러한 변화의 배경에는 식에 관련된 것의 '산업화' 진행에 있다. 일본 경제발전과 함께, '사회의 부엌'인 식품산업이 성장하고, 빵, 햄, 소시지, 유제품 등 외국 기원의 식품이 가정의 부엌에 들어오게 되었다. 또한 슈퍼마켓과 같은 유통업이 조리식품이나 약간 손을 대면 식탁에 올린 수 있는 반조리식품을 제공함에 따라, 새로운 음식을 가정에서 받아들이게 되었다.

그 상징적인 음식이 1958년에 발매된 '치킨라멘'인데, 더운 물을 붓고 3분을 기다리면 먹을 수 있었다. 일본에서 발명된 즉석면은 지금은 세계적인 상품이 되었다. 한편 경제성장과 함께 '사회의 식탁'인 외식산업도 급속하게 성장했다. 1990년 전반, 일본의 산업계에는 전기기기산업, 자동차산업, 석유산업에 이어 거대한 금액을 다루는 산업분야로 식품산업이 자리를 잡았으며, 철강산업, 외식산업이 뒤따랐다. 일본인이 향유하는 풍요로운 식사가 실현되었다고 볼 수 있지만, 가정의 부엌과 식탁을 사회 쪽의 부엌인 식품산업과 사회 쪽의 식탁인 외식산업이 끝없이 침식하는 것이 아닌가 하는 불안도 떠오르고 있다.

2. 육식의 재개

바쿠후의 육식

공식적으로 고기를 먹을 수 있게 된 때는 메이지유신(1868) 후의 일이지만, 그 이전에 일본인이 전혀 고기를 먹지 않았던 것은 아니다. 사냥이나 피혁제품 제조를 위해 가축 도살에 종사하는 사람들은 당연하게 포유류의 고기를 먹었다. 그런데 앞에서 서술한 것처럼 이들은 사회적 차별의 대상이 되었다.

일반 민중에게 야생의 조류 식용이 허락된 후에도, 오랫동안 식용이 금기시되었던 닭고기에 대한 요리법은 에도시대 요리서인 『료리모노가타리料理物語』에 나온다. 고래와 물개를 어류로 여겼기 때문에 식용할 수 있었다. 병 치료를 목적으로 포유류 고기를 먹는 것은 인정되어, 건강한 사람이 '약용'을 구실로 삼아 먹을 때도 있었다. 이때 산돼지와 사슴을 가장 많이 먹었다. 사슴은 '산고래', 사슴은 '단풍'이라는 은어로 불렸다.

에도시대 바쿠후는 종교를 통제하에 두어, 세속적인 행정이 종교적 권위의 상위에 위치했다. 이와 같은 제도 아래에서, 육식을 금하는 불교와 신도와 함께 종교적 활력이 약해져서, 에도시대 후기에는 육식의 금기가 느슨해졌다. 한편 네덜란드 책을 통하여 서구문명의 지식을 흡수한 지식인들 중에는 육식을 피하는 것은 미신에 지나지 않고, 고기가 영양이 풍부한 식품이므로, 더구나 육식을 하지 않으면 허약해진다는 주장을 하는 이도 나타났다.

19세기 초에는 에도 시내에 한 집만 있던 약용의 수육獸肉을 파는 가게가 증가하고, 그 가게에서는 멧돼지, 사슴, 여우, 토끼, 수달, 늑대, 곰, 영양 등의 고기를 팔았다. 이에 비하여 당시 국수주의자들은 "이런 가게 앞을 지나다니는 것을 참을 수 없었다. 이 악습은 모두 네덜란드를 좋아하는 학자들에서 비롯된 것이다. 그 때문에 에도의 집집마다 부정함이 가득하여, 그것이 불의 신의 노염을 타서 최근 화재가 자주 일어난다"고 개탄하고 있다.[1] 이와 같이 약식은 도시민들 사이에 유행하였지만, 일부 사람들은 수육을 먹는 것을 싫어하고, 그 기회도 매우 적었다고 추정한다.

메이지유신 이후 육식은 우선 소고기부터 시작했다. 이전에 히코네彦根 한주藩主는 소고기 된장절임을 만들어서, 그것을 '양생육養生肉'이라고 하여, 쇼군이나 다이묘에게 선물한 것은 공연한 비밀이었다. '소고기 된장절임'이라는 식품명은 18세기 초의 문헌에 나타난다.[2] 그러나 농경을 위해 중요한 가축인 소를 죽여서 먹는 것은 일반 민중에 있어서 심리적으로 저항이 강했듯이, 도시에서 소고기를 먹을 수 있는 장소가 생긴 것은 바쿠후가 붕괴되기 직전이었다.

게이요대학의 창시자인 후쿠자와유기치福澤諭吉는 1845년 오사카에서 오가다고우앙緒方洪庵이 난학蘭学을 가르치는 데키주쿠適塾에 입학하였지만 "그때 오사카에서 규나베牛鍋를 먹을 수 있는 곳은 두 곳뿐으로, 가장 싸구려 집이어서 인간다운 사람들은 결코 출입하지 않았다. 문신한 거리 불량배와 본인이 소속한 네덜란드 학문

을 배우는 주쿠塾 학생들만이 단골이었다. 어디에서 오는 고기인
지, 도살한 고기인지, 병사한 소인지도 모르고, 아주 싼 값으로 소
고기와 술과 밥으로 배를 채울 수 있지만, 소고기가 아주 질기고
냄새가 났다"는 뜻의 문장을 남기고 있다.[3] 이것이 규나베牛鍋집에
관한 최초의 기사이다. 규나베란 스키야키의 전신으로, 소고기를
파와 함께 냄비에 담고, 된장 또는 간장으로 끓인 요리로, 약으로
먹을 때의 사슴, 멧돼지의 고기 요리법과 거의 같다.

　통상조약으로 개항된 장소에 거류지를 만든 서구인들은 부근
농가에서 소를 구입하는 등 여러 가지 노력을 하지만, 판 소를 식
용으로 하는 것을 알게 된 농민들에게 거절당했다. 당시 농민에
게 소는 가족의 일원에 가까운 존재이고, 죽은 소는 매장했다. 외
국인들은 중국, 한국, 미국에서 소를 수입하여, 배 안에서 도살과
해체를 하고, 거류지에서 팔았지만, 인구가 많아져서 소고기 수요
가 증가하니, 그것이 모자라게 되었다. 요코하마 거류지의 외국인
들은 간사이와 그 배후 산간에서 와큐和牛의 산지로 생산량이 많
은 것을 알고, 그 지역의 소를 일본 가축상에게 의뢰하여, 한 번에
30~40마리 단위로 사서 모아서, 그것을 고베神戸항에서 요코하마
橫浜항으로 살아있는 채로 옮기고, 요코하마 거류지 안에 세운 도
축장에서 처리하게 되었다. 고베에서 옮겨온 와큐의 맛이 좋다는
평판이 있어, 현재에도 고베비프Kobe beef로 알려져 있다.

육식을 보급시킨 정부

메이지유신 다음 해, 오쿠라쇼大蔵省는 도쿄에 식육, 우유, 유제품의 제조와 판매를 목적으로 하는 '우마牛馬회사'를 설립했다. 예전의 바쿠후 목장에서 사육하던 우마는 이 회사에서 불하를 받고, 도쿄에서의 도축을 독점하게 되고, 이때부터 도쿄에서 점 차로 개업하기 시작한 규나베야, 고기집에 고기를 팔았다.

이 관영회사는 실업한 무사의 구제를 목적으로 중역, 종업원은 예전의 무사 출신이었다. 하지만 특권계급의 의식을 버리지 못하고, 건방진 태도로 거래하였기에 사람들에게 악평을 받았다. 그리고 소를 사들일 때 품질 감정을 엉터리로 하거나, 소고기 시세를 부당하게 올리는 등으로, 경영이 부진하여 1년 만에 폐업했다. 그러나 정부가 솔선하여 도축업, 착유업에 시작한 것은 소고기 먹기와 우유보급에 큰 효과를 가져왔다.[4]

메이지유신의 내전인 바신戊辰전쟁(1868~1869) 때에 다수의 정부군 부상병이 도쿄 병원에 보내졌다. 병원에서는 서양식 치료를 하고 있어, 그들에게 소고기를 먹여서 체력을 회복시켰다. 처음에는 거절하는 사람들도 있었지만, 의사가 "생명을 잃으려면 먹지 않아도 좋다"고 하였으므로, 할 수 없이 먹기 시작했다. 그러던 중에 그들도 소고기 맛에 매료되어, 퇴원이 가까워지면서 소고기를 먹고 싶어하게 되었고, 귀향 후 각자의 고향에서 소고기의 맛을 선전했다.

우마회사를 설립한 해는 해군도 병사의 식사에 고기를 채용하게 되고, 청일전쟁, 러일전쟁에서 소고기를 간장과 생강으로 일본 식으로 맛을 낸 '야마도니大和煮' 통조림을 병사의 휴대식량으로 대량 이용했다. 그것을 먹은 병사들이 전국으로 육식의 습관을 퍼트려서, 1950년까지 야마도니는 가장 인기가 있는 통조림의 지위를 갖게 되었다.[5]

병사들은 강제로 먹인 고기의 맛을 알았지만, 일반인들이 고기 맛을 알게 된 것은 도시의 외식 식당을 통해서였다. 당시 포유류 고기를 제공한 것은 호텔식당, 서양 요리 전문 레스토랑과 규나베牛鍋집이었다. 서양식 호텔과 서양 요리전문점은 개항장의 외국인 거류지에서 개업했다. 나중에 메이지유신 정부 아래에서 외국인이 거류지 이외에서 자유로이 행동을 하게 되면서, 도쿄, 오사카 등 대도시에서도 이와 같은 호텔이나 서양음식점을 개업하게 되었다. 이처럼 초기에 서양 요리를 먹을 수 있는 시설에서 나이프, 포크를 사용하여 서양 요리를 먹는 것은 외국인 이외에 정부 고관, 무역상, 지식인들이었고, 나중에 호기심으로 방문하는 사람들 뿐이었다. 초기 서양 요리는 고가였기 때문에, 일반 민중이 일상적인 외식을 위해 이용하지는 못했다. 규나베집은 비교적 싼값이고, 소고기를 익숙한 간장이나 된장으로 일본식 맛을 내고, 젓가락으로 먹도록 했으므로, 민중들도 쉽게 이용하게 되었다.

규나베牛鍋와 스키야키
메이지유신 2년 전 도쿄에 최초로 규나베집이 개업했다. 개업

당시는 동네에서 싫어하는 불량배들이 "나는 소고기를 먹었다"라고 말하면서, 자랑하려고 먹을 정도였다. 식당 앞을 지나가는 사람들이 고기냄새를 맡지 않으려고, 코를 막고 뛰어갔다고 한다. 메이지 정부가 성립되고, 국책으로 서양문명을 적극적으로 도입하기 시작하면서 도쿄, 요코하마, 오사카, 교토, 고베 등 도시에서 규나베집이 속속 개업하게 되었고, 규나베를 먹는 것이 도시에서 유행했다.

메이지 4~5년(1871~1872), 도쿄에서 규나베집을 무대로 한 유모어소설인 『아쿠라나베安愚鍋』가 출판되고, 그중에 작가의 가명 가나가키로분仮名垣魯文은 등장인물에게 다음과 같은 의미의 발언을 시키고 있다.

이봐요, 당신. 규나베는 정말 맛있네요. 소고기를 먹게 되면, 사슴고기나 멧돼지고기는 맛없어서 먹을 수가 없어요. 지금은 주로 소고기를 많이 먹는 서양에서도, 고대에는 소고기와 양고기를 먹은 사람은 왕이나 대신들뿐이고, 일반 민중의 입에는 들어가지 못했어요. 점점 우리나라가 문명화되어, 우리 민중도 규나베를 먹을 수 있게 된 것은 실로 고마운 일이죠. 그것을 새로운 문명으로 거부하는 이들이, 지금에도 소고기를 먹는 것은 야만스런 풍습이라고 육식을 한다면, 불교나 신도의 신들에 대하여 할 말이 없어요. 육식을 하는 자들을 전혀 이해할 수 없고, 우습게 보는 것은 서양문명을 모르기 때문이에요.

즉, 고기를 먹는 것은 새로운 문명에 동화하는 것의 상징이고, 육식을 거부하는 자는 보수적인 국수주의자로 여겼다. 메이지 초기에 민중은 밥통부터 문명을 집어넣은 것이다(그림 11).

1877년 도쿄에는 규나베집과 소고기를 판매하는 점포를 합하면 558개가 소고기를 취급했다. 단순한 요리법이므로, 이 무렵부터 대도시에서는 고기를 사서 가정에서 규나베를 만드는 것도 보급하기 시작하고, 소고기 대용품으로 값이 싼 말고기를 같은 방법으로 먹기 시작했다. 이것을 도쿄에서는 '사쿠라나베桜鍋'라고 했다.

드디어 규나베가 대도시에서 지방 도시에 전해졌다. 도시민은 소고기를 새로운 식재로 딱 잘라 생각할 수 있게 되었지만, 소말을 경작용인 역축으로 사용하고, 각각 이름을 붙여서 가족의 일원처럼 생각하는 농촌에서는 소를 죽여서 먹는 것에 심리적 저항감이 있었다. 또한 농민 측에서는 수육을 먹는 것은 부정한 것으로 보는 전통적 관념이 강하여, 농촌에는 육식 침투가 늦었다. 농촌에서 육식이 시작된 무렵에는 집 안에서 먹지 않고 집 밖에서 요리를 하거나, 규나베를 요리하기 전에 신을 모신 가미다나神棚*나 불단仏壇에 종이를 붙여서, 소고기 냄새가 신불神佛을 더럽혀지지 않도록 배려했다. 구약성서에 "어린 양을, 그 어미의 젖을 끓여서는 안 된다"는 것을 바탕으로, 유대교도는 고기를 요리하는 냄비와 젖을 요리하는 냄비를 따로 한다. 에도시대에는 이처럼 고기 요리 전용 냄비를 정하고, 육식의 부정한 것이 오염되지 않도록 그 냄

---

* 집안에 신을 모셔 놓은 감실(龕室).

그림 11 『아쿠라나베安愚鍋』삽화 중 '규나베를 먹는 양복입은 남자'

비에 일상요리를 하지 않는 가정도 있었다. 에도시대에는 농기구인 스키鋤: 가래, 의 금속 부분을 떼서 불을 피워 생선이나 두부를 구웠다. 간사이에서 일상 요리의 냄비에 수육의 부정함이 오염되지 않도록 소고기는 스키에 요리를 하여서 '스키야키鋤焼き'라는 명칭이 되었다.

20세기 초에는 육식을 저항을 나타내는 사람들이 노인이 되고, 젊은 세대에 의해 규나베는 전국적으로 퍼져서, 일상의 식사보다 좋은 식사로 여기게 되었다. 오사카, 교토, 고베 등 간사이에서는 규나베를 스키야키라고 불렀다. 도쿄를 중심으로 한 동일본에서 규나베라 부르고, 요리법은 약간 차이가 있어 먹을 때 달걀 푼 것에 담갔다가 먹는다. 도쿄에는 1920년대 스키야키라는 명칭이 일반적으로 되고, 스키야키는 국민요리가 되었다.

식육용의 돼지 사육은 메이지 2년(1869)에 정부가 외국종 돼지를 수입하여, 국내에서 번식을 시험한 것에서 시작되었다. 음식점이나 여관의 잔반을 사료로 하는 사육법이 있었으므로 돼지 키우기는 대도시 주변지역부터 시작되었다. 소고기가 부족할 때 돼지고기는 싼값의 대용품으로 일청전쟁, 일러전쟁으로 소비가 증대되었다. 소고기 대신에 스키야키로 하는 요리법이 아니고, 돼지고기가 독자적 요리로 된 것은 다이쇼시대 돈가츠나 돼지고기를 쓴 중국 요리가 널리 퍼지고 난 후이다.

양고기는 냄새가 있다고 하여 멀리하고, 염소를 식용으로 하는 곳은 오키나와뿐이었다. 오리를 가축으로 사양하는 것은 거의 없었다. 따라서 20세기 전반에 일본인이 식용으로 하는 주요한 고기는 소고기, 돼지고기, 닭고기의 세 종류였다. 이외에 철도의 개통 이전에는 물자 운송에 수로水路를 쓸 수밖에 없는 기소지木曽路에서 기소말木曽駒의 사양이 활발했었으며, 나가노長野현과 북규슈의 탄광에서 사용하는 말을 공급하던 구마모토熊本현과 그 밖에 고기를 살 수 없는 도시의 하류층에서 말고기를 먹기도 했다. 육식이 재개하고 나서 70년이 경과한 1934~1938년의 통계 평균치에 의하면 국민일인당 식육소비량이 6.1g인데 그중 소고기가 2.2g, 돼지고기가 1.9g이었다. 고기섭취가 보급되었으며, 환산하면 한 달에 1번

정도 고기를 먹은 꼴이다.[6]

3. 젖과 유제품

음용부터 시작

요코하마 외국인 거류지에서 네덜란드인이 경영하는 외국인을 고객으로 한 우유점에서 일한 경험이 있는 일본인이 1863년 음용 우유 판매점을 개업했다. 이것이 근대에 들어서 유업의 시작이었다. 이 인물은 동경에서 우유가게를 만들었지만, 우마牛馬회사 설립 때 들어가서, 서구의 젖짜기 기술을 가르쳤다. 이 회사의 존속 시기는 짧았지만 여기에서 젖짜기 기술을 습득한 사람들이 우마 회사 해산 후, 계속해서 우유점을 개업하고, 그 후 10년간 지방도 시에서도 우유점을 개업하게 되었다.[7] 우유회사 선전문에는 내셔널리즘에 관련시키면서, 우유나 유제품이 약효를 지닌 것을 계몽하였고, 다음과 같은 문장이 쓰여 있다.

우리 회사는 요즘 우유 이용법을 사회에 보급하는 것을 목적으로 하여, 치즈, 버터, 파우더밀크, 연유 등을 제조하고 있다. 원래 우유의 효능은 소고기보다도 더 현저하다. 열병, 폐결핵 환자나 신체가 약한 이에게 우유는 빼놓을 수 없이 훌륭한 것이고, 모든 병에 효과를 나타내는 약품이라고 해도 좋다. 병이 났을 때만 아니고, 서양 여러 나라는 일상식사에 우유를 마시고, 일본 요리에 '가쓰오부시鰹節: 가다랑어포'가 쓰이듯, 치즈나 버터를 이용하고 있다. 우유를 이용하여 장수하고, 신체의 건강을 유지하고, 정신활동을 활발하게 하여, 일본인의 이름에 누가 되지 않게 하자.

이 무렵 우유는 도시 안이나 근교에 소를 키우고, 짠 젖을 철제통에 담아 고객의 집에 방문하고, 국자로 재서 파는 판매형태였다. 서구에서 우유의 저온가열 살균법이 보급된 것은 1890년 전후이지만, 일본에서도 이를 매우 빨리 받아들여서, 20세기 초에는 증기 살균하여 유리병에 담아서 배달하는 것이 일반적이 되었다. 우유를 판매하게 되고, 우선 혜택를 받은 것은 젖이 안 나오는 수유부들이었다. 우유가게가 없는 지방에서는 수입품의 연유condensed milk 통조림을 팔게 되었고, 그 광고에 "유모가 필요없음"이라는 선전 구호가 사용되었다. 이후, 민중이 일상적으로 우유를 마시게 된 것이 일반화된 시기는 1950년대 이후의 일이다.

제2차 세계대전 때 일본의 근대유업은 음용우유에서 출발하여 연유의 제조, 1920년대에는 분유의 보급이라는 발전의 길을 걸어왔지만, 모두 유즙을 음용으로 이용했다 식용으로서 유제품의 제조는 하였지만, 아이스크림을 제외하면 전혀 퍼지지 않았다.

서구인은 낫토, 된장 등 일본 대두발효식품의 냄새를 싫어하지만, 일본인은 지금까지 식생활에서 없던 발효한 유제품 냄새를 불쾌하게 여기는 경향이 있었다. 예전에 서양 요리나 서구문화를 선망하는 사람들은 '버터 냄새'라고 표현했지만, 보통 일본인에게

'버터 냄새'가 악취로 여겨졌다. 1930년대에는 버터가 본격적으로 제조될 때까지는 일본에서 사용된 버터는 거의 수입품으로, 오랜 항해 동안에 변질되어 악취가 나는 것도 있었다고 한다.

아침식사로 빵을 먹는 가정이 많아진 1970년대 전후에 이르러서는, 국산 버터와 치즈의 생산량이 급격하게 증대했다. 그러나 일본인의 즐겨하는 것은 독특한 냄새가 없는 프로세스치즈이고, 1980년대까지 개성적인 냄새가 나는 내추럴치즈는 일부 사람들의 기호에 머물렀다.

젖이나 유제품 이용을 시작한 후 1세기 이상 경과하여도, 낙농의 역사적 전통을 갖는 여러 나라에 비하여 일본의 소비량은 매우 적었다. 그것은 음용우유나 최근 소비가 늘어나고 있는 요거트나 유산음료, 아이스크림으로 소비와 음료, 디저트로 사용이 많다.

4. 외래 요리의 수용

일본적 양식의 성립

규나베와 그 발전 형태인 스키야키는 고급요리는 아니고, 민중이 전통적인 요리시스템에 소고기라는 새로운 소재를 집어넣어 만든 요리이다. 그렇지만 육식 부활과 서양식품이나 서양 요리의 도입은 외부로부터 문명의 도전이고, 전통적인 일본 요리는 적극적인 응답을 하지 않았다. 즉 고급요리를 제공하는 요정에서는 고기를 사용하는 데 흥미를 나타내지 않았다. 고급음식점은 전통적 소재와 기술을 변화시키는 것을 싫어하고, 에도시대 말기에 완성된 시스템 그대로 고정화하고, 스스로 화석化石화하므로 전통적 시스템을 완성시키는 방향으로 향했다. 따라서 전통에 결여되어 있는 고기와 유지를 사용한 요리를 먹여주는 장소로 서양 요리 레스토랑이라고 하는 새로운 외식시설이 성립했다.

초기 서양 레스토랑이나 호텔의 식당은 매우 고가로, 아주 일부 상류계급을 고객으로 했다. 1880년 후반이 되면, 호텔이나 레스토랑에서 서양 요리를 배운 일본인 요리사들이 '양식집'이라는 도시민중을 대상으로 하는 서양 요리집의 개업을 시작했는데, 1900년대 전후에 도쿄에 양식당은 1,500~1,600곳에 달했다.[8]

양식집에서 제공하는 것은 일본인의 기호에 맞게 변형된 서양 요리이다. 양식집에서 요리를 함께 빵을 주문하는 손님이 아주 드물고, 서양접시에 일본식으로 지은 밥을 담아주는 밥을 먹는 것이 보통이었다. 쌀밥의 맛에 어울리게 간장을 베이스로 한 일식소스를 연구하여, 대부분 어떤 요리에나 우스타소스를 끼얹었다. 간장을 만능조미료로 하여 무엇이든지 끼얹어 먹는 일본인은 우스타소스를 '서양 간장'으로 받아들이고, 국산 우스타소스의 원료 중한 가지로 간장을 사용했다. 기름으로 가열하는 요리 커틀렛 등본래는 기름에서 지지는pan flying 요리가 양식집에서는 덴푸라 요령으로 튀김deep frying요리로 변형되어 돈가츠가 되었다.

양식집의 오드블부터 디저트까지 코스를 주문하는 손님은 거의 없으므로, 이러한 메뉴가 없는 식당이 일반적이고, 손님은 아라카

르트a la carte메뉴에서 한두 가지를 선택했다. 식사 때에는 와인을 제공하는 점포도 거의 없었고, 맥주나 일본술이 보통이었다. 이와 같은 양식집에서 중요한 요리는 '라이스카레카레라이스'와 해쉬드비프를 밥에 얹는 일본에서 만든 양식요리인 '하야시라이스', 치킨을 넣은 필라프를 일본식으로 변형하여 토마토케첩을 넣어 볶은 '키친라이스', '오믈렛', '비프테키'로 불리는 비프스테이크나 포크커틀렛의 일본판인 '돈가츠', '고로케', 생선이나 새우 튀김 등이 있었다.

라이스카레

서양 기원의 요리는 양식집에서 변형되어 도시 가정의 부엌에서 만들게 되었다. 외식 때에도 가정에서 만드는 서양 요리 중 가장 인기가 있는 것은 라이스카레이다. 일본에 전해진 카레요리는 인도에서 직접 전파된 것이 아니고, 영국에서 이미 고안된 제품인 카레파우더를 사용한 앵글로인디언Anglo-Indian 요리로 성립된 것이다. 서구 문명이 영어를 매개로 하여 일본에 전해지고, 일본에 온 선교사는 영국인, 미국인이 많고, 미션스쿨에서 일본어로 번역된 서양 요리 만드는 법을 텍스트로 서양 요리의 보급에 큰 역할을 했다는 등 이유도 있다. 메이지시대 서양 요리는 영국 계통이 많았고, 영국을 경유하여 일본에 들어온 카레요리를 서양 요리로 여기게 된 것이다.

양식집에서 만든 카레는 밀가루를 볶아서 만드는 루roux가 사용되는 카레소스와는 다른 것이었지만, 가정에서 루를 만드는 것을 생략하고, 소고기 또는 돼지고기와 감자, 당근 등 채소를 익힌 것에 소금과 카레가루를 넣고, 볶지 않고 물에 푼 밀가루를 넣어, 농도를 내는 것이었다. 이 카레 소스를 쌀밥 위에 얹고, 우스타소스를 끼얹고, 후쿠신츠케福神漬를 곁들여서 먹게 되었다. 향신료를 거의 안쓰는 일본 요리에 익숙한 사람들은 여러 가지 향신료가 섞인 카레가루의 복잡한 향기는 이국적인 향을 느끼고, 영양의 상징인 고기와 일상 음식인 쌀밥과 결합시킨 요리이므로, '가장 좋아하는 서양 요리'의 위치를 차지하게 된 것이다.

1910년이 되면 면류점에서 전통적인 면류에 고기와 카레가루를 넣은 스프를 끼얹어 제공한 '카레소바', '카레우동'을 팔게 되었다. 돈가츠와 카레라이스를 합한 '카츠카레'도 출현했다. 그 후에도 여러 가지 일본적으로 변형되어, 지금의 카레는 인도의 맛이나 서양의 맛과 다른 일본의 국민요리라 할 수 있게 되었다. 카레가루에 사용하는 강황turmeric 소비량은 인도에 이어 일본이 세계 제2위이다.

중국 요리의 보급

이웃한 나라임에도, 개국 후 반세기 이상 동안 중국 요리는 보급되지 않았다. 1910년대가 되어 대도시에서 중국음식점이 유행하게 되었다. 일본에 거주하는 화교는 쌀밥을 주식으로 하는 중국 남부의 광둥계, 푸젠계의 사람들이 많았고, 그들이 영업하는 음식점은 일본인 기호에 맞는 요리를 싼값에 제공했다. 손쉽게 젓가락으로 먹을 수 있는 식사형태이고, 일단 그 맛을 알게 되니 급속하게 중국 요리가 보급되었다.

1923년에 도쿄시와 그 주변에는 양식집을 주로 하는 서양음식점이 약 500곳, 중국음식점이 약 1,000곳에 달했다. 양식집이 그렇듯이 이들 중국음식점에서 일하는 요리인 대부분은 일본인이었다. 따라서 요코하마, 고베 등 중국 거리에는 중국인 요리사가 중국인 고객을 상대로 하는 것과는 달리 일본적으로 변형한 중국 요리가 형성되었다.

가장 인기 있는 중국 요리는 '시나支那소바'로 부르는 돼지고기와 닭뼈 스프를 사용하고, 구워서 조린 돼지고기를 얇게 썬 것을 얹고, 후추를 뿌려서 먹은 중국 기원의 면요리이다. 중국음식점에서 먹을 뿐만 아니라. 1910년 말경에부터 대도시에는 야식으로 시나소바의 행상이 활발해졌다. 그것은 소바와 우동의 전통적인 면류가 야식용으로 행상이 팔았던 습관에 얹어진 것이다. 이 시나소바는 쓰여진 면 자체, 스프, 위에 얹는 건지, 맛에 이르기까지, 모두 일본적으로 변형된 것이다. 예를 들어 건지로 차슈叉燒*, 멘마支那竹麵麻**와 얇게 썬 나루도말이鳴門卷***를 얹고 양념으로 다진 파를 얹은 것이 기본이지만, 나루도말이와 파는 소바나 우동에서 시나

---

* 중국식 돼지고기 요리. 돼지고기를 간장과 술, 향신료에 절였다가 굽는다.
** 마죽을 유산발효시킨 중국원산의 가공식품.
*** 어묵의 일종으로 썬 자리에 소용돌이 무늬가 나타남.

소바로 이사한 것이다. 시나소바 전용 대접도 일본의 독자적인 것이 사용되어, 중국에서 시나소바와 똑같은 것을 찾을 수는 없다. 제2차 세계대전 후, 시나소바는 더욱 변화하여 한때는 '중화소바', 현재는 '라멘'으로 불리는 일본의 국민음식이 되었다.

서양, 중국 기원의 요리는 전통적인 일본 요리에 결여되어 있는 고기, 유지, 향신료를 사용한 음식으로 받아들인 것이다. 근대 영양학 지식의 보급과 함께, 고기를 이용한 서양 요리와 중국 요리는 영양이 좋은 음식으로 여기게 되었고, 1920년대가 되면 부인잡지에 가정에서 만드는 서양 요리와 중국 요리의 기사가 많이 게재되었다. 1930년에는 라디오 방송이나 신문에서 영양있는 요리로 소개되었다. 이같이 대중매체가 외래 요리와 영양사상을 보급하는 데 기여한 역할이 크다.

일본인이 좋아하게 된 외래 요리는 도시의 민중 외식으로 보급되었고, 다음 단계로 가정에서 만들게 되었지만, 보급과정에서 일본적인 변형이 생겼다. 모국의 식사 코스에서 이탈하여 일품요리로 선택되고, 식사 때에 함께 먹는 일본 요리나 쌀밥의 맛에 맞도록 소재, 요리 기술이 변형되어서, 식기나 먹는 법까지 일본의 습관이 영향을 주었다. 즉 모국의 식사 문화의 맥락과는 떨어져서 일상적인 음식으로 정착되었다. 단지 제2차 세계대전 이전의 일본 사회에서 외래 요리의 유행을 과대하게 평가한 것은 위험했다. 확실히 도시의 외식으로는 서양 요리와 중국 요리가 보급되었지만 가정의 부엌에서 만들기까지 정착한 요리는 숫자가 적다. 적은 레퍼토리의 외래 요리를 만들 수 있는 것은 중류 이상 계층 가정이었다.

1930년대 일본 인구의 50%가 농민이었다. 도시민에 비하여 자급자족경제에 의존 정도가 높은 농민의 일상식사는 생선과 채소가 주요한 부식재료가 되어, 고기를 먹는 것은 아주 드물고, 에도시대의 연장선 위에서, 말하자면 전통적인 색채가 진한 것이었다.

5. 발흥과 몰락의 시대

지진 후 변화

1923년에 간토대지진이 일어나서, 도쿄에서 10만 명이 사망하고, 지진 후 일어난 대화재로 가옥의 70%가 소실되었다. 그때까지 에도시대부터 있던 건물이나 생활양식을 지탱해온 도쿄는 이를 복구하는 과정에서 새로운 도시로 다시 태어났고, 이 수도에서 변화는 지방까지 파급되었다. 대지진 후 도시의 식생활에서 눈에 보이는 변화는 외식이다. 그때까지 소바집 등에서 신을 벗고, 올라가서 다다미방 위에 앉아서 먹었지만, 지진 후에는 복구한 가게는 의자에 앉아서 테이블에서 먹게 되었다.

가정의 부엌도 변화했다. 숯불이나 장작이 아니고 도시가스가 열원으로 바뀌었다. 화재의 위험성을 적게 하려는 생각에서 도시가스가 급속하게 보급되었고, 이에 맞추어 도시의 가정은 수도를 이용하는 것이 일반적이 되었다. 그때까지 부엌은 실내 공간보다

한단 낮은 흙바닥에 개수대와 아궁이가 있어서 몸을 웅크리고 앉아 작업을 하는 형식이 많았지만, 실내에 부엌을 만들고, 서서 작업을 할 수 있게 가스곤로와 수도의 싱크대로 변화했다. 얼음덩어리를 넣어 식히는 냉장고도 부엌에 놓이게 되었다. 이즈음부터 도시에는 종래 1인분 담는 작은 소반의 식사에서 '자부다이チャブ台'라는 다리를 접을 수 있는 4~5인용의 작은 둥근상에서 식사를 하는 것이 일반화되었다. 대가족이 많은 농촌에 비하여 급여생활자의 비율이 높은 도시민은 핵가족의 가족형태가 보통이 되고, 이 소인가족으로 구성되는 가족은 한 식탁을 둘러싸고 식사를 하게 된 것이다.

요리나 영양에 관한 지식의 보급활동이 활발해진 것도, 이 무렵의 일이다. 1882년 일본에서 최초로 가정 요리를 가르쳐주는 아카호리요리학교赤堀割烹敎場가 개설되었는데, 그것은 상류가정의 자녀를 대상으로 하는 것이고, 민중의 일상요리와는 인연이 없었다. 1920년대가 되면, 부인회, 여학교, 신문사 등이 요리 강습회를 가끔 열게 되었고, 라디오에서 요리 만드는 법의 프로가 방송되었다. 국립 영양연구소가 작성한 '경제영양식단'이 주요한 신문에 매일 게재되는 등, 요리와 영양에 관한 정보를 매스컴에서 다루게 된 것이다. 도시 중류이상의 가정을 독자대상으로 하는 부인잡지에는 가정에서 간단히 할 수 있는 양식 만드는 법의 특집 기사를 활발히 게재했다. 즉, 외래 요리를 집어넣은 현재 가정에서 일상적 식단의 원형이 이미 나타난 것이다.

근대적 식품산업이 성장한 것도 이 시기의 일이다. 철도, 도로망이 발달함에 따라 규모의 식품 유통이 가능해지고, 전국을 시장으로 하는 식품 공업화가 시작한 것은 19세기 말부터 20세기 초의 일이다. 제분업, 제당업, 맥주양조업이 가장 먼저 생기고, 이어서 통조림, 청주, 간장의 공업적 생산이 시작되었다. 그때까지는 통에 담았던 청주나 간장이 공업화되어 병에 담긴 상품으로 팔리게 되었다. 생산지 주변을 시장으로 하는 식품이 병조림 제품이 되면서, 원격지까지 유통이 되어 전국브랜드의 유명상품이 되었다. 이와 같은 예로 효고兵庫현의 나다灘와 교토시 후시미伏見의 청주, 지바현 노다野田 · 조시銚子에서 생산된 간장을 들 수 있다.

서양에서 제조법이 전해진 사탕이나 초콜릿, 맥주, 위스키 등의 알코올음료, 레모네이드와 같은 청량음료 등은 소규모 수제품이 아니고, 공업생산에 따라 산업화한 제품으로 생산되어 전국으로 퍼졌다.

1920년대 도시민들 사이에는 커피, 홍차, 우유, 레모네이드, 맥주, 위스키, 아이스크림, 비스킷, 서양의 케이크와 사탕 등 새로운 음료와 기호식품이 정착하기 시작했다. 여기에는 시민의 사교장으로서 등장한 새로운 음식시설이 영향을 미쳤다. 1899년 도쿄에 최초로 찻집이 생겼고, '다이쇼 데모크라시'시대 도시에 찻집이 많이 출현하여, 그곳에서 커피와 홍차 컵을 앞에 놓고 지내는 것이 일부 시민의 일과가 되었다. '밀크홀'이라고 우유를 마시고, 쌘 케이크를 팔고, 신문과 잡지를 갖춘 가게는 학생들 사이에서 인기가 있었다. 커피를 가정에서 마시는 것은 적었지만, 녹차와 마찬가지로 만들 수 있는 홍차는 가정에서도 마셨다. 그 무렵 식민지인 타이완에서 수입한 홍차와 설탕이 시중에 퍼진 이유이기도 하다. 1899년에 최초로 비어홀이 도쿄에 개점했다. 1920년대에는 '카페'라고 불리고, 웨이트리스가 서비스를 하고, 맥주, 위스키, 칵테일 등 서양의 술을 마시는 술집이 유행하게 되었다.

이처럼 대도시 중산계급을 중심으로 퍼진 새로운 풍속은 전 국민 사이에 보급·정착되기 전에 좌절했다.

전쟁의 시대

1930년 초에 경제적 불황이 가장 심각하게 영향을 미친 것은 도시 직장인 세대로 새로운 풍속의 짐을 진 이들이다. 드디어 일본은 전쟁시대에 돌입하고, 중국 침략이 확대됨에 따라, 군사산업이 우선하는 국책을 위해서, 생활관련 산업은 축소되고, 생활수준이 저하하고, 식량사정은 악화 일로를 걷게 되었다.

전시 아래의 경제체제에서 "사치는 적이다"라는 슬로건이 강조되고, 음식을 즐기는 것은 악으로 여기는 풍조가 강해졌다. 1939년에는 매월 1일은 전쟁터에 있는 병사들의 고생을 함께하는 검소한 생활을 지내야 하는 '흥아봉공일興亞奉公日'이 제정되고, 휴게소, 주점, 음식점에서 술을 파는 것이 금지되어, 사실 상 휴업을 하는 날이 되었다. 이날에는 1즙 1채의 간단한 식사를 장려했다. 직장인이나 학생들의 도시락은 '히노마루日の丸 도시락'이 장려되

었다. 그것은 네모난 도시락에 담은 흰밥 가운데 유일한 반찬으로 매실장아찌梅干를 놓은 형태가 마치 일본의 국기 모양과 같은 것에서 명명되었다. 하지만 이것은 영양적 밸런스에서 보면, 넌센스인 식사이다. 즉 정부는 이미 국민의 영양은 무시하고, 정신주의를 바탕으로 한 식사를 강요한 것이다. 태평양전쟁이 시작된 1941년에는 식량은 정부가 배급제도를 실시하여서, 쌀과 그 밖의 주식이 되는 곡류는 일정량밖에 구입할 수 없고, 외식권을 제출하지 않으면 외식을 할 수 없게 되었다.

전쟁이 격화됨에 따라, 연합군에 의한 해상봉쇄로 해외로부터 식량 공급은 멈추고, 일할 사람이 징병되어 군수공장에서 징용되어서 국내의 농업생산은 저하되어 심각한 식량부족을 불러왔다. 요리하기 위한 식량을 손에 넣을 수 없으므로, 외식업은 거의 붕괴되고, 더구나 정부에 의한 식량의 배급만으로 생존을 위한 최저 수준도 유지할 수 없었다. 빈터에는 텃밭을 만드는 등 도시민도 식량의 자급자족으로 견디었다. 집의 텃밭에 가장 많이 심은 것은 효율이 좋은 작물인 고구마가 있었다. 또한 전쟁 말기에 쌀의 배급이 거의 없어지게 되고, 고구마의 배급이 많아졌다. 에도시대에 도입되어 인구증가를 가져온 작물인 고구마가 이 시기에 다시 활약을 했다.

일본은 1945년에 항복했다. 식량위기를 구하기 위해서 점령군인 미국의 밀가루와 탈지분유powdered skim milk를 수입했다. 일본정부는 그것을 학교 급식용으로 사용하고, 빵과 우유가 학생들의 점심이 되었다. 이것이 훗날 가정의 아침식사에 빵이 보급되는 바탕이 되었다. 패전 후에도 수년간 계속된 식량난의 시기에 무엇보다도 먼저 식량 증산이 국책으로 우선되었다.

쌀 생산량이 1930년대 수준으로 회복된 것은 1955년의 일이다.

6. 새로운 식사의 양식

쌀과 빵

1950년대 후반부터 일본경제는 급속하게 성장했다. 국민소득이 증대됨에 따라 식사의 수준이 향상되었다. 그것은 소비된 식량의 양적 증대뿐 아니라 질적인 변화를 함께 하게 되었다. 경제성장에 따라 식량난 이전 수준으로 식량의 양적 회복이 실현된 것은, 일본인이 과거의 식사 패턴으로 회귀한 것이 아니고, 새로운 양식을 지향하게 되었다는 것이다. 그 변화를 식량소비면에서 살펴보자.

패전 후 식량증강 정책이 열매를 맺어, 1962년에는 1인당 1년간 쌀 소비량이 171kg에 도달했지만, 이것은 일본이 도작을 시작한 이래 최고의 소비량이었다. 이미 쌀의 부족을 보충하려고 보리밥을 먹는 사람은 없어졌다. 보리밥을 먹는 사람이 있다면, 그것은 건강에 좋은 식사라는 이유로 먹은 것이다. 그 후 쌀 소비량은 감소 일로를 걷고, 1986년에는 71kg까지 떨어졌다. 그것과 함께 농업인구 감소가 현저하여 1990년대가 되면 농가는 총세대수의 10% 정도로 저하했다.

현재 일본에서 소비된 주요한 농산물 중에 자급이 거의 가능한 것은 쌀, 잎채소, 달걀 정도이고, 기타 식량에 대하여는 공업제품의 수출에 따라 이익을 외국에서 수입하는 것에 비해 매해 증대했다. 쌀 소비량의 감소는 밥을 대신한 빵 때문으로 설명할 수도 있지만, 빵을 과대평가하는 것일 수도 있다. 1990년대 전후에는 아침식사로 빵을 먹는 습관이 있는 성인인구가 약 30%였다. 빵은 아침식사의 음식으로 정착되었지만, 점심이나 저녁식사로 먹는 사람은 아주 드물다. 아침에 바쁜 도시형 생활양식이 전국에 퍼지면서, 취사로 바쁜 아침 시간을 소비하기보다 빵으로 아침식사를 마치려고 한다. 쌀밥을 먹는 다른 아시아 국가의 예를 들면 싱가폴, 마닐라 등의 대도시에서는 중류 직장인들이 출근시간에 아침식사로 빵을 먹는 것은 보통이 되었다. 취사에 시간이 걸리는 쌀밥보다 손이 덜 가는 빵이 아침식사로 선택된 것이다.

　반찬 먹보가 된 일본인

　　빵을 먹게 된 후부터 쌀의 소비량이 감소한 것이 아니라, 식사중에 차지하는 부식물 비율이 증대하고, 용량에 제한이 있는 위장을 반찬으로 채우고 나서, 그만큼 주식의 쌀 소비량이 감소하게 된 것이다. 경제 향상으로 식탁에 올라오는 부식물의 종류가 많아지게 되었다. 예전 민중의 일상적인 저녁식사는 밥, 국, 절임 그리고 한두 종류의 부식 요리로 구성되었지만, 지금은 세 종류 이상의 부식 음식이 놓이게 되었다.

과거의 식생활은 밥을 몇 그릇 먹어야 배가 불렀다. 밥에 비하여 맛있지만 비싼 반찬을 여러 종류 먹는 것은 사치스런 행위로, 가난한 욕심이라 불렀다. 식사는 신체를 유지하고, 노동에 필요한 에너지를 섭취하기 위한 수단이었다. 자동차를 예로 들면 주식의 밥은 가솔린이고, 부식음식은 가솔린을 잘 이용하기 위한 오일에 지나지 않으므로 소량만 있으면 그것으로 만족하다고 하여, 향락을 위한 식사를 부정하는 금욕적인 인식이다. 이러한 생각이 주류를 이루던 시대에 여러 부식음식을 늘어놓은 식탁은 일부 부유한 사람들뿐이며, 민중의 생활에서는 마쓰리 날에나 볼 수 있었다.

1960년 전후에 이르러 소득 수준이 평균화되면서, 국민 사이 극단의 소득 격차가 없어지고, 사회조사 때 질문용지에 생활수준을 상, 중, 하로 나누어 기입하도록 하면 90% 국민이 중에 표시를 하는 풍요로운 사회였다. 이 같은 상황에서 즐거움을 위한 식사를 찾아서, 가정의 일상 식탁에 다양한 부식물이 올라오게 되었다.

그 후 식사에 쓰는 시간도 변화했다. 전통적인 일본의 도덕규범은, 식사에 오랜 시간 들이는 것은 좋지 않고, 단시간에 식사를 끝내고, 남은 시간은 노동이나 공부에 돌리라는 것이었다. 1960년대가 되면 국민은 주말에는 1일 3번 식사에 앉는 시간의 합계가 평균 70분이었던 것이 1970년에 90분이 되었다.[9] 이것은 주식 중심의 식사에서 부식음식 중심의 식사로, 금욕형 식사에서 향락형 식사로의 이행을 의미한다.

식생활의 다양화

부식물 비중이 현저하게 증가함에 따라 잠재화한 것은 외래의 식품과 요리법의 채용에 의한 식생활의 다양화였다. 예전에는 가끔 먹던 양식이나 중국 요리가 가정의 일상 식단이 되고, 이런 요일들을 외식에서 일상적으로 먹게 되었다. 1981년에 약 5,000명을 대상으로 좋아하는 요리를 묻는 조사를 했다. 그 결과 중에서 상위 20위까지의 요리를 들어보자(표 2).[10]

20품목 중에 서양 기원의 요리는 샐러드, 새우튀김, 카레라이스, 비프 스테이크, 중국 기원 요리는 라멘, 채소볶음, 야키소바이고, 한국 기원의 야키니쿠(불고기)와 같이, 합계 8품목이 외국 기원의 요리가 포함되어 있다. 이들은 모두 고기를 사용하여 만든 요리이며, 유지를 이용하는 공통점을 지니고 있다. 고기와 유지의 전통이 없는 일본 요리체계에서 부족한 요소를 보충하는 것으로 외래 요리를 받아들인 것이, 일본인이 좋아하게 되었다. 그래도 전통적인 식품이 아닌 버터, 마가린, 샐러드유, 잼, 커피, 홍차, 우유, 햄, 소시지, 베이컨, 후추, 주사위 모양이나 분말 상태의 서양풍 또는 중국풍의 인스턴트 스프, 우스터소스, 토마토케첩 등이 가정의 부엌 필수품이 되었다.

외래 요리를 자주 먹는다고, 전통적인 요리가 물러난 것은 아니다. 전통적인 식품이나 요리법은 남으면서, 외국 기원의 새로운 식품과 요리법이 보태지는 것에 따라, 식사 메뉴가 풍요롭게 되었다. 고기를 자주 먹게 되었어도, 생선을 먹지 않게 된 것은 아니다. 제

표 2 일본인이 좋아하는 요리 순위(1981년)

1위 초밥	11위 새우 튀김
2위 생선회(생선요리)	12위 구운 생선
3위 스키야키	13위 오뎅
4위 절임	14위 채소볶음
5위 우동	15위 두부회
6위 달걀찜	16위 카레라이스
7위 덴푸라	17위 비프스테이크
8위 샐러드	18위 소바(메밀국수)
9위 야키니쿠(불고기)	19위 초회
10위 라멘	20위 야키소바(볶음국수)

2차 세계대전 이전 수준보다 현재가 훨씬 더 많은 양의 생선을 소비하고 있다.

7. 외래 요리 수용의 모델

식사의 무국적화

현재 일본의 가정 부엌에는 스테인리스스틸이나 범랑琺瑯*으로 된 가스렌지와 싱크대, 전자오븐, 토스터가 있다. 언뜻 보면 서구

---

* 광물을 원료로 하여 만든 유약(釉藥)을 쇠 그릇에 올려서 구우면 사기그릇의 잿물처럼 된다.

의 부엌과 같아 보이지만, 서양의 조리도구인 프라이팬과 중국 요리에 쓰는 웍Wok이 필수품이며, 대부분 가정에는 나이프, 포크, 스푼, 서양 접시 등 서양식 식기와 라멘 대접도 비치하고 있다. 약 70% 가정은 다이닝 테이블, 의자를 사용하여 식사를 하게 되었다. 그 식사메뉴에 서양과 중국, 한국에서 기원한 요리들이 전통 일본식과 함께 차려지는 것은 앞에서 서술한 대로이다. 이와 같이 현재 일본인 식탁을 '무국적화한 식사' 또는 '양식화한 식사'로 보는 것이 일반적인 풍조이지만, 과연 그럴까?

이 질문에 답하기 위하여 필자의 조사 결과를 소개해보자. 그것은 1972년 행해진 것으로 50세대가 1주일간 먹을 것을 모두 조사료에 기입해 보아서, 그 결과를 수량적으로 분석하고 인터뷰를 하여, 외국 기원의 요리와 일본 요리의 관계에 대하여 먹는 사람의 관념을 살펴본 것이다. 매우 오래된 조사이지만, 조사의 예가 적으므로, 그 결과를 바탕으로 작성한 그림 12에 나타내는 것은 수정할 필요가 없이 현재에도 적용 가능하다.

이 모델은 분석결과를 단순화하여 나타낸 것이다. 간식이나 과자, 음료를 생략하고, 식사에 관하여 쌀밥과 빵을 대표로 하는 '주식'과 '일식', '양식', '중국식' 부식음식과의 결합 관계를 나타낸 것이다.[11]

주식과 부식

식사는 주식과 부식의 두 종류로 구성되는 전통적인 관념은 현재도 강하게 남아있다. 초밥, 면류, 샌드위치, 햄버거 등, 주식과 부식이 합해져 있는 음식으로 식사를 하는 경우 이외에는, 피조사자들은 모두 쌀밥과 빵의 주식과 부식물로 구성된 식사를 하고 있는 것이 확실하다. 빵은 서양 기원의 주식으로 인식하고 있다.

유럽의 식사라면 고기 요리 곁들이로 버터라이스와 빵을 함께 먹는 것이다. 미국에서 쌀식이 가장 보급된 하와이 레스토랑은 식사때 밥이나 빵 양쪽이 제공된다. 그러나 일본인 관념으로는 한번에 밥과 빵 양쪽을 먹는 것은 아님이 증명되었다. 빵을 먹는다면 밥은 안먹고, 밥을 먹는다면 빵은 안 먹는다. 즉 쌀밥과 빵은 대립 관계에 있는 음식으로 받아들이고 있는 것이다. 그러면 식사를 '쌀밥이 주식인 계열'과 '빵이 주식인 계열'의 두 가지 카테고리로 분류할 수가 있다.

빵이 주식인 계열

빵을 먹을 때 식단을 조사해보면, 빵과 관계를 갖는 부식은 양식에 한정되어, 일식, 중국식의 부식과는 대립 관계에 있는 것이 확실하다. 이미 지적한 것과 같이 가정식사에서 빵을 먹는 것은 아침 조식이고, 그때 함께 먹는 것은 햄에그, 샐러드, 치즈, 버터, 잼 등의 서양식 요리나 식품이고, 그리고 함께 마시는 음료는 커피, 홍차, 과일주스, 우유로 일본인이 서양 기원의 음료를 인식하는 것에 한정된다.

조식에 빵을 먹을 때 일식이나 중국식 부식물과 함께 먹는 사

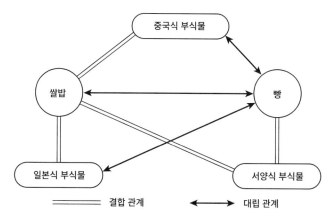

그림 12 　주식과 부식의 결합 관계를 나타내는 모델(『식의 문화지리-혀의 필드워크』 p.153)

레는 거의 없지만, 간혹 전날 저녁에 남은 것을 먹는다. 빵과 함께 하는 음료로 녹차는 마시지 않는다. 가정에서는 조식 이외에 빵을 먹는 식사는 아주 드물고, 점심이나 저녁식사에 빵을 먹는 것은 레스토랑에서 외식할 때이고, 그것은 양식요리로 통일된 식단이다. 즉 빵을 주식으로 하는 식사는 양식 식단으로 완결되고, 일본풍이나 중국풍을 받아들이지 않고, 폐쇄적 시스템이 되었다. 이것은 빵식사가 일본적 변형을 하지 않고, 외래 식사로서 성격을 강하게 지니고 있다는 것을 말한다.

쌀밥이 주식인 계열

쌀밥계열에 있어 식사 후에 음료로서 녹차가 제공되는 것이 원칙이고, 부식물은 일식, 양식, 중국식의 어느 것이라도 자유롭게 조합하는 것이 보인다. 예를 들어 일식요리의 생선회에 양식 부식물인 오믈렛, 중국 기원의 부식물인 채소볶음과 쌀밥과 된장국으로 구성되는 식탁에서는 일·중·양 3갈래 반찬을 만들지만 이 같은 식사를 하는 것은 드문 일은 아니다.

주목해야 할 점은 중국 요리만으로 통일되는 식단은 중국음식점에서 외식 때만 나타나고, 가정의 식사에서는 보이지 않는다는 것이다. 조사 사례에서 가정에서 식사는 중국식의 찬이 두 종류가 있어도, 또 한 종류는 일식 또는 양식이다. 빵 식사가 양식계열로 완결하는 것과 같이 중국식으로만 완결하는 폐쇄적 시스템이란 중국식계열이라는 것은 조사대상이 된 가정의 식단에는 나타나지 않았다. 이것은 같은 쌀밥을 주식으로 하고, 젓가락을 사용하여 먹는 중국식 요리는 일본인에 있어서 친근감이 있고 양풍과 같이 외래 요리로서 성격이 강조되지 않고, 현대 가정요리에 녹아든 것을 의미한다. 가정에서 자주 먹게 된 한국 요리 기원의 불고기(야키니쿠)나 김치도 그림 12의 중국식 부식물과 같은 위치가 된다.

이를 보면 일견 무국적풍, 또는 서구화, 중국화가 된 것으로 보이는 현재의 일본인의 가정에서의 식사 식단은 엉터리 조합에서 성립된 것이 아니고, 일정 요소 상호간의 규칙적인 조합패턴을 갖고 있다. 그것을 나타내는 그림 12는 메이지시대 이후 진행되어 온 일본 가정의 식단을 나타내는 문화 변용의 구조를 나타내는 모델이다. 조식 빵 이외는 외래 요리가 가정의 일상식사에 받아들이기 위해서는 미식米食의 부식물로 결합 관계를 갖는 것이 조건으로 받아들인다. 나이프나 포크를 사용하지 않고, 쌀밥을 먹기 위해 젓가락으로도 식사가 가능한 요리나 특별한 소스를 만들지 않아도, 어떤 때는 간장의 맛으로 먹을 수 있다. 또는 일본인이 서구의 간장으로 인식하는 국산 우스터소스로 먹을 수 있는 요리 등 일본적으로 변형된 외래 요리가 쌀밥의 반찬으로 선택된 것이다.

그것은 일본 가정요리가 양풍화, 또는 중국화했다고 하기보다는 서양이나 중국 기원의 요리를 일본화했다고 생각해야 할 것이다. 서양이나 중국식사는 식단을 목표로 하여 그것에 가까운 길을 걸으려고 하지 않고, 외래 요소를 받아들여서 일본적으로 변형하는 것에 따라, 전통적으로 재편성한 것이, 20세기에 일본인 식사 변화의 과정으로 생각할 수 있다.

술과 결합 관계

전통적인 일본 요리에 있어 술안주와 밥반찬은 동질적인 것이었다. 같은 요리로 밥을 먹거나 술을 마시기도 하는 것이다. 그 때문에 그림 12의 '쌀밥', '빵'의 위치에 '술'을 바꾸어놓는 것을 할 수 있다. 일본술이 쌀밥의 위치에 있는 것은 말할 필요도 없다. 현재는 전통적인 일본식 요리 외에 양식이나 중국식 요리를 안주로 하면서 일본술을 마시는 것이 보통이다. 보급 시기가 빠른 맥주, 1960년대 후반부터 보급된 위스키의 미즈와리(물 희석)도 쌀밥의 위치에 있다. 와인은 오랫동안 빵 위치에 있고, 서양식의 요리하고

만 결합 관계를 지니고, 일본식, 중국식이라는 대립 관계를 지녔지만, 1980년대부터 가정에서 와인을 음용하게 되면서, 백포도주로 덴푸라를 먹는 것이 시작되었다. 일본식에 맞는다는 몇 개 타입의 와인은 장래 쌀밥의 위치로 이행할 가능성도 있다.

2부

일본인의 식食문화

들어가며

제1부에서는 일본 식문화의 역사를 다뤘다. 제2부에서는 식탁과 식사예법, 부엌용품과 요리기술, 요리와 음료 등, 개별적, 구체적인 사항을 다루는데, 그러한 일의 배후에 있는 일본인의 식문화에 대하여 생각하려고 한다. 현대의 일본에서 관찰되는 사항을 화제로 하고 있지만, 그 설명에 있어서는 역사적 경위를 거슬러 논한다.

1장 「식탁에서」에서는 배선법과 식사예법에 초점을 두고, 일본의 식문화의 특징적 식단의 구성, 식사의 먹는 법, 요리 담기에서 볼 수 있는 미학에 대하여 검토하려 한다.

2장 「부엌에서」에서는 과거 1세기 동안 부엌과 조리기구의 변화와 일본 요리의 조리기술에 대하여 기술하고 있다.

3장 「외식, 요리, 음료」에서는 현재 일본 도시에 있어서 외식점이나 외국에서도 알려진 회, 초밥, 스키야키, 덴푸라 등의 요리, 차와 차과자에 관해서 논하려고 한다. 현대의 일본인에 있어 가까운 사항이라도, 그 역사와 문화적 배경에 대해서는 그리 알려져 있지 않기 때문에 여기에 수록하려고 한다.

1장
식탁에서

1. 밥·술·차 — 식사의 구조

주식과 부식

협의로는 '식사(메시)=밥'은 쌀밥을 의미하지만, 광의로는 식사를 의미한다. 가정에서 식사를 준비할 때 "밥이요ご飯ですよ"하고 상에 오라고 부를 때나, 사회인들이 "밥 먹으면서 말합시다"라고 하는 것은 식사를 하면서 또는 술을 마시면서 상담을 하는 것을 의미한다. 식사는 주식인 '밥'과 부식물인 '반찬'의 두 카테고리로 구성된다는 개념은 동아시아, 동남아시아의 쌀농사문화권에 공통된다. 거기서는 주식을 대표하는 쌀밥을 나타내지만, 식사의 동의어로 사용되는 때가 많다. 표준 중국어에서는 "식사를 하다"를 '츠판吃飯'이라고 표현한다. 부식물인 차이菜에 대치할 때는 판飯이 주

식을 나타내는데, 중국의 도작지대에서는 판飯은 쌀밥이다.

태국에서의 식사는 쌀밥인 카오khao와 '밥에 곁들인 것'의 뜻인 깝 카오kap khao라는 부식물의 두 가지로 구성된다. 식사를 아한 ahan이라고도 하는데, 일반에서는 쌀밥을 나타내는 카오khao와 동의어로 사용되고, 직역하면 '쌀밥을 먹는다'라는 뜻이 있다.

오스트로네시아어족인 쟈바어와 수마트라의 미난가바우어도 이것과 마찬가지로, 미난가바우어로 주식을 나타내는 나시nasi는 '쌀밥'이라는 말이고, 마찬가지의 예는 한국어나 동남아시아의 주요 언어에서도 언어 계통의 다름이 인정된다. 이와 같이 식사는 주식과 부식의 두 카테고리로 구성된다는 관념이 동아시아, 동남아시아에 공통이고, 쌀을 먹는 곳에서는 쌀밥을 먹는 것이 식사를 하는 것으로 되어 있다.[1]

유럽계 언어에서는 주식, 부식에 해당하는 개념은 없는 듯하다. 빵은 식탁에 올려지는 식품 한 가지에 지나지 않는다. 동남아시아, 동아시아의 쌀을 상식으로 하는 지역과 마찬가지로 일본에서 보통으로 먹는 쌀밥은 따로 맛내기를 하지 않아서 미각적으로 중립 음식이고, 어떤 부식물과도 맞는 음식이 된다.

일본의 전통적인 식사에 대한 관념은 밥으로 배를 가득 채워야 하고, 반찬은 식욕증진제로 소량을 먹으면 좋다는 것이고, 반찬만을 먹고 밥을 별로 먹지 않는 것은 천한 식사방법으로 여겨진다. 밥을 한입 먹고 나서 부식물인 찬이나 국물을 한입 먹는 것을 교대로 하는 것을 바르게 먹는 방법으로 여기고, 반찬만을 연속하여

먹는 것은 품위 없는 것으로 여긴다. 과거 민중의 최소한의 식사
는 밥 이외에는 1즙 1채―汁―菜와 절임으로 구성된다. 밥과 국은 더
먹는 것은 허락되지만, 반찬은 각자의 접시나 발에 분배된 소량뿐
이다.

민중이 고치소ご馳走*를 먹을 기회는 마츠리나 행사 때의 식사인
데, 되도록 많은 종류의 부식물을 상에 차리려고 노력을 들인다.
한 종류의 고급 요리를 많이 먹는 것보다는 보통 때 먹을 기회가
없는 요리를 소량씩 많은 종류를 먹는 것을 성찬으로 여긴다.

부식물을 '반찬'이라고 하지만, 궁중 궁녀들의 뇨보女房라는 말
은 부식물을 여러 가지 합한다는 뜻의 '오가츠御數'에 기원이 있다.

식사의 순서

식사를 먹는 순서는 시대에 따라 변화하고, 또한 혼젠 요리, 가
이세키 요리 등 식사의 형식에 따라서 다르다.

혼젠 요리에서는 우선 요리와 함께 술을 마시고, 최후에 밥을
낸다. 그것에 비하여 차노유茶の湯와 함께 내는 차가이세키茶懷石 요
리의 경우는 처음에 밥을 먹고 나서, 다음에 나오는 요리와 함께
술을 마신다. 술과 식사가 끝나고 나서 차과자와 말차가 나온다.
현대에도 일반적으로 음주와 함께 하는 식사의 순서를 그림 13에
서 나타난다.[2] 아침식사는 보통 술을 마시지 않고, 점심 때에도 알
코올음료를 마시는 일은 드물다. 그러므로 저녁식사에서 일상적

---

* 성찬.

으로 술이나 맥주를 마시는 인구가 증가하고 있다. 이때 술을 먹지 않고 밥을 입에 넣는 것은 이상한 것으로 여기고, 밥을 먹기 시작하면, 술잔을 손에 들지 않는다. 차는 술과는 대립되는 음료로 여기어, 술을 마시고 있을 때는 차를 마시지 않는다. 그러나 술을 먹지 않는 사람은 식사 중에도 차를 마시는 것이 허용된다.

밥과 함께 먹는 것은 국과 절임이다. 정식 연회요리에는 술을 먹는 동안에는 맑은 국이 나오고, 밥을 먹을 때에도 다시 국이 나온다. 밥을 다 먹고 나서 차를 마시는 것으로 식사가 끝나게 된다. 전통적인 연회의 식단은 식후에 차와 함께 과일이나 과자가 디저트로 제공되는 것도 있지만, 가정의 일상식사에는 일반적으로 디저트가 없었다. 옛날에 일반 가정에서는 과일이나 과자는 간식 때에 차와 함께 먹는 것으로 여기고, 식사와 함께 하지는 않았지만, 현재에는 서구 식사 형식의 영향으로 디저트를 먹는 가정이 늘어나고 있다.

술은 그것만을 마시는 것이 아니고, '안주'를 갖추는 것이 원칙이다. 밥과 함께 먹는 부식물을 '오가즈'*라고 하는 데 비하여, 술을 마시면서 먹은 부식물을 '사카나肴'**라고 부른다. 안주는 생선 어魚자와 마찬가지로 읽지만 어원적으로는 술과 함께 하는 부식물이라는 의미의 '사가나酒菜'에서 기원하는 말이다. 명칭은 다르더라도 밥의 '반찬'과 술의 '안주'는 같은 요리이다. 주역이 밥인가

---

* 반찬.
** 안주.

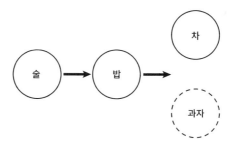

그림 13 현대 식사의 순서(『식의 문화지리-혀의 필드워크』 p.127)

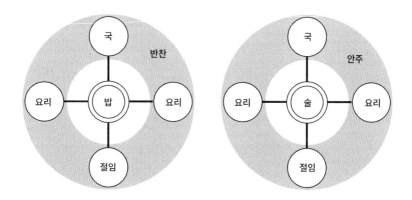

그림 14 밥의 반찬, 술의 안주 (『식의 문화지리-혀의 필드워크』 p.129)

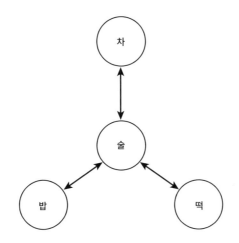

그림 15 술, 차, 밥, 떡의 관계(『식의 문화지리-혀의 필드워크』 p.127)

술인가에 따라, 생선회나 구운 생선이 '반찬' 또는 '안주'의 카테고리로 분류된다(그림 14). 그것은 술과 밥을 동시에 입에 넣지 않기 때문이다. 그림 15에 나타내는 바와 같이, 술과 차, 술과 떡의 대립 관계에 있는 식품으로 여기고 있다. 술과 차는 어느 쪽도 음료이지만, 하나는 '취하다' 또 하나는 '각성시킨다'는 반대의 정신작용이 있으므로 상반되는 것은 당연할 것이다.

술과 떡, 술과 밥의 경우는 액체와 고형의 차이도 있고, 어느 것이나 쌀을 원료로 한 음식물이기 때문에 동시에 두 종류의 쌀제품을 먹을 필요는 없다는 고정관념이 생긴 듯하다. 민중이 자가 양조한 막걸리에는 쌀알이 섞여 있으므로 대량을 마시면 만복이 되므로 두 종류의 주식을 동시에 먹을 필요가 없다고 하여, 쌀과 밥,

쌀과 떡을 동시에 먹지 않게 되었다고 생각된다.

떡은 단 식품으로 인식하였는데 떡과자가 발달하면서, 그 개념이 점점 강화되었을 것이다. 술을 마실 때는 간을 짜게 한 음식이 맞는다고 여기고, 단 것은 술에 맞지 않게 여긴다. 그리고 기호가 다른 사람들을 둘로 나누어, 떡과 과자를 좋아하는 이를 '아마토甘黨', 술을 좋아하는 이를 '가라토辛黨'로 불렀다. 16~17세기에는 이와 같은 기호의 다름이 유모어문학의 제재가 되어 '주차론酒茶論', '반차론飯茶論', '주병론酒餅論'이란 작품이 나왔다.

2. 식탁 — 상에서 테이블로

각상銘々膳, 메이메이젠의 식사

16세기 전후에 일본에서 활약한 예수회 선교사 루이스 프로이즈는 "우리(서양인)의 식탁은 음식을 차리기 전부터 놓여 있다. 그들(일본인)의 식탁은 음식을 차린 것을 부엌에서 옮겨온다"고 쓰고 있다.[3]

전통적인 일본 가옥에서는 식사전용의 공간으로 식당이 없다. 상을 차리면, 어느 방에서도 식사를 할 수 있다. 결혼식이나 장례식 등의 행사 때의 식사는 장지障子, 맹장지ふすま등 미닫이 문을 떼어내고, 집 전체를 식사의 장소로 이용한다. 민중의 가정에서는 토방의 부엌에 인접한 '차노마茶の間'와 '이로리イロリ방'*이 식사의 장

---

* 이로리(囲炉裏)는 일본의 전통적인 난방 장치이다. 농가 등에서 방바닥의 일부를 네모나게 잘라내고, 그곳에 재를 깔아 취사용, 난방용으로 불을 피워 놓는다.

소였다. 그곳은 상이 놓여졌을 때 일시적인 식당의 역할을 하였고, 상을 치우면 작업장이나 침실로도 이용되었다.

그림 16은 기타가와모리사다喜田川守貞가 에도, 교토, 오사카의 풍속을 쓴 『모리사다만코守貞謾稿』(1853)에 실린 여러 가지 소반의 삽이다. 여러 형식이 있고, 신분의 차이에 따라 일상의 소반이 다르고, 행사 때에는 특별한 소반을 사용했다.

모리사다에 의하면 민간 혼례 때 신부신랑에게는 바깥쪽은 흑칠을 하고, 안쪽은 붉은색의 '조아시젠蝶足膳'*(그림 16-④ 조아시젠)을 차려놓고, 손님에게는 '쇼와젠宗和膳'(그림 16-③ 쇼와젠)을 사용했다. 게이한京坂**에서는 정월에는 반드시 조아시젠을 쓰지만, 평일에 사용하는 일은 거의 없다. 에도에서는 평일 아침식사 때에 반드시 조아시젠을 쓰지만, 점심, 저녁에는 다른 형식의 소반이 사용된다고 한다. 그래서 '산조구젠三足膳'(그림 16-⑥ 산조구젠)의 해설에는 "에도의 시민은 평일에 많이 쓰이고, 소민小民은 3끼 모두 다른 종류의 약식 상이 쓰이고, 중 이상은 점심, 저녁에 쓴다. 조반에는 조아시젠을 준비한다"라고 쓰여 있다.

'한다이飯台' 또는 '하코젠箱膳'은 옷칠을 한 입방체의 상자형으로 상자 부분에는 식기를 수납할 수 있게 만들어져 있다. 식사 때에는 식기를 꺼내어 뚜껑을 뒤집어서 상자 위에 놓으면 사각 쟁반이 되고, 거기에 식기를 늘어놓을 수 있게 된다. 또한 식기 수납용

---

* 나비날개 모양을 한 다리가 붙어 있는 상.
** 교토 오사카 지역.

의 서랍이 붙어있고, 사각 쟁반을 따로 떼어낼 수 있게 만들어진 것도 있다(그림 16-⑧한다이). 에도에서 무사의 하인들을 오리스케折助라 속칭하였는데, 하인들의 밥상으로 사용한 데서 '오리스케젠折助膳'이라고 불렀다고 한다.

모리사다에 의하면 교토, 오사카의 시민은 평일에는 주로 한다이에서 식사를 하고 "이것을 쓰는 이는 매 식사 후에 그릇을 씻지 않고 그냥 월 4, 5회 씻는데, 그 간에는 행주로 닦아 넣는다"고 했다. 이와 같이 소반에 수납하는 식기를 씻는 것은 월 수회로, 보통 때는 먹고 난 식기를 더운 물이나 차로 헹구어서 마신 다음에 행주로 닦아서, 각자가 식기를 상자 안에 정리하는 것이다. 식사가 끝나면, 식기를 수납한 소반은 '상 선반膳棚'에 얹어둔다.

한다이, 하코젠에 수납된 식기는 젓가락, 밥그릇, 국그릇, 부식물을 담는 접시 한두 개와 식기를 닦기 위한 행주가 있다. 한다이의 표준적인 크기는 뚜껑부분의 한 변이 25~30cm, 높이 15~20cm이다. 이 소형 식탁 위에 밥그릇, 국그릇, 반찬을 한 가지 담는 작은 접시와 절임을 담는 작은 접시가 놓이면 가득 차지만, 그것이 민중의 일상 표준적인 식단이었다. 밥과 국은 더 먹어도 되지만, 그것을 대접하는 것은 주부의 역할이었다.

바쿠후 말기 이후, 자부다이가 보급되기 전까지의 시기, 하코젠(한다이 형식)의 외상차림이 민중의 일상식사로 전국적으로 사용되고 있었다.

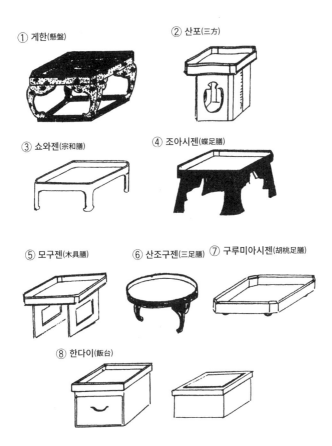

① 게한(懸盤)

② 산포(三方)

③ 쇼와젠(宗和膳)

④ 조아시젠(蝶足膳)

⑤ 모구젠(木具膳)

⑥ 산조구젠(三足膳)

⑦ 구루미아시젠(胡桃足膳)

⑧ 한다이(飯台)

그림 16 『모리사다만코守貞謾稿』 삽회揷繪의 상(『식탁문명론』 p.121)

자리순座順

방에서 상을 배치하는 방법에 대하여 쓰려고 한다. 식사를 하는 장소는 토방 부엌에 가까운 쪽이 하석이고, 안쪽의 방에 가까운 쪽이 상석이다. 가장家長이나 할아버지가 상석에 앉고, 고용인은 하석에 앉는다. 그 사이에 다른 가족이 앉지만 남자는 여자보다 상위이고, 고용인은 아래 자리에 앉는 것이 원칙이다. 주부는 하석인 가족과 고용인 사이에 앉는 경우와 가장 옆에서 시중을 들기 쉽게 옆자리를 하는 경우도 있다. 이와 같이 상 놓은 순서는 남성이 여성보다 상위로, 연장자가 존경되고, 주부는 가족의 식사 시중을 하는 것을 전제로, 전통적인 가족 구성원 상호의 관계를 상기하는 것이었다.

예전에는 아침식사를 시작하기 전에 작은 그릇에 밥을 담아, 불단이나 신을 모신 감실에 올리는 가정이 많이 있었다. 여행이나 병역으로 부재중인 가족이 무사하기를 비는 밥상인 음선陰膳을 차리는 풍습도 있었다. 식사는 그 자리에 참가하는 자만이 아니라 선조나 가족 중 부재자도 음식을 함께하는 행위로 여기었다.

따라서 식사는 일상생활을 지탱하는 의례로서의 성격을 지니고 있고, 정숙한 분위기 중에서 질서 바르게 먹는 것이 기대된다. 그래서 식사 때에는 큰 소리로 대화하는 것을 금지하고, 조용히 먹는 것이 좋다고 여긴다.

자부다이チャブ台의 출현

20세기 초부터 자부다이*가 보급되기 시작하는데, 이것은 여러 사람이 둘러앉아 사용하는 장방형이나 둥글고 높이가 낮은 공용 식탁으로, 접을 수 있는 다리가 네 개 붙어 있다. 자부다이는 서양 디너테이블의 영향을 받아서 만들었을 가능성이 높지만, 다다미 위에 앉아 사용할 수 있도록 다리를 짧게 하고, 다목적인 공간인 전통적인 식사 공간의 이용법에 맞추어 다리를 접을 수 있어서, 소반과 마찬가지로 이동 가능한 가구이다.

자부다이는 싯보쿠다이卓袱台로 불리는 지방이 있는 것으로 보아 나가사키에서 '싯보쿠卓袱 요리'를 먹는 식탁인 '싯보쿠다이(자부다이의 별명)'에 자부다이의 기원이 있다고도 생각된다. 한자의 '싯보쿠卓袱'는 테이블 크로스의 의미이지만 싯보쿠라고 읽는 방법에는 관계가 없다. 중국 요리와 일본 요리의 혼교하는 나가사키 명물의 연석 요리를 왜 싯보쿠라고 할까? 에도시대에 나가사키 봉행奉行**이 당인唐人집의 중국인에게 싯보쿠의 어원을 물으니, "중국어 기원은 아니고 베트남의 통킹어 기원일 것이다"라는 회답을 얻었다. 그러나 베트남에서는 싯보쿠에 해당하는 말이 없고, 지금까지도 싯보쿠 어원에 대해서는 결말이 나지 않는다.[5]

나가사키 싯보쿠 요리 식탁의 최초는 중국의 '팔선탁八僊卓'이라

---

* 두레반.
** 도쿠가와 바쿠후가 직할지의 행정과 사법을 담당하게 하거나 각 지방의 한주(藩主) 즉, 다이메이(大明)가 자신의 영토, 각지의 행정과 사법을 담당하도록 마련한 관직.

는 직사각형 탁자에 스툴의자로 둘러앉는 것이었다. 이 식탁형식이 다다미 위에 앉아서 식사하는 일본 풍습에 익숙하지 않아서 좌식으로 높이가 낮은 원형 싯보쿠다이로 변화했다. 싯보쿠다이는 테이블보를 사용하지 않는다.

싯보쿠 요리는 각상과는 달리, 하나의 식탁에 둘러앉아 큰 접시에 담은 요리를 덜어서 먹는 중국식 식사 형식이다. 그러나 식단은 중국 기원의 요리도 있지만, 거의가 전통적인 일본 요리의 기술로 만들어진 것이다. 18세기 전반에 교토, 오사카에 싯보쿠 음식점이 생기고, 나중에 19세기 초에는 에도에서도 유행했다.

자부다이チャブ台의 어원

'자부'의 어원은 싯보쿠의 중국어에 있는 초푸cho-fu에 기원한다는 설, 차반茶飯의 중국음인 차판cha fan을 기원한다는 설, 미국에서 고기나 채소를 한데 볶은 팔보채와 비슷한 변형 중국 요리를 찹수이chop suey라고 한 것을 기원으로 하는 설이 있지만, 아직까지 정설은 없다.

필자의 생각을 소개하고자 한다.

자부다이와 마찬가지 어원을 지녔다고 생각되는 말이 '자부야'가 있다. 1892년에 간행된 야마다미사山田美妙편 『일본대사전』에서 "자부야 서양음식점"이라 기록되어 있다. 자부야란 요코하마, 고베 등 개항장에서 영업한, 외국인을 고객으로 하는 간단한 음식점이나 작은 음식점을 말한다. 나중에 이것이 외국인 상대의 매춘부를 두는 특수음식점으로 바뀌었다.

1872년에 간행된 가나가키로분仮名垣魯文의 『서양도중슬율모西洋道中膝栗毛』 제10집에는 영국 박람회에 구경가는 주인공이 "카이로 거리에 가보니, 도쿄에서 말하는 서양 요리와 연계되는「자부자부야」에 들어가 각각 의자에 걸터앉아 탁자 주위에 늘어서면, 순서대로 술과 고기류를 갖고 온다"고 하여, 그 나중에 취한 주인공이 가벼운 말투로 노는데, '자부자부'라는 탁자 '싯보쿠다이'라 하고 있고, 흥에 취해 "'자부다이'를 돈돈 두드리고 돌면서 춤춘다"라고 묘사하고 있다.

가나가키로분은 1872년 후쿠자와유기치福沢諭吉의 저서 『궁리도해窮理圖解』의 패러디에 있는 『오이심부름胡瓜遣』이라는 서적을 간행하였는데, 그중에 "서양 요리 멋을 부린 '자부점'은 대단한 기식寄食이라 말할 만하고, 꼭 테이블 앞에 가서 이와 같이 의자에 앉아야 한다"라고 쓰여 있다. 이렇게 보면 메이지 초기의 자부야에서는 다이닝테이블과 의자에서 식사하는 형식으로, 그 테이블을 자부다이라고 부르는 것을 알 수 있다.

자부야는「자부자부야」를 단축시킨 명칭이다. '자부자부'란 오차츠케나 물, 술 등을 마시는 의성어로 여긴다. 메이지 초기 요코하마 개항장에서 일본인과 외국인이 만나면 엉터리 영어broken English가 쓰였는데, 이것을 '요코하마 영어'라고 했다. 이 요코하마 영어로 대화하며 하는 식사를 '자부자부'라고 한 것이다. 일본어가 자유롭지 못한 외국인들에게도 발음하기 쉽고, 외우기 쉬워, 먹는 것을 '자부자부', 식당을 「자부자부야」로 표현하였다. 그것이 단축되어 외국인을 상대하는 식당을 자부야라고 했을 것이다. 앞의 야마다미사山田美妙의 사전에서는 '자부다이 자부자부하는 대=식반食盤', '자부다이'는 의자를 사용하는 다이닝테이블이었다. 나중에 바닥에 앉는 낮은 싯보쿠다이 식탁이 보급되기 시작하면, 바닥 좌식과 의자식이 있지만, 식사에 참가자 동지가 같은 식탁에 둘러앉는 공통점에서 자부다이라는 명칭이 채용되었을 것이다.

자부다이チャブ台의 보급

자부다이는 도시 중산계급의 직장인 가정부터 쓰이기 시작하였지만, 같은 도시 중에서도 상업에 종사하는 가정이나 농촌에는 보급이 늦었다. 장사집에서 입주한 고용인들에게 식사를 제공하는 것은 1인분 음식을 각상 단위로 분배하는 편이 편리했기 때문이다. 대가족의 노동력에 의존하는 농촌 생활에서 가족의 인수가 많기 때문에 5~6인용 자부다이는 크기가 작아서 보수적인 농민들은 새로운 식탁을 쓰는 것이 늦어졌다. 그에 비하여 핵가족화한 도시의 직장인 계층은 전통적인 가족제도를 반영하는 각상에서 식사를 그만두고, 자부다이를 가장 빨리 채용했다.

식탁의 정경

서로 금욕적으로 긴장 관계가 감추어진 각상에서의 식사에 비하여, 자부다이에서의 식사는 이념적으로 편안하였다. 사회주의자사카이도시히코堺利彦는 1902년에 간행된 『가정의 신풍조』 중에 다음과 같은 취지의 발언을 하고 있다.

식사는 가족 회합의 기회이다. 가족 단란은 식사 때에 실현되지 않으면 안 된다. 이것을 생각하면 식사는 반드시 가족 전원이 같은 시간에 같은 식탁을 둘러앉아야 좋다. 그 식탁은 둥글지 않아도, 사각이어도, 테이블이어도, 싯보쿠다이도 좋으므로, 하나의 상이어야 한다. 종래의 소반은 폐지해야 한다.

동시에 같은 식탁에서 식사를 할 때, 모두가 똑같은 음식을 먹는 것은 당연하다. 남성 중에서는 자기만 가족과는 다른 특별한 요리를 먹는 이도 있지만, 이것은 몰인정하고 부도덕한 괘씸한 일이다.

내 생각으로는 식모도 함께 식사를 해야 한다. 식모에게 가족과 똑같은 음식을 주어도 가계에 그다지 영향을 끼치지 않을 것이다.[5] 그것은 사카이가 말하는 '존경하고 소망하는 중등사회'에 '평민사회(민주주의)의 아름다운 가정'을 실현하기 위해 꼭 필요한 수단이었다. 다이쇼 데모크라시를 바탕으로 사카이의 같은 주장이 부인 잡지 등에도 나타난다.

필자는 국립민족학박물관의 특별연구「현대 일본문화에 있어 전통과 변용」프로젝트의 일환으로「식탁문화를 둘러싼 공동연구」를 주재한 적이 있다. 1915년 이전에 태어난 전국 각지의 여성 약 100인을 대상으로, 가정에서 식사의 변천에 대해 설문조사를 했다.[6] 이 세대 여성의 대부분은 어릴 때에는 각상을 사용한 식사, 다음에는 자부다이에서 식사, 현재는 다이닝테이블에서의 식사를 가정생활에서 체험했다. 인터뷰 결과를 분석하여 그래프를 만들었는데, '하코젠箱膳라이프'를 쓰고 있는 것은 각상을 사용할 때의 식사, '자부다이라이프'는 자부다이의 식사를 할 때, '테이블라이프'는 다이닝테이블을 식탁으로 채용할 때의 식사를 나타낸다.

인터뷰 결과에 의하면 자부다이의 사용에 의해, 가족의 단란이 실현되었다고 하는 것은 없었다. 대부분의 가정에서는 자부다이를 사용하게 되어도, 식사 때는 조용히 먹는 것을 예의로 가르쳤다(그림 17). 아이들이 식탁에서 말하면 혼내고, 가족의 회화가 있어도 식탁에서 화제를 제공하는 이는 주로 부친이고, 일에 관한 이야기가 많은 데다 어린이들에 대한 설교 비슷한 화제가 많았고, 가족이 즐겁게 식사를 하는 풍경은 아주 드물었다.

왜 소반에서 자부다이의 식탁으로 바뀌었는가? 하는 질문에 대해서도, 가장 많은 것은 소반에 비하여 자부다이가 "편리하다"라는 회답이다. 자부다이를 사용하게 되면서 절임 등을 공동 식기에 담은 배선법도 이루어지게 되었지만, 1인식 식기는 한 사람 앞에 음식을 분배하는 것이 원칙이었다. 그래도 다수의 소반을 배선하는 것에 비하면, 하나의 자부다이에 일원적으로 배선하는 편이 편리하다고 생각한 것이다. 또한 식사 때에는 소반을 여러 개 이동하는 것보다도 자부다이 하나를 이용하는 편이 편리했다.

회답이 많았던 것은 자부다이에서 식사하는 편이 '청결하다'는 이유였다. 각상 식사에서는 식기를 각자가 관리하고, 식후에 사용자가 행주로 닦는 것만으로, 주부가 식기를 본격적으로 식기를 씻는 것은 월에 몇 회 정도였는데 비하여, 자부다이를 사용하면서 식기 관리가 주부의 손으로 넘겨지고, 식사 후 모든 식기를 주부가 씻어서 선반에 수납하게 되었다. 그것으로 주부의 노동이 증가하였지만 근대적 위생관념이 보급되어서, 자부다이를 사용하는 편이 위생적이라고 여기게 되었다. 그 때문에 수도가 보급되어서 식기 씻기가 간단하게 된 도시부터, 자부다이가 보급된 것이다.

그림 18을 보는 바와 같이, 필자가 조사한 가정에서는 1929년 소반에서 식사하던 가정보다는 자부다이를 사용하는 가정이 많아졌다. 1930년대 후반이 되면 대부분 가정이 자부다이를 사용하여 식사를 하게 되었다.

테이블 의자에서 식사

전쟁시대(1945)가 끝난 후에 다이닝 테이블을 식탁으로 하는 가정이 증가하고, 1971년경에는 자부다이보다 테이블이 우세하게 되었다.

1920년에 지식인들을 중심으로 한 「생활개선동맹회」가 결성되고, 그 운동의 일환으로 의자와 테이블을 사용하는 가정생활이 제창되었다. 그러나 다다미를 깐 일본가옥에 그것을 놓는 것은 곤란하고, 가옥의 개선이 필요하게 되므로, 다이닝테이블에서 식사를 하는 가정은 미미했다.

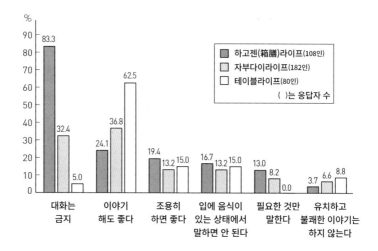

그림 17 식사 중 대화 태도(『식탁문명론』 p.209)

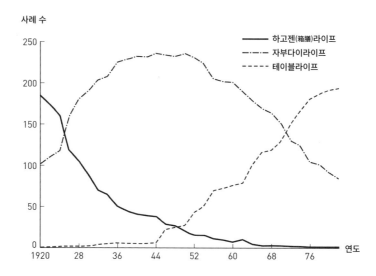

그림 18 식탁 형식의 변화(『식탁문명론』 p.183)

1949년경부터 당시 농림성 생활개량보급원이 농가 부엌 개선사업의 하나로, 의자와 테이블에서의 점심식사를 추진하게 되었다. 농사작업 도중에 점심을 먹기 위해 집에 돌아가면, 흙으로 더러워진 발을 씻고 다다미 방에 올라가지 않으면 안 된다. 농가 가옥에서는 작업용의 넓은 토방이 있으므로, 거기에 의자와 테이블을 두고 식사를 하면, 발을 씻을 필요가 없다는 것이다.

일반 시민생활에 의자와 테이블을 두는 식사가 보급되는 것의 계기가 된 것은, 1956년 일본주택공단이 2DK의 공단주택을 전국적으로 건설하기 시작한 때이다. 초기의 공단 주택은 방 두 개와 부엌의 좁은 평면이었다. 좁은 면적을 해결하기 위하여 다이닝키친 방식을 채용하여 부엌과 식사 장소로 설계했다.

처음으로 입주자가 실제로 부엌에서 식사할 수 있는 테이블을 갖추어 분양하였고, 이용자는 의자만을 준비하면 되었는데 당시 서양식 가구는 고가였다. 그때까지는 콘크리트 건물 주거에서 식탁이 거의 없었으므로 공단주택은 부러움을 샀고, 테이블에서 식사하는 것을 유행의 첨단으로 여기게 되었다.

그 후 이어서 민영아파트가 건설되었고, 그곳들은 테이블에서의 식사를 전제로 설계되었다. 이동식 다이닝테이블이 있는 방은 조리와 식사 전용의 공간이 되고, 일상식사에 테이블을 사용하게 되었다.

테이블이 보급되는 과정은 일본사회에 있어 가정의 민주화와 경제의 고도성장 시기와 겹친다. 가장이 권력을 지닌 대가족은 붕괴되고, 농가에서도 핵가족화하고, 남녀의 지위는 평등하게 되고, 여성의 사회진출이 현저하게 되었다. 농가인구가 감소하고, 노동인구의 대부분은 오피스나 공장으로 출근하는 사람들이 차지하게 되고, 가정은 생산의 장으로서 의미를 잃고, 순수하게 소비의 장이 되었다.

자녀들이 가업을 잇지 않게 되면서, 직업교사로서 부친의 권위는 없어지게 되었다. 또한 경제성장기에는 잔업으로 늦게까지 일을 하게 되니, 가정의 저녁식사 때 올 수 없는 부친은 늦어지고, 가정생활의 주역은 여성과 자녀들로 바뀌게 되었다. 경제발전의 결과로 어느 집에나 TV, 냉장고, 자동차가 보급되었고, 도시와 농촌의 생활 차이가 없어지고, 일본 전국에 도시적 생활양식이 보급되었다. 이와 같은 사정을 반영하여, 가정의 식사 때 화제의 제공자는 모친과 자녀들이고, 아버지가 아닌 결과가 되었다(그림 19). 경제성장은 일상식사의 부식물 종류를 풍부하게 했다. 수 종류의 부식물을 담은 접시를 놓는데 소반이나 자부다이의 면적이 좁으니 보다 큰 다이닝테이블 사용이 보급되었다. 다이닝키친, 또는 부엌 옆방을 식당으로 하는 가정이 많으므로, 식사를 하면서 다음 요리를 준비하여 따뜻한 요리를 계속해서 식탁에 나오는, 코스를 갖는 배선법도 생겨나게 되었다.

그래도 소반이나 자부다이에서의 식사 때처럼 처음부터 요리를 늘어놓는 배선법이 주류이다. 한 사람분씩 담은 식기를 모두 놓는다면, 요리의 수가 많으므로 테이블에 넘친다. 그래서 밥과 국을

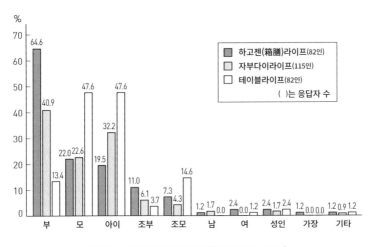

그림 19 식사 중의 화제 제공자(『식탁문명론』 p.214)

제외한 부식물은 개인별로 배선하지 않고, 커다란 공용의 식기에 담아 테이블의 중앙에 놓고, 각자가 덜어서, 중국식과 마찬가지의 배선법을 채용하게 된 가정이 많아졌다. 또한 테이블에서 식사의 보급은 서구나 중국 기원의 요리가 가정에 보급되는 시기와 겹친다. 그때까지 전통적인 식사법은 다다미에 앉아서 일본 요리만을 먹던 생활을 전제하여 형성된 것이다. 의자에 앉아서 먹고, 일중양의 요리와 그것을 담은 식기가 섞여 있고, 젓가락 이외에 때로는 나이프, 포크, 스푼을 사용하는 것도 있다. 현재의 식탁에서 식사 예법은 어찌할 것인가? 가정의 식사에 관하여 전통적인 예법은 붕괴되었지만, 그것에 대신하는 식사규범은 형성되어 있지 않다.

현대에 감실이나 불단佛壇에 밥을 올리는 것은 노인이 있는 가정

정도이고, 음선의 풍습도 감소했다. 가정생활에 있어 여러 가지 성스러운 행사로서 식사의 성격은 상실되었다. 신불神佛이나 선조들은 굶주린 듯하지만, 살아있는 사람들에게는 옛날의 마츠리 때 먹지 못하였던 여러 가지 요리를 일상적으로 먹고 있다. 현재 일본인은 신들이 없는 마츠리를 즐기고 있는 것이다.

3. 담기의 미학 — 식탁 위의 일본정원

보여주는 요리

메이지시대에 외국의 요리가 전해졌고, "일본 요리는 눈으로 즐기고, 서양 요리는 코로 즐기고, 중국 요리는 혀로 맛본다"라는 말이 있다. 일본 요리의 담기의 아름다움은 세계적으로 알려져 있다. 그러나 아름다운 식기를 사용하여, 정성을 들여서 담은 '보는 요리'를 만드는 것은, 가정에서가 아닌 일본 요리점에서의 일이다. 보는 요리란 음식에 미적인 가치를 부가한 것이다. 그것을 시각이라는 관능을 즐겁게 해주지만, 무엇보다도 식사 제1주의는 만복감과 미각, 취각의 관능을 충족시켜주는 것이다. 일상 가정요리는 식사의 즐거움을 제1주의를 만드는 것에 정성을 들이므로, 시각의 즐거움까지는 좀처럼 손이 가지 않는다.

세계 중에서도, 보이는 요리를 만드는 데 정력을 기울이는 것은 레스토랑이나 궁중 귀족의 저택 등이 최고 정점이고, 그 아래 담기가 간소화하는 방향으로 된다고 말한다. 19세기의 호화로운 연회를 제공하는 프랑스요리의 그림을 보면, 마치 건축적인 구성을 취하는 것이 많아, 식탁 위에 파르테논신전이나 피라미드를 옮겨온 듯한 것도 있다. 플랫폼이나 계단 모양의 대를 만들고, 그 위에 요리를 배치하거나 하고, 접시 위에 요리 담기는 기하학적으로 대칭형을 기본으로 하고 있다. 다른 유럽 요리의 담기도 마찬가지로 대칭형을 원칙으로 만들어졌다.

비대칭형의 미학

유럽 정원은 기하학적으로 대칭형으로 배치되는 건축적인 조원造園법이고, 인공적인 구성을 중시하는 것에 따라 조화의 미를 창조하려고 한다. 그것에 비하여 일본 정원은 비기하학적, 비대칭적이고, 풍경적인 정원을 만든다. 일본의 전통적인 미학에는 대칭형이나 기하학적 조형은 너무나 인공적이므로 피하려는 경향이 강하다. 추상적인 자연을 표현하는 것을 일본 정원에도 있고, 자연이라는 것은 본래 불균형한 존재이므로 정원을 만들 때 직선, 입방체 등의 기하학적 구성이나 대칭형을 채용하지 않는다.

일본 정원의 철학을 식탁 위에서 실현하려는 것은, 에도시대 후반 이후 고급 일본 요리이다. 예를 들어 이 무렵부터 요리를 산수山水처럼 담는 것이 유행했다. 인물화, 화조화, 산수화가 동양화의 3대 부문이다. 일본 정원은 산과 물의 흐름이나 연못의 모티브에서 구성된 것이 보통이다. 산수를 등장시키는 것에 따라, 자연경관을 상징하는 것이다. 생선회에 산수 담기를 적용하는 것은, 먹는

사람이 볼 때 접시 뒤쪽에 해당하는 위치에 생선회의 '츠마つま'*를 펼쳐서 산 모양으로 담고, 그곳에 수목樹木을 상징하는 녹색의 자소잎 등 채소조각을 얹는다. 접시의 앞쪽에는 얇게 썬 생선을 파도 모양으로 펼쳐놓은 것이다. 이와 같이 입체적으로 담을 때 좌우등변 삼각형의 구도를 좋아한다. 하나의 원형 접시에 세 종류 이상의 요리를 소량씩 담는다고 하자. 접시 앞쪽에 간격을 두고 두 가지 요리를 담고, 그 뒤에 또 한 종류의 요리를 담는 것이다. 이때 가장 고급요리를 뒤쪽에 배치한다.

연회용 중국 요리 오드블을 미적으로 담을 때는 고기조각이나 채소로 봉황이나 용들의 모티브를 구상적으로 만든다. 그것에 비하면 일본 요리는 음식을 회화적인 표현을 하는 것을 모방하여, 담는 것은 품위가 없다고 여긴다. 산수 담기라고 해도 사실적이 아니고, 상징화한 산과 물의 구도이고, 그것을 모르는 사람에게는 요리를 바라보아도 산과 물이 떠오르지는 않는다. 중국에서는 짝수를 좋아하여, 대칭형으로 담는 것을 좋아한다. 일본에서는 홀수를 좋아한다. 따라서 3개, 5개, 7개라는 홀수로는 식기에 배치할 때, 대칭형으로 할 수 없다. 테이블에 둘러앉아 식사를 하는 중국이나 유럽에서는 모든 방향에서 시선을 의식한 대칭형으로 담는 것을 좋아한다.

일본의 정원은 정원에 접한 특정한 장소에서 바라보았을 때, 가장 아름답게 보이도록 설계되었다. 마찬가지로 전통적인 고급일

---

* 곁들이.

본 요리가 담기는 한 방향으로부터의 시선을 전제로 하고 있다. 일인분의 소반을 앞에 앉은 인물이 위에서 내려보는 시선이다.

일본 요리에 사용하는 도자기류의 식기에는 비대칭형의 여러 가지 모양이 있다. 세계에서 가장 다양한 식기를 사용하는 것이 고급 일본 요리이다. 그들 식기는 사용할 때 어느 쪽이 정면으로 하는가는 소반 위에 놓았을 때를 생각해서 만드므로, 그릇은 한 방향 시선을 전제로 한다. 일본 요리의 식기에는 일본화풍의 그림이 그려 있는 것이 많은데, 먹는 이가 그 그림을 감상하는 것에 가장 적합한 위치에 식기를 두고, 그림이 정면에 오도록 식기를 들고 먹는 것을 올바른 예법으로 여긴다. 작은 소반 위에 미니츄어 일본 정원을 만들려고 하는 것은 전통적인 고급 일본 요리의 미학美學이다.

계절감 중시

일본 문화는 계절성을 중시하는 특징을 갖고 있다. 세계에서 가장 짧은 정형시인 하이쿠俳句는 17문자 중에 반드시 계절을 상징하는 어휘인 '계어季語'를 넣어야 한다. 그 때문에 각종의 『세시기歲時記』가 간행되고 있지만 『세시기』에는 식재료와 음식을 포함하는 일본인의 전통적인 생활에 관계있는 사항은 계절에 따라 분류하여 게재하고 있다.

가다랑어 회는 초여름, 구운 꽁치는 가을을 상징하는 음식처럼, 일본의 식사에는 계절성의 표현이 요구된다. 그래서 식단에 계절성을 표현하는 것이 요리인의 솜씨로 여기고 있다. 요정에서는 식재료와 음식만이 아니고, 식기도 계절감을 표현해야 한다. 식기 장식의 화제畵題의 대부분은 꽃이나 식물이다. 예를 들어 봄에 제공하는 요리는 그 계절의 제철 음식을 봄꽃이나 풀을 그린 완碗이나 접시에 담는다. 만약 가을의 칠초七草가 그려진 식기를 사용한다면, 상식이 없는 점포로 비난을 받을 것이다. 이와 같이 요리의 미학은 지식인의 교양으로서 보급된 것이므로, 요정과 관계가 없는 가정의 식사에서는 그리 관계는 없다.

세계 각지에서 식재를 수입하고, 촉성재배 채소를 일상적으로 먹게 된 현재에는 식재의 계절성에 관한 미학은 감소되어간다. 각상이 아니고, 다이닝테이블을 두고 많이 담은 접시에 손을 뻗쳐서 덜어 먹도록 하는 배선법은 화양중和洋中요리를 내는 현재 가정의 식사는 사방 정면의 대칭적인 형태로 담는 것이 보통이 되었다. 그럼에도 일본 요리는 전통적인 식기에, 햄버거는 양식접시에, 중국면은 라멘 대접이라는 것과 같이 요리 계통에 따라 식기를 구분해서 쓰고 있다. 일본의 부엌은 화양중의 식기를 갖춘, 세계에서 식기 종류가 가장 많은 부엌이 되었다.

예전에는 알코올음료를 마시려면 주기酒器는 술병과 술잔이 있으면 족했지만, 현재에는 맥주컵, 와인잔, 위스키잔도 필요하다. 일본 차를 마시려면 전통적인 차주전자와 찻잔 이외에 홍차나 커피를 마실 서양식 컵, 티포트, 커피메이커도 가정에 보급되었다. 이와 같이 외래 음식이나 음료를 받아들임과 더불어 요리도구나 식기가 증가하여, 일본 가정 부엌은 혼돈된 상태가 되었다.

4. 젓가락 — 식사예법의 기본

젓가락 쓰기의 시작

영국인 친구가 일본인 여성과 결혼하고, 일본에서 생활하게 되었다. 일본 생활에 익숙하기 위하여, 부인이 우선 남편에게 가르친 것이 젓가락 쓰는 방법이었다. "일본의 신사들과 함께 식사를 할 때는 실례가 되지 않도록" 하고 말하고, 그녀는 작은 도기그릇 두 개중 한 곳에 껍질을 깐 땅콩을 담았다. 그리고 칠을 한 젓가락으로 땅콩을 한 알씩 집어서 다른 한 개의 그릇에 옮기도록 했다. 매끈매끈하게 칠을 한 젓가락 끝은 미끄러지기 쉬워서 땅콩을 한 알씩 들어올려서 다른 곳으로 옮기는 일은 매우 어렵다. 실패하여 테이블 위에 떨어트린 땅콩을 손으로 집는 것을 허락하지 않고, 젓가락으로 집어 올리도록 했다. 드디어 모두 올리고 나면, "자, 이번에는 원래의 그릇에 옮기세요"라고 했다. 두 개의 그릇 사이에 땅콩을 이동시키는 것은 끝이 없이 반복되었다.

"그것은 그리스신화 시시포스Sisyphos의 형벌 같은 일이었다"고 친구는 말했다. 죄를 저지른 시시포스에게 제우스가 명령한 것은 거대한 바위를 산정까지 밀어서 올리는 것이었다. 산정상에 가까워져서 바위를 들어올리면 계곡의 바닥으로 굴러서 떨어져버린다. 똑같은 노동이 끝없이 반복된 것은, 시시포스의 형벌이었다. 친구는 "하지만 덕분에 일본인과 마찬가지로 젓가락을 잘 쓸 수 있게 되었다"고 했다.

유아가 엄마의 손을 빌리지 않고 혼자서 식사를 하게 되면, 우선 젓가락 바르게 쓰기를 가리킨다. 쓰기 쉬운 젓가락의 길이는 손 넓이와 손가락 크기에 따라 다르므로, 어린이용 젓가락은 짧다. 성인용 젓가락은 17~23cm가 쓰기 쉽고, 여성은 남성보다도 짧은 것을 사용한다. 부부 젓가락으로 두 개 세트가 자주 선물로 이용되는데, 남편용이 부인용보다 길다. 일본 젓가락은 끝이 가늘게 만들어져 있어서 작은 음식을 집는 것이 가능하다. 중국 젓가락은 끝이 뾰족하지 않고, 길이도 평균 27cm 정도가 되므로, 젓가락을 미묘하게 사용할 수가 없다.

중국 요리의 배선법은 밥과 국이 개인별 완에 담긴 외에는 테이블의 중앙에 두고 공통 식기에 담은 부식물을 젓가락을 뻗어서 덜어 먹기 위해서 긴 젓가락을 사용하고, 젓가락으로 집기 어려운 음식은 숟가락을 사용한다. 젓가락만으로 식사를 해온 일본인은 끼니마다 손가락의 미묘한 운동 트레이닝을 해왔으므로, 손가락 끝이 예민하여 정밀한 작업을 자유자재로 할 수 있다고 말하지만, 그것이 사실인지 아닌지 증명은 되지 않았다.

젓가락 사용의 금기

일본인의 식탁예법에서 가장 중시되는 것이 젓가락 사용법이다. 금기로 여기는 젓가락 사용법을 하면 예의없는 사람으로 평가된다. 그와 같이 무례한 젓가락 쓰는 방법의 예를 들어보자.

- 니기루하시握る箸: 젓가락을 손바닥으로 잡는 것, 유아적일 뿐 아니라, 끝이 뽀족한 젓가락을 잡는 것은 공격적으로 보인다.
- 사시하시刺し箸: 음식을 젓가락 사이에 넣어 집는 것이 아니고, 젓가락을 꽂아서 먹는 것.
- 요코바시横箸: 젓가락 두 개를 숟가락처럼 하여 음식을 떠서 먹는 것.
- 고미바시込み箸: 입 안에 음식을 가득 담고 젓가락을 입속 안쪽에 집어넣는 것.
- 네부리바리ねぶり箸: 젓가락에 붙은 것을 핥는 것.
- 나미다바시涙箸: 젓가락을 흔들거나, 젓가락 끝에서 국물이 똑똑 떨어지는 것.
- 가기바시かき箸: 식기의 아구리에 입을 대고, 요리를 젓가락으로 입에 저어서 집어넣는 것.
- 가미바시噛み箸: 젓가락 끝을 씹는 것.
- 요세바시寄せ箸: 젓가락으로 식기를 잡아 당기는 것.
- 마요이바시迷い箸: 어느 요리를 먹을까 헤매고 결단을 못하고, 여러 요리 위에 여기저기 젓가락을 움직이는 것.
- 우츠리바시移り箸: 어떤 음식을 집으려고 했다가 다른 것을 집는 경우와 부식물만을 연속으로 먹는 두 가지를 말한다. 부식물을 한입 먹고 나서, 밥을 한입 먹거나 술을 한입 마시는 것을 품위 있게 먹는 법으로 여긴다. 그러나 식탁에 놓은 부식물의 종류와 양이 많아서, 주식으로 배를 부르게 할 필요 없이, 반찬을 맘껏

먹을 수 있는 현대에도, 주식과 부식을 교대로 먹지 않는 것을 좋지 않게 여긴다.

- 사구리바시探り箸: 국물 등을 휘저어서 뭔가 내용을 찾는 것.
- 가라바시から箸'そら箸: 음식을 젓가락으로 한번 대었다가 먹지 않는 것으로 요리에 대한 불신감을 표명하는 것으로 보인다.

그 외에 식탁에서 젓가락 사용 방법에 관하여 여러 가지 규칙이 있다. 식사예법은 "젓가락에서 시작되고 젓가락에서 끝난다"고 말한다.

젓가락과 부정함의 감염

중국에는 뼈로 만든 골제 젓가락도 있고, 한국에는 금속제 젓가락이 가장 많이 사용되지만, 일본의 젓가락은 나무 또는 대나무로 만든다. 현재 가정에서 보통 쓰이는 것은 칠한 목제나 겉이 비슷한 외관을 나타내는 플라스틱제 젓가락이다. 크기, 색, 문양에 따라 식별되고, 가족에 한데 모여서도 각자 전통의 젓가락이 정해져 있어서, 가족이라도 젓가락은 공용하지는 않는다. 음식점에서는 쓰고 버리는 젓가락이 제공된다. 와리바시割り箸는 에도시대에 대중적인 음식점에서 사용하게 되었다. 현재 중국음식점에서 '위생저'라고 하여 와리바시를 사용하게 된 것은, 정신적인 오염방지라기보다, 명칭에 나타나듯이 물리적인 오염을 피한다는 의미가 강한 것이다.

필자가 대학에서 가르치고 있을 무렵, 세미나에 참가한 학생들이 일본인의 청결관에 대하여 앙케이트 조사를 한 적이 있다. 그때 "자신이 사용하던 물건을 타인에게 빌려주어 사용하고, 사용 후 깨끗이 씻어서 돌려받았다고 가정한다. 그 물건을 본인이 다시 사용할 때 가장 심리적 저항감을 느끼는 것은 무엇인가?"라고 설문하였다. 회답을 집계해보니, 자기의 하반신에 입는 내복과 자기가 사용한 젓가락을 재사용할 때 심리적 저항이 가장 강한 물건이라는 결론이 나왔다.

전통적인 배선법으로 보통의 음식 모두가 개인별 작은 그릇에 나누어 담겨 있다. 따라서 원칙으로, 자신의 젓가락이 닿는 것은 자기에게 배급된 음식에 한정되었다. 공용의 큰 그릇에 담긴 츠케모노를 나누거나, 커다란 생선요리를 나누는 경우에는 가족 간에서도 개인 젓가락을 쓰지 않고, 아무에게도 속하지 않는 중립의 젓가락인 도리바시取り箸 또는 사이바시菜箸를 곁들인다. 만약 중립의 젓가락이 준비되지 않았다면, 개인의 젓가락을 상하 거꾸로 해서 사용한다.

이와 같은 풍습이 가정의 식탁을 지키는 것은 1950년 후반부터 약해졌다. 커다란 접시에 담긴 중국이나 서양 기원의 부식요리가 가정에 보급됨에 따라, 밥과 국만은 개인별 식기에 담지만, 다른 요리는 커다란 공용의 식기에 담아서 테이블 중앙에 두고, 가족 전원이 직접 젓가락을 대고 중국인이 먹는 방법과 비슷한 방식으로 먹었다. 단 그것은 친밀한 사이에서 먹는 법에 한정되고, 일본 요리에서 정식 식사에는 중립의 젓가락을 사용한다.

2장
부엌에서

1. 부엌―불과 물의 세속화

토방과 식사 장소

전통적인 가옥에서 요리의 주요 부분은 실내가 아니고, 토방이었다. 밖으로 통하는 토방은 회반죽으로 단단하게 되어 있다. 토방에는 두 개 이상 솥을 동시에 사용할 수 있는 흙으로 빚은 화덕이 만들어져 있고, 물독과 개수대가 붙어 있고, 식기나 조리기구를 두었다. 농가에서는 토방에서 취사할 뿐 아니라. 절구로 벼를 찧어서 도정을 하거나, 돌절구로 가루 만드는 작업을 하였다. 물은 집밖에 있는 우물에서 길어서 물독에 채우는 경우가 많았지만, 도시의 가정에서는 토방에 우물을 파는 경우도 있었다.

근세부터 20세기 초반까지 이와 같은 공간 구성의 가옥이 일반

적이었다. 이로리囲炉裏에서 간단한 취사를 하는 것이 있지만, 물과 불을 사용하는 공간을 토방으로 격리하는 것이다. 장작을 연료로 하는 전통적인 화덕이나 이로리에는 보통은 굴뚝이 설치되지 않고, 연기는 지붕에 붙어있는 연통으로 옥외에 배출하였다. 방 안에 장작을 태우면, 연기와 그을음이 되니, 종이 바른 장지障子나 맹장지ふすま로 방이 나뉘는 전통적인 목조가옥에서는 화재의 위험이 크다. 다다미나 판자를 깐 방에 물을 떨어트리면 젖은 바닥 위에 직접 앉는 것이 나쁘다. 그래서 불과 물을 사용하는 요리 공간을 다른 주거 공간과 격리해서, 토방에서 요리를 한다.

불과 물의 신성

대부분의 가정에서는 우물이나 물독 근처에는 '물신水神', 화덕 근처 기둥에는 불의 신 '조왕신荒神さま'께 '불조심' 종이를 붙인다. 조왕신은 화재를 방지해 주고, 음식에 성성聖性을 부가해주는 화덕의 신이다(그림 20 참조).

당시 화덕의 불 관리자는 주부이다. 불씨를 항시 꺼지지 않게, 화덕의 재 안에 두고, 불을 보존해두는 것은 주부의 역할이었다. 불씨를 꺼트려서 옆집으로 빌리러 가는 것은 주부의 수치였다. 몇몇 지방에서는 월경 중이나 출산 전후의 여성은 가족과는 별동의 집에서 취사하고 식사하는 습관이 있었다. 신도적 관념에 의하면, 출혈은 '적 부정赤不淨'으로 여겨서, 신성한 불에 부정함ケガレ이 오염되지 않도록 격리한 것이다. 또한 긴기近畿에서 서쪽지역에서 마

그림 20　화덕과 전이 달린 솥

츠리 전후에 취사에 사용하는 불을 바꾸는 풍습이 있었다. 예를 들어 오카야마岡山현 농촌에서 일상 취사에는 잡목을 화덕에 태웠지만, 마츠리 기간만은 소나무 장작을 사용하였다. 마츠리의 성찬은 신성한 불로 요리하지 않으면 안되었고, 그것에 적합한 연료는 이 지방에서는 소나무로 여겼다.[1]

　교토 야사카八坂신사의 '오게라 마이리おけら参り'는 섣달 그믐날에서 설날에 걸친 밤에 신사를 참배하여 불씨를 받고, 그 불로 정월 요리를 만들면, 1년 동안 무병식재無病息災로 살 수 있다고 전해진다. 또한 정월 초하루에 소원을 빌면서 우물에서 퍼 올린 물을 '약수若水'라 하여 요리에 쓰는 예는 새로운 해의 도래와 함께 불과 물의 성성聖性을 재생시키는 행위로 해석할 수 있다. 그리고 20세기에 들어서서 근대화 진행, 즉 가스와 불로 요리를 만들고, 수도를 틀면 물이 나오는 생활이 일반화되면서 불과 물을 신성시하는 관습은 점차 소멸하게 되었다.

　부엌의 근대화

　가스와 수도를 설비한 부엌이 보급되는 것은 앞서 말한 바와 같이 간토대지진(1923)후에 도쿄에서의 일이다. 근대 문명 시스템에 의하여 불과 물을 토방에서 격리할 필요가 없어지고, 부엌을 실내 공간에 설치했다. 식사하는 방은 인접하고, 바닥에 판을 깐 부엌이 생기고, 그곳에 수도 가람을 붙인 개수대, 도마를 두고 썰거나 담기를 할 수 있는 조리대, 가스대와 식기나 조미료, 식품을 넣은 수 있는 선반이 생기게 되어, 현재 부엌의 원형이 생겼다.

　그때까지는 토방의 화덕 아궁이에 장작을 지피거나, 토방 바닥에 놓인 물통에 몸을 웅크리고 재료나 그릇을 씻는 등, 부엌일의 기본이 웅크린 자세였다. 집안 공간에서 작업은 모두 바닥에 앉아서 했지만, 근대 부엌이 보급되면서 집 안에서 서서 일하게 되었다. 하지만 서서 요리를 하게 되어도 옆방 식사하는 공간은 다다미에서 앉아서 먹는 방식이어서, 주부는 식사를 옮길 때마다, 섰다 앉았다 해야만 되었다. 1970년에 의자에 걸터앉아 먹게 된 다이닝 테이블 사용이 일반화되면서, 요리 만들기와 식사가 같은 높이의 평면으로 통일되었다.

2. 밥짓기 — 장작에서 자동취반기로

전 달린 솥羽釜과 일본식 취반

쌀을 주식으로 하는 민족 중에서 일본인은 특히 밥맛에 민감하다. 요정에서 맛있는 진수성찬을 차려도, 주식인 밥맛이 없으면, '이 요리집은 아니다'라는 평판을 얻게 된다. 식사를 구성하는 밥과 반찬을 비교할 때, 맛있는 반찬과 맛있는 밥이 모두 있기를 바라지만, 어느 쪽을 택하라고 하면 맛있는 밥을 선택하는 것이 과거 일본인이었다. 그래서 맛있는 밥을 짓기 위해 당시의 주부는 매일 고생을 하였던 것이다.

에도시대 후기에 솥은 반구형 아래부분에 원통형 윗부분이 붙어 있고, 이 두 부분이 접한 부분에 커다란 솥전이 붙어 있는 밥짓기 전용 솥이 보급되었다. 날개 같은 전이 있어서 하가마羽釜라고 한다. 솥을 화덕에 얹었을 때 솥전은 화덕 상부와 솥의 직경이 달라서 생긴 틈을 차단하고 열 효율을 높인다. 하가마에 두꺼운 나무 뚜껑을 덮는다(그림 20). 하가마에 무거운 나무 뚜껑이 쓰이는 것은 아시아 벼농사권 중에서도 유례 없는 일본 독자의 취반 기술이다.

쌀을 씻어 잡물을 없앤 다음에 잠시 흡수시키고, 채반에 건져 물을 빼고, 솥에 담아 물을 넣는다. 묵은 쌀과 햅쌀, 쌀의 도정도 등 사용하는 쌀의 상태에 따라서, 넣는 물의 양을 가감한다. 물의 양이 적으면 밥이 다 되었을 때 바닥의 쌀이 타버리고, 물이 많으면 밥이 질어진다. 그래서 밥을 지을 때 물의 양을 맞추기에 신경이 곤두선다. "처음 초로초로, 중간 팟파, 아기가 울어도 뚜껑을 열지 마라"라고 하여, 불에 올린 후에는 다 될 때까지 뚜껑을 열지 않는다. 높은 증기압을 이용하여 쌀을 끓일 때 무거운 뚜껑이 필요하고, 만일 밥 짓는 도중에 뚜껑을 열면, 증기압이 내려가서 좋지 않은 결과가 생길 수 있다. 물 가감이 미묘하다. 처음에는 약불로, 다음에는 센불로 단번에 가열하고, 뚜껑과 솥 사이에서 증기가 새기 시작하면, 화덕에서 장작을 빼내고 남은 불로 밥을 짓는다.

처음부터 센 불로 지으면, 솥바닥에 접한 쌀알이 타버리고, 대류가 방해되어 솥 바닥에서 먼 부분의 쌀알은 설익게 된다. 그래서 처음에는 약한 불로 서서히 솥 전체를 데운 다음, 센 불로 끓어오른 더운 물 안에서 쌀을 익힌다. 그대로 두면 증기가 뚜껑을 들어올려서 끓어 넘치게 되니, 이때에 장작을 빼내고 남은 불을 이용한다. 그러면 끈기가 있는 밥물이 흡수되어서, 쌀알 표면에 코팅이 된다. 그래도 남은 적은 수분은 여열로 데워서 증발시킨다.

일본식 밥 짓기는 끓는 물에서 끓이기와 증기에서 찌기의 2단계을 걸쳐서 완료된다. 이때 중요한 것은 장작을 빼내는 타이밍이다. 너무 빠르면 덜 익은 밥이 되고, 너무 늦으면 탄 밥이 되어 버린다. 전분이 완전히 알파화(호화)하여 솥 바닥에 수분을 남기지 않으면서 태운 밥이 되지 않고, 솥 바닥에 접한 쌀알 부분만이 얇게 눌어붙어 식욕을 돋우는 누룽지 상태가 이상적인 밥 짓기이다.

뚜껑을 열지 말아야 하는 것은, 밥이 되어가는 상태를 관찰하지

못하면서 이 작업이 이루어진다는 말이다. 그 때문에 불조절과 물가감의 엄밀함과 오랫동안의 경험을 필요로 한다. 숙련된 주부라도, 때로는 실패할 가능성이 있다. 이를 방지하기 위하여, 솥 안의 물이 끓는 소리를 듣거나, 김이 오르는 모습을 보거나, 냄새를 맡아서 판단을 한다. 밥짓는 사이에 주부는 화덕 앞을 떠나서는 안 된다. 밥이 완성되면 '밥통인 메시히츠飯櫃, お櫃'에 옮겨 담아서 식사 장소로 옮긴다. 나무로 만든 밥통은 여분의 수분을 흡수하여, 아침에 지은 밥을 저녁까지 보존할 수 있다. 여름 더운 날에는 남은 밥이 변질하지 않도록, 대나무로 만든 밥소쿠리飯籠에 담아서 바람이 잘 통하는 곳에 걸어놓기도 하였다.

밥주걱과 주부권의 상징

밥통과 세트가 '밥주걱'이다. 밥통에서 주걱으로 밥을 떠서, 각자의 밥그릇에 담는 것은 주부의 역할이었다. 이때 잘 자라는 아이들은 다른 가족보다 더 많이 분배하지만, 보리밥이면 맛있는 쌀이 많은 부분을 골라서 가장의 밥그릇에 담는 것도 주부가 해야 한다. 예전에 일본 가정에서는 일상생활의 가계를 남편이 아닌, 주부가 관리하였다. 자급자족 경제시대에는 쌀과 이외 식량의 연간 사용 계획을 세우고, 식량 관리하는 것을 주부에게 맡겼는데, 그것이 가계의 중심 일이었다. 결혼을 하여도, 잠시 동안은 남편의 어머니인 시어머니가 가계를 관리하였지만, 노령이 되면 시어머니가 며느리에서 가계를 맡기고, 주부권을 위양하는 것을 "밥주걱

건넴"이라고 표현한다.

밥의 분배 도구인 밥주걱은 주부권을 상징하는 것이었다. 거기서 밥주걱 넘기는 것은 곡물저장고나 쌀독을 비롯한 가정 안의 모든 관리권을 양도하는 것을 의미하고, 며느리가 주부권을 잡는 것을 상징한다.

자동취반기의 등장

20세기가 되면 경험과 섬세한 판단이 요구되는, 세계에서 가장 어려운 조리라고 말해지는 '밥짓기'를 간단히 하려고 여러 가지 시험을 반복하였다. 예를 들어 도시가스 보급에 따라 미묘한 불가감의 조절이 쉬운 가스를 열원으로 하는 취반 전용의 '가스화덕'이 고안되었다. 1920~30년대에 가스나 전기를 열원으로 조합한 취반기의 발명이 몇 가지 있었지만, 모두 일반 가정에 보급되지는 않았다.

1955년에 '자동식 전기솥'이라는 상품이 발매된 이래 급속하게 밥짓기 자동화가 진행되었다. 현재는 컴퓨터 제어에 의한 '자동취반기'가 보급되었다. 타이머를 설정하면, 희망하는 시간에 취향에 맞는 밥을 먹을 수 있게 되었다. 보온장치가 붙어있어서 언제나 따뜻한 밥을 먹을 수 있다. 가정에서도 취반기에서 직접 주걱으로 밥을 떠서 먹는 것이 보통이고, 취반기를 식탁 가까이에 두게 되었다. 밥짓기는 이제 부엌일이 아니고, 주부들의 밥짓는 고생은 옛날이야기가 되었다. 그리고 하가마羽釜나 밥통은 부엌에서 모습이 사라지게 되었다.

3. 칼과 도마 — 부엌과 일본칼

칼은 요리사의 상징

예전 일본의 직업 요리사에게 칼은 무사의 칼과 똑같은 의미를 갖고 있었다. 음식점의 냄비, 그리고 다른 부엌도구는 점포에 속해 있지만, 칼은 요리사 개인이 소유하는 도구로 여겨졌다. 『호젠지法 善寺* 옆골목의 달』에서 "칼 한 자루를 소창에 싸서 길을 나서는 것도 요리사의 수업" 가사처럼 노래하듯이, 요리사들은 다른 음식점으로 옮길 때 자기의 칼을 갖고 이용한다. 요리장은 새로운 요리사의 칼을 보고, 그 칼이 어디 장인이 만든 것인지, 칼 소유자가 항상 칼갈기를 하고 손질을 태만하지 않았나 등, 그 요리사의 기량을 거의 판단할 수 있다고 한다. 무기 일본도日本刀는 제작자의 이름이 새겨져 있고, 수제의 조리용 칼도 일본도와 마찬가지로 만든 이의 이름이 새겨져 있다.

지금은 이타마에板前라는 말이 직업적으로 일본 요리사를 나타내는 일반 명칭으로 사용되지만, 본래 '이타마에'나 '하나이타花板'라는 말은 '도마 앞'에 위치하는 요리장 등 상급요리사를 나타낸다. 큰 식당의 조리장에서 일하는 요리사는 채소나 생선을 씻거나 생선 비늘을 긁는 '아라이바洗い方', 생선을 굽는 '야키바焼き方', 조

---

* 오사카시 남쪽 번화가인 난바(難波)에 있는 정토종의 절.

림요리를 하는 '다키바煮方' 등으로 분업화되어 있다. 그중에서 최고의 지위에 해당하는 이타마에는 생선회를 써는 도마 앞에 자리 잡고 조리장 전체를 감독한다.

부엌의 일본 식칼和包丁

현재 서양 요리용 칼은 스테인리스 스틸로 만든 것이 보통이다. 일본 요리사들은 이 스테인리스 칼은 날이 지나치게 단단하고, 생선살과 같이 연한 재료를 얇고 아름답게 써는 것에는 부적합하다고 말한다. 일본 식칼은 일본도를 만드는 법을 이어받았다. 에도시대에 세상 실정이 안정되어 무기 수요가 적어지게 되었다. 각지에 일본도 대장장이 기술을 받아서 일본 식칼을 만드는 대장장이가 출현하였다. 일본 식칼은 일본도의 주조와 마찬가지로 강철과 연철을 합하여 만든다(그림 21). 그 때문에 잘 썰릴 뿐 아니라 탄력성이 있어, 미묘한 감촉이 손에 전해지고, 미세한 세공을 하기에 쉽다.

나기리보초菜切り包丁*는 양날이고, 데바보초出刃包丁**와 사시미보초刺身包丁***는 외날칼이다. 서양이나 중국의 칼은 양날인 데 비하여, 외날칼이 발달한 것이 일본 칼의 특색이다.

외날칼 사용을 역학적으로 설명하면, 칼날의 평평한 면은 썰려는 재료에 항상 밀착하고 있고, 썬 단면이 평평하고, 한편 칼날이

---

* 채소칼.
** 생선토막을 내거나 포뜨기에 쓰는 두꺼운 칼.
*** 회칼.

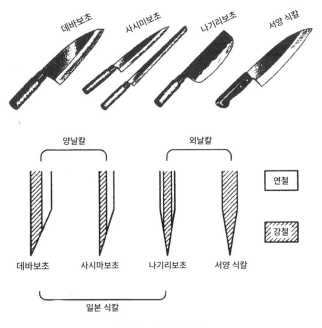

그림 21　여러 가지 식칼

사선인 면은 썰어진 재료가 밀리면서 벌어지게 하는 작용을 한다. 그래서 외날칼을 쓰는 것에 따라 연한 어육의 말랑거리는 단면을 얇게 썰 수가 있다. 연철을 붙여서 만든 외날칼로 재료를 매끄럽게 써는 효과를 갖는 것을 썬 재료의 세포를 전자 현미경으로 관찰하여 증명되었다. 서양이나 중국 칼이 눌러썰기를 하지만 "생선회를 당긴다"는 표현에서 알 수 있듯 일본 요리에서는 당겨썰기의 기술을 중요하게 여긴다.

식칼의 분화

식칼은 오랫동안 단도형의 칼이었지만, 15세기가 되면서 칼자루 폭보다 칼날의 폭이 넓은 칼이 만들어지고, 채소칼이라는 채소 썰기용과 생선 전용의 칼 두 종류가 사용된다. 에도시대가 되면 식칼의 분화가 진행되고, 요리기술이 세련되어진 18세기가 되면, 여러 형태의 식칼이 출현하게 된다.[2]

일본만큼 여러 가지 형태의 식칼이 있고, 요리 재료의 종류에 맞는 사용법을 나누는 나라는 없을 것이다. 폭이 넓은 양날의 '나기리보초', 외날로 칼날이 얇고 가늘고 앞끝이 각이 진 회칼은 '다코히키タコ引き', 앞끝이 뾰족하고 가는 회칼은 '야나기보초柳切包丁: 버들잎 모양의 칼', 외날로 좀 두꺼운 칼은 '데바보초', 요리장인이 사용하는 것으로 '소바기리호초そば切り包丁: 메밀국수용 칼', '아지기리보초アジ切り包丁: 전갱이 썰기 칼', '우나기사기ウナギ裂き'라고 하는 장어 가르기 칼, '스이카보초スイカ包丁: 수박칼', '스지기리보초スジ切り包丁: 힘줄 떼기 칼' 등 여러 종류의 일본 식칼이 있다. 이 다양화의 원인은 18세기 후반 음식점의 발달과 함께, 장어집, 국수집, 초밥집 등 전문음식점이 생기고, 그곳에서 다루는 식품전용의 식칼이 개발되었기 때문이다.

요리사 전용이 아니고, 일반 가정의 부엌에 갖추는 식칼로는 채소칼, 데바칼, 회칼의 세 종류로 옛날부터 부엌의 필수품으로 자리매김했다. 예전 가정요리는 여자의 일로 여겼지만, 커다란 생선이나 닭을 해체하는 것은 남자 역할이어서, 닭고기 전문점이 없는 시골이나 어촌에서는 남성이 가정에서 데바칼을 사용하는 기회도 있었다.

오늘날에는 슈퍼마켓에서 생선 토막이나 만들어 놓은 생선회를 구입하여 먹는 것이 보통이다. 그래서 데바보초나 회칼을 부엌에 둘 필요성이 적어지고, 한 마리를 통째로 조리하거나, 생선회를 뜨는 요리를 취미로 하는 가정에서만 회칼을 두게 되었다. 또한 사철砂鐵을 원료로 한 전통적인 수제 칼은 매우 비싸졌는데, 이 같은 칼을 숫돌에 가는 것은 귀찮은 일이다. 이 같은 상황으로 칼날 끝이 삼각진 '분카보초文化包丁'*와 '과도'뿐인 부엌이 증가하고 있다.

젓가락을 사용하는 문화에서 모든 음식은 부엌에서 젓가락으로 집을 수 있는 크기로 썰어야 한다. 그래서 도마가 부엌의 필수품이 되었다. 무거운 칼로 두들겨서 써는 일이 많은 중국의 부엌에서는 힘을 주어 잡고 내리치는 칼날에 견딜 수 있도록 통나무로 두껍게 만든 원통형 도마가 쓰이는 것이 보통이다. 얇고 가벼운 식칼을 사용하는 한국과 일본의 도마는 중국보다는 두껍지 않고, 장방형이다.

도마

'마나이타まな板: 도마'라는 명칭의 '마ま'는 접두어이고, '나な'는 고어로 생선을 나타낸다. 그래서 '마나이타眞魚板, 俎板'는 원래는 생

---

* 채소칼의 끝을 사선으로 자른 것을 분카호조라 불렀고, 보다 쓰기 편하게 칼등부분을 곡선으로 만든 칼을 산도쿠호초(三德包丁)라 부르고 지금은 구별이 없다.

선을 요리하기 위한 판을 나타낸다. 전문 요리사가 생선요리에 사용하는 손잡이가 붙은 긴 젓가락을 '마나하시眞魚箸'라고 한다. 전통적인 요리의 주력은 생선에 초점을 두고 있었음을 나타내는 명칭이다.

앞서 기술한 바와 같이 전통적으로 부엌일은 몸을 웅크리거나 바닥에 앉아서 한다. 그래서 전통적인 도마는 바닥에 앉아서 작업을 하기 위한 것이므로, 짧은 다리가 붙어있고, 낮은 대의 형태를 하고 있다. 고고학적 발굴에서 발견된 최고의 도마는 4세기 후반에 등장했으며, 이것은 나막신下駄과 같은 형태의 다리가 붙어 있다. 그 후 다리 네 개가 붙은 작은 테이블 모양의 도마가 일반화되었다. 18세기에는 도마의 아랫면에 틈을 만들어, 낮은 직사각형의 판을 끼워 넣은 두 다리의 도마를 많이 쓰게 되었다. 다이쇼시대 이후, 서서 일하는 부엌이 보급되면서 조리대와 개수대 위에 도마를 놓고 썰 수 있도록, 도마는 그냥 두꺼운 직사각형 판이 되었다. 근래까지 도마의 한 면은 생선이나 고기 전용으로 쓰이고, 뒷면은 채소 전용으로 쓰는 가정도 있다. 다리 붙은 도마를 쓸 무렵은 생선용과 채소용으로 두 개의 도마를 갖추는 가정도 많이 있었다.

전통적인 개념에서는 식품을 '쇼진精進'과 '비린 것'의 두 분야로 분류한다. 고기나 생선을 요리하는 것은, 살생과 피의 부정함이 함께하는 '비린 것'의 행위로 볼 수 있다. 본래 도마는 쇼진인 채소를 썰거나 부정의 감염을 염려하였고, 부정한 것을 요리할 때는 도마를 두 개로 나누어 썼다. 같은 이유에서 도야마富山현 등에서 채소를 요리하는 '쇼진 냄비精進鍋', 비린 것을 요리하는 냄비를 '부엔나베不鹽鍋'로 나누어 쓰는 지역도 있다. 불염無鹽이란 소금을 넣지 않은 신선한 생선을 나타내는 말이다.

4. 국물과 다시 ─ 감칠맛의 문화

국물과 맑은 국

일본인은 국물을 좋아한다. 수분이 많은 죽을 먹을 때나 오차츠케お茶漬け 식사 등을 예외로 하고, 일식의 식사는 국그릇이 있는 것이 보통이다. 1즙 1채라는 식단의 최저단위에도 국이 등장한다. 예전에 아키타秋田현 가쿠노타테角館지역 농촌에서 이루어진 설문 결과에 의하면, 이 지역에서는 한 달에 100회 정도 된장국을 먹었다고 한다. 세 번의 식사 이외에 간식으로도 먹기 때문에 이와 같은 결과가 나왔다.[3]

연회 식사에 나오는 국물요리의 기록에는 '시루汁'과 '스이모노吸い物'의 두 가지가 나온다. 에도시대 연회요리에는 밥을 먹을 때 나오는 국물은 '시루'라고 부르고, 술 마실 때 함께 나오는 국을 스이모노吸い物라고 불렀다. 앞서 쓴 것과 같이 혼젠 요리의 연회에는 몇 종류의 국물요리가 제공되지만, 그중에서 밥과 함께 나오는 것이 '시루'이고, 그 밖에는 스이모노라고 한다.[4] 따라서 똑같은 요리법으로 만들었어도 술과 함께 하는지, 밥과 함께 하는가의 식단에서의 위치에 따라, 불리는 이름이 바뀌는 것이다. 현대에는 이와

같은 풍습을 잊고, 두 종류의 명칭을 혼용하고 있다.

요리기술에서 국물요리를 분류하는 경우 '된장국味噌汁'과 '맑은 국すまし汁'로 크게 나뉜다. 어느 국이나 칠기의 나무 완椀에 담고, 정식으로는 뚜껑이 있는 완으로 내는 것이 통례이고, 도자기 '완'은 쓰지 않는다.

국그릇은 보통은 검정 칠이나 붉은 칠을 하고, 외측에 장식적인 문양이 그려진 것이 많고, 안쪽은 검거나 또는 붉은 단색이다. 내측에 무늬가 없으므로 된장국 색이 선명하게 보이고, 투명한 국의 경우 재료의 채소나 생선이 돋보인다는 심미적인 이유일 것이다. 국을 중국에서는 도자기 완, 한국에서는 금속제 완에 담고, 숟가락을 함께 내지만, 일본의 식사예법에서는 나무 완을 들고서 입에 대고 마신다. 현재 가정에서는 나무 완에 칠을 한 진짜 칠기 완보다는 다루기에 간편한 플라스틱제를 사용하는 경우가 많아졌다. 보거나 손에 들었을 때 감촉이 칠기와 구별되지 않을 정도로 정교한 플라스틱제도 있다.

맛있는 국의 기본은 다시だし국물을 만드는 것이다. '다시'의 어원은 '니디스煮出す'라고 한다. 이제 그 문화를 살펴보고자 한다.

다시だし의 문화

육식을 안 하는 일본의 전통적 요리법에서는, 아주 드문 예외를 빼고는, 중국, 한국과 같이 포유류로 국물을 만드는 일은 없다. 그래서 가쓰오부시, 마른 멸치煮干, 다시마昆布, 마른 표고버섯椎茸 등 다시 전용식품이 발달하였지만, 이것은 일본 식문화의 특징 중 한 가지이다. 다시 전용식품은 물과 함께 단시간 끓이는 것이 따라, 그 에센스 대부분이 추출된다. 다시를 빼고 본래의 용도를 마친 '다시 찌꺼기'는 버리거나 조림찬佃煮으로 재가공된다.

이하에 쓰는 바와 같이 다시 전용식품의 보급의 역사에서 보면, 민중의 가정요리에서 다시를 사용하게 된 것은 에도시대 이후의 일이고, 메이지시대가 되어 겨우 상용하게 되었다고 생각된다.

가쓰오부시와 멸치

8세기 『대보율령大寶律令』 중 조정에 헌상품으로, '가다랑어堅魚', '삶은 가다랑어煮堅魚', '가다랑어 끓인 국물堅魚煎汁'이라는 식품이 나온다. 가다랑어는 세 장 뜨기를 하여 말린 것, 삶은 가다랑어는 현재의 나마부시生節*처럼 만들어 건조시킨 것, 가다랑어 끓인 물은 가다랑어를 삶을 때 생긴 국물을 졸인 것이었다고 추정된다.

가다랑어 끓인 국물은 발효 조미료인 '미소', '히시오'와 더불어 고대 상류계급의 조미료로서 쓰였다고 생각된다. 현재에도 가츠오부시 산지인 가고시마鹿兒島현 마쿠라사키枕崎에서 가다랑어 삶은 국물과 마찬가지인 가다랑어의 '센지せんじ'를 제조한다. 가쓰오부시 만드는 공정에서 얻은 삶은 국물을 여과하여, 끈기가 생길 때까지 졸인 것으로, 가다랑어의 감칠맛과 향기의 에센스이고 다

---

* 날가다랑어를 해체하여 찌거나 삶아서 처리한 1차 가공식품으로 나마리부시(生利節)라고도 한다.

시로 쓰인다.

오랫동안 가쓰오부시는 다시 전용식품이 아니고 그대로 먹는 보존식품으로 만들어졌다. 전국戰國시대에 군대식량으로 쓰여서 작은 칼로 깎아서 먹었다. 에도시대가 되면 삶은 가다랑어를 햇볕에 말릴 뿐 아니라, 연기를 씌우는 배건焙乾과 곰팡이를 부착시키는 기술이 적용되었다. 연기로 훈제한 후에 표면에 곰팡이를 배양하면, 어육 중의 수분과 지방분이 감소하여, 어육의 단백질이 여러 가지 아미노산으로 분해된다. 이 곰팡이의 작용과 훈증의 결과, 독특한 감칠맛과 향기가 증가하고, 장기간 변질되지 않고 보존을 할 수 있는, 세계에서 가장 단단한 식품인 가쓰오부시가 완성된다.

가쓰오부시에서 다시를 만드는 것은 무로마치시대 말에 쓰인 『대초전大草殿에서 상전지문서相傳之聞書』가 최초 기록이라 한다. 에도시대 요리서에 가쓰오부시 다시를 상용했을지는 의문이다. 에도시대에는 작은 칼이나 칼로 깎은 것이므로, 깎은 부시節를 만드는 것은 매우 어려웠다. 대패 모양의 가쓰오 깎기削り器는 에도시대에 고안되었지만, 메이지시대가 되어 가정에 보급되기 시작하여 전국의 가정에 필수품이 된 것은 쇼와昭和시대가 된 후이다.

가쓰오부시와 마찬가지로, 이노신산의 감칠맛을 지닌 동물성 다시식품으로 '멸치'가 있다. 멸치는 '이리고炒り子', '자고雜魚', '다시자고出汁雜魚'라고도 불리는 정어리 새끼 등 작은 생선류를 소금물에서 삶아서 햇빛에 건조시켜서 만든다. 일본의 연안에서 대량으로 어획되는 정어리는 식재로서 상품가치가 낮은 흔한 생선으

로 여겼다. 에도시대에 정어리 망어업이 번창하면서, 그 잡어를 삶아서 값이 싼 등유인 어유魚油를 만들었지만, 호시가干鰯라는 비료로 가공하는 것도 많았다. 현재의 멸치와 다른 점은, 세토나이 해에서는 18세기부터 있었다고 한다. 각지에서 멸치가 생산되게 된 것은 메이지 1888년 이후이다. 가장 서민적인 다시 식품인 멸치의 보급에 따라, 다시를 만들어 된장국을 만드는 것이 보통이 되었다. 그 이전에는 다시 없이 된장국을 만드는 농가가 많았다.

다시마와 표고

홋카이도와 동북지방의 산물인 다시마는 나라시대부터 수도로 옮겨졌다. 고대, 중세에는 다시를 사용하지 않고, 그대로 또는 불에 구워서 먹는 보존식품으로 용도가 다양했다.

무로마치室町시대, 서회항로西廻海運의 후쿠이福井현 쓰루가敦賀에서 다시마를 걷어, 비와코琵琶湖를 거쳐 교토로 옮겨졌다. 이 무렵부터 다시마를 다시에 사용했을 것이다. 에도시대에는 에소지蝦夷地*의 개척이 시작되면서, 다시마는 홋카이도의 중요한 산물로 여겨지고, 기타마에부네北前船**에 대량의 다시마가 오사카에 집하되

---

* 홋카이도의 옛 이름.
** 에도시대부터 메이지시대에 걸쳐 일본해 해운에서 활약한 주로 구매중심의 북국 운송선의 명칭. 구매 운송선은 상품을 맡아 운송하는 것이 아니라 항해하는 선주 자체가 상품을 사고, 그것을 판매하여 이익을 운송선을 가리킨다. 처음에는 오미(近江) 상인 이 주도권을 쥐고 있었지만, 후에 선주가 주체가 되어 무역을 할 수 있게 된다. 위는 쓰시마 해류에 저항하여 호쿠리쿠(北陸) 이북의 일본해 연안 여러 항구에서 시모노세키를 통해 세토나이카이(瀬戸内海)의

고, 그곳에서 전국으로 유통되었다. 집하지인 교토, 오사카를 중심으로 무로마치시대 말까지 에도시대의 고급 요리에 다시마 다시를 사용하게 되고, 가미가타上方 요리의 다시마 다시, 에도요리의 가쓰오부시로 불린다.

앞서 쓴 바와 같이 에도시대, 오키나와는 중국에 수출하기 위한 다시마의 집하지여서 소비량은 전국 첫째이고, '구부이리치: 다시마 볶음' 등 오키나와 음식의 식재로 자주 사용된다. 그러나 육식이 금지되지 않았으므로, 다시는 돼지고기와 가쓰오부시로 만들고, 다시마를 이용하는 것은 일반적이지 않았다. 역사적으로 중국에 수출되는 식품으로 다시마와 더불어 말린 표고가 있다. 이것은 감칠맛의 원천인 구아닐산을 함유하는 식품이다. 원래는 야생 표고를 채집하여 이용하였지만, 19세기부터 원목에 칼집을 넣어, 그곳에 천연 포자를 부착시키고 기다리는 반재배半栽培*를 하게 되었다. 메이지시대 이후에 원목에 종균을 이식하는 기술이 발달하고, 표고는 재배작물이 되었다.

실증을 위한 기록을 찾아보면, 확언은 할 수 없지만, 식물성의 감칠맛 식품인 다시마, 말린 표고버섯의 다시는 중세의 절에서 개발되었을 가능성을 생각할 수 있다. 다시 전용식품이 보급되기 이

오사카로 향하는 항로와 이 항로를 왕래하는 선박을 말한다. 서회항로(西廻海運)의 통칭으로 알려져 항로 나중에 에조(홋카이도·사할린)까지 연장되었다.

* 방치적인 재배, 야생 식물의 이식, 야생 식물로 치료, 이른바 마을 산의 식물 등을 나타내는 개념이다. 품종 개량에 의해 만들어진 재배 식물의 계획적인 재배과 완전한 야생 식물 채집의 중간 영역을 차지하는 활동 전반을 가리킨다.

전, 맛있는 조림이나 국물요리를 만들 때는 '아사지루潮汁'처럼 어패류나 조류를 한데 끓이는 것으로, 재료에 포함된 동물성식품의 감칠맛을 추출하였다. 선종禪宗 등 일체 동물성식품을 입에 대는 것이 금지된 절에서의 식사에 맛을 부가시키는 것으로 다시마와 표고버섯의 감칠맛이 인식되게 된 것이 아닐까?

감칠맛의 발견

단맛, 기름, 감칠맛을 맛의 3대 요소라고 한다. 설탕과 같은 고칼로리의 식품의 단맛을 맛있게 여기는 것은 인류에 공통된다(마찬가지로 고칼로리의 유지를 섭취하면, 뇌안에 쾌감물질이 생성되어, 맛있게 느끼는 것이 최근의 연구에서 명백해졌다). 다시는 고칼로리는 아니지만, 성분이 포함된 감칠맛 물질과 향기가 식욕을 증진시키는 효과를 갖는다.[5]

일본 요리의 기존 기술로 다시를 만드는 것이 발전한 배경에는, 고기, 유지, 강렬한 스파이스를 사용하지 않는 전통적인 식생활에 있다. 동물의 단백질이나 지방이 풍부한 식재는 물에서 끓이는 것만으로 아미노산이나 지방이 녹아 나와서 맛있게 된다. 그 때문에 다시를 넣지 않아도, 비프스튜는 맛있는 것이다. 유럽의 채소요리에는 버터나 유지를 사용하고, 채소 샐러드 드레싱에도 식물성유를 사용한다. 감칠맛과 연이 먼 채소에 유지를 첨가하여 식욕을 돋우는 것이다.

단맛이 있는 저芋류 등을 제외하면, 일반적으로 채소는 소금만으로 맛있게 되지는 않는다. 일본에서는 채소를 끓일 때, 된장이나 간장으로 맛을 내지만, 된장, 간장에는 짠맛 이외에, 감칠맛 성분인 각종 아미노산, 특히 글루타민산이 많이 포함되어 있으므로, 요리를 맛있게 느끼는 것이다.

유럽의 학자들에 의하면, 인간이 느끼는 미각은 단맛, 짠맛, 쓴맛, 신맛의 4종류가 있다는 설이 제출되었지만, 일본의 과학자들은 이것에 이의를 제기하였다. 일본인에 있어 중요한 다시의 감칠맛은 그것으로 설명되지 않는 것이다. 이 4원미原味로 말해지는 것은 어떤 조합도 가쓰오부시와 다시마 다시의 맛은 속하지 않는다.

20세기가 되면, 일본인 과학자들에 의하여, 다시의 성분이 차차로 발견되었다. 우선 최초에는 이케다기쿠지池田菊苗 교수가 다시마의 감칠맛은 글루타민산인 것을 발견, 그 다음 해에는 밀에서 글루타민산을 분리, 생성하여, 결정상태의 조미료 '아지노모도味の素'가 발매되었다.

가쓰오부시, 멸치, 고기의 감칠맛 성분은 이노신산이고, 표고의 감칠맛 성분은 구아닐산인 것이 일본인 과학자들에 의해 판명되었다. 이 다시 물질이 가져온 미각은 앞의 4원미와는 성질이 다른 다른 맛, 다른 구조로, 혀에서 뇌로 전달하는 제5의 맛임이 증명되었다. 이들 감칠맛을 나타내는 물질은 일본어로 '감칠맛 물질umami substance'이라는 명칭으로 국제학계에서 통용하게 되었다.

다시마와 가쓰오부시를 합하여 다시를 만드는 일이 자주 있지만, 다시마의 감칠맛 성분인 글루타민산과 가다랑어의 이노신산이

상승 작용을 높여 다시마 다시의 10배 이상의 감칠맛을 느끼게 되는 것을 과학적으로 증명된다. 이 같은 연구를 바탕으로 감칠맛 물질을 공업적으로 생산하는 일본 독자의 '다시산업'이 발달한 것이다.

현재에는 가쓰오부시용의 대패를 갖춘 가정의 부엌이 적어졌다. 그리고 화학조미료의 결정을 사용하는 것도 적어졌고, 천연의 재료를 주원료로 하여 농축된 액체상이나 분말형의 각종의 '다시노모토だしの素'가 이용되는 것이 많다.

3장
외식, 요리, 음료

여기서 소개하는 음식들은 일본 독자에게는 아주 익숙한 것이지만, 그 역사에 대해서는 그리 알려져 있지 않다. 또한 음식飲食하는 행위의 배후에 숨겨진 일본적 개념에 대하여, 필자의 독자적 견해 일부를 이 책에 수록하기로 한다.

우선 일본음식점의 다양성에 관한 내용으로, 음식점에서 내오는 생선회, 초밥, 스키야키 등의 요리나 두부와 낫토, 면류 등의 식품에 대하여 쓰고, 마지막 2장은 차와 술에 대하여 쓰고 있다.

1. 외식점 ― 고밀도 분포

음식점의 고밀도 분포

2006년 총무성 「사업소·기업통계조사」에 의하면, 일본 전국에

72만 개소 음식점이 있다. 이 통계에 의하면 음식점에는 식사를 제공하는 음식점 외에 찻집도 포함되어 있다. 많은 찻집에서는 커피, 홍차 등 음료 외에 샌드위치 등 간단한 음식을 제공하는 것이 보통이므로, 이 72만 개소는 식사를 하는 것이 가능한 시설로 간주해도 좋다. 단순 계산을 하면 국민 1,000명당 약 6개소 음식점이 존재하는 것이다. 일본은 세계에서도 음식점이 가장 고밀도로 분포하고 있는 나라일 것이다.[1]

대도시에서는 동남아시아, 인도, 터키, 멕시코 등 에스닉 요리를 내는 레스토랑도 많다. 세계의 요리를 먹을 수 있지만, 외국 기원 요리의 레스토랑이 많은 것은, 서양 기원의 요리를 내는 양식집과 중국음식점이고, 이어서 한국음식점이 많다. 지방의 작은 길거리에도 일본음식점 이외에 중국음식점과 햄버거, 피자 등의 패스트푸드를 파는 음식점도 있다.

현재 일본음식점을 실용적으로 분류해보면 '요정', '이타마에갓포板前割烹', '전문점', '이자카야居酒屋'로 나눌 수 있다.

요정料亭

요리찻집의 계통을 이은 요정에서는 고급 일본 요리를 코스로 제공한다. 고층 빌딩에서 개업한 요정도 있지만 많은 경우 요정은 건물 한 채의 전통적인 목조 건축, 또는 그와 같은 전통적인 건축과 비슷한 점포를 갖추고 있다. 고급 요정에서의 식사는 다다미방에서 제공된다. 각각의 방은 일본 정원을 면하여 경치를 즐길

수 있도록 설계되어 있고, 방의 도코노마床の間에는 꽃꽂이와 더불어 그림이나 글이 걸려있다. 고가의 도자기나 칠기 식기가 사용되므로, 일류요정의 창고는 여러 가지 미술품의 보관소이다. 이와 같이 식기에 미적으로 담긴 요리를 기모노를 입은 여성이 나른다.

요정은 요리의 맛을 즐길 뿐만 아니라 미적공간이 아니면 안 된다는 통념이 있는데, 그것은 차노유와 함께 하는 식사인 가이세키懷石 요리의 미학이 고급요정에 받아들여졌기 때문이다.

이타마에갓포板前割烹

요정에 이어 다음으로 자리한 것이 이타마에갓포이다. 이타마에板前란 요리집 주방의 '도마 앞'이라는 뜻이 바뀐 것으로 전통적 일본 요리에 종사하는 요리사를 가리키는 말이다. 갓포割烹란 '썰고, 끓인다'는 말이 원래 뜻이지만, 지금은 요리를 뜻하는 말로 사용된다.

이타마에갓포점은 하나의 공간에 조리장과 객석이 설치되어 있어, 손님이 직접 요리사에게 주문을 하면, 요리사가 요리하는 것을 보거나, 요리사와 손님이 대화를 하면서 식사할 수 있는 다이닝키친형식의 점포이다. 초밥집 등의 전문점에서도 같은 형식의 점포가 보이지만, 이타마에갓포점에서는 여러 종류의 일본 요리를 즐길 수 있다. 대부분의 이타마에갓포점에서는 질이 높은 일본 요리를 제공한다. 완성된 요리를 요리인이 눈앞에 있는 손님에게 내주고, 따로 나르는 사람을 고용하지 않아도 되며, 요정처럼 인테리어·디자인이나 식기에 돈을 쓰지 않으므로, 요정 수준의 요리를 비교적 싼값으로 먹을 수 있다. 이타마에 갓포점은 1920년대에 간사이關西에서 시작하여 대도시에서 유행하게 되었다.

전문점

어떤 특정한 요리를 전문화한 레스토랑이 많은데, 에도시대 이래 일본 외식의 특징이다. 여러 가지 요리의 전문점이 있지만, 가장 많은 것이 '메밀국수집', '우동집'과 '초밥집'이었다. 장어 가바야키蒲燒를 파는 '장어집', '덴푸라집'도 많다. '복어요리집'을 개업하는 것은 각 도도부현道都府縣에서 시행하는 시험에 합격하고, 복어조리사 면허를 갖은 요리사가 아니면 안 된다. 중국 요리의 경식을 일본풍으로 변형한 전문점이 '라면집'과 '교자집'이고, 일본풍의 카레라이스를 특화한 전문점이 '카레집'이다. 세계 다른 나라도 마찬가지로 햄버거, 프라이드 치킨, 피자 등의 패스트푸드 전문점도 많다.

이자카야居酒屋

'이자카야'는 일본식의 펍Pub이다. 에도시대 술집의 단골손님은 일일기술자였는데, 20세기에 이르러 도시의 회사원도 술집에 가게 되었다. 1980년대가 되면서 젊은 여성도 그룹으로 술집에서 보는 것은 보통이 되었다.

대부분 술집에서는 재빨리 제공할 수 있는 술안주와 '오뎅'이외에 밥과 된장국을 준비하고 있다. 거기서 술을 마시면서 요리를 두 세 접시 먹고, 최후에 밥을 주문하는 것처럼, 술집에서 식사를 하고 귀가할 수 있다.

2. 생선회刺身 — 요리를 안 하는 요리

모순된 요리관

전통적인 요리사상에는 다른 문명 여러 나라의 요리 철학과는 확연히 다른 측면이 있다. 유럽이나 중국의 요리에 관한 개념에는 "요리란 그대로 먹을 수 없는 것에 비하여, 인간이 기술을 구사하여 식용 가능한 것으로 변화시킨 행위이다", "요리란 자연에는 존재하지 않는 맛을 창조하는 것이다"라는 주장이 강하다.

예를 들어 중국의 광동인들은 자신들의 요리 기술을 자부하며 "발이 4개 달린 것 중에 먹을 수 없는 것은 책상뿐이고, 다리 두 개 중 먹을 수 없는 것은 부모님이다. 날개 달린 것 중 먹을 수 없는 것은 비행기뿐이고, 물 속에 있는 것으로 먹을 수 없는 것은 잠수함뿐이다"라고 한다. 무엇이든지 식용 가능한 것으로 바꿀 수 있다고 호언장담을 한다. 그에 비하여 전통적인 일본 요리에 관한 사상은 인공적 기술을 최소한으로 멈추고, 되도록 자연에 가까운 상태로 먹어야 한다는 것을 강조되었다. 저명한 일본 요리사들은 "요리 기술보다 중요한 것은 신선한 소재를 골라서, 재료의 지닌 맛을 살리는 능력이다", "요리사가 피해야 할 것은 요리를 지나치게 하는 것이다"라는 주장을 계속해 왔다.

일본의 고급 요리 중 '요리를 하지 않는 요리'의 대표는 생선회이다. 생선회는 날생선 살을 썰어서 담고, 조미료를 곁들이는 단순한 요리이다. 그럼에도 불구하고, 일본인은 생선회를 가장 세련된 음식으로 생각한다. 생선회와 그 전신인 나마스는 일본 요리 식단의 왕좌를 차지하여 왔고, 고급 일본 요리의 식단에 생선회를 빠질 수 없는 것이다.

일본인이 생선 요리의 맛을 평가할 때는 맛의 좋고 나쁨이나, 요리사의 기술을 평가하기 전에 평소의 문제로 삼는 것은 그 생선이 신선한지 아닌지이다. "우선 날로 먹고, 다음에는 구워서 먹고, 그래도 안 되면 조려서 먹는다"는 격언이 있다. 즉, 신선도가 좋은 생선을 즐기는 데 최소한의 요리 기술인 '썰다'와 최소한의 맛내기인 간장과 고추냉이(와사비)를 곁들여서 날생선회로 먹어야 한다. 생선회로 먹을 때 선도에 문제에 있는 생선은 생식生食에 비해 단순한 요리법으로 구워서 먹을 것이다. 구운 생선에 대해서 문제가 있을 정도로 선도가 떨어진 생선은 보다 복잡한 요리법인 조리는 기술을 적용하여, 간장, 된장, 술, 그 밖의 조미료에 따라, 인공적인 맛을 부가하여 먹으면 좋다는 것이다.

반문화적 요리

프랑스 인류학자 클로드 레비스트로스Claude Lévi-Strauss(1908~2009)의 이론에 의하면 "굽는 요리법은 식품을 직접 불에 쬐는 것에 비하여 삶는 행위는 물과 용기라는 이중의 매개물에 따라 화열火熱과 식품과의 간격이 있다. 문화라고 하는 것은 자연계와 인간 사이의 매개물로 작용하는 것이 있으므로, 화열이라는 자연계 현상을 물과 용기라는 이중 매개물을 통하여 작용시켜서 삶는 행위가 굽는 것보다 문화적인 행위이다"라 하였다. 이 이론을 받아들인다면, 삶는 것보다도 굽는 것을 중시하고, 더구나 자연 그대로 상태의는 날것으로 먹는 것에 가치를 찾아낸 일본인의 생선요리에 대한 관념은 반문화적인 가치체계인 것으로 되는가? 그러면 어떻게 되는 것인가? 날생선을 먹는다는 것은 일본에 한정된 것은 아니다. 태평양 여러 섬에서 감귤류 즙, 코코넛밀크, 해수나 소금의 맛을 낸 날생선 살을 먹는 습관이 있고, 페루의 세비체Ceviche도 날생선 요리이다.

중국에서는 고대부터 동물의 고기나 생선살을 잘게 썰어서, 초를 사용한 조미료로 무쳐서 먹는 회요리가 있었다. 그 후 시대가 지나고, 한족은 날것을 먹지 않게 되고, 모든 것을 화열로 처리하는 요리체계가 발달하여, 날생선을 안 먹게 되었다. 그래도 광둥성과 푸젠성에서는 '류샹魚生'이라는 날생선 요리가 남아있지만, 담수어를 많이 사용하므로, 생선의 기생충이 인간에 감염할 위험이 있다. 그 방지를 위하여 1945년 이후에 날생선 요리는 금지되었다. 그러나 현재 타이완이나 광둥성, 푸젠성 출신 중국인이 많은 싱가폴에서는 중국 스타일의 생선회를 먹을 수 있다.

한국에서는 '회'라고 하여, 날소고기나 생선을 썰어서, '고추장'

과 식초를 기본으로 한 조미료로 무쳐 먹는 요리를 현재도 먹고 있다. 일본의 한국음식점에서 제공하는 '육회'는 한자로는 '肉膾'로 표기한다.

나마스에서 사시미로

일본에서는 고대부터 날어패류나 채소, 때로는 조류나 포유류의 날고기를 가늘게 썰거나 얇게 썰어서, 식초를 기본으로 만든 조미료에 무친 나마스를 먹어왔다. 가마쿠라시대 『주시유기厨事類記』의 1399년 기사에 "사시미指身, 잉어, 이리사케煎り酒, 와사비ゎさび"라고 하는 것이 처음 나온다. 이리사케는 무로마치시대에 만들어진 조미료로 오래된 술에 가쓰오부시, 매실장아찌, 다마리たまり 소량을 넣어 끓여서 거른 것이다. 조각낸 생선의 어종을 알 수 있도록, 생선의 지느러미나 아가미를 생선살에 꽂아서 제공하였다는 설과 무가武家 사회에서는 '자른다'는 말을 싫어해서 '기리미切身'가 아니고 '사시미刺身'라고 표현한다는 설도 있다.

생선 나마스와 사시미가 같은 뜻으로 사용된 시대를 거쳐서, 에도시대가 되면 현재와 같은 사시미 먹는 법이 성립하였다. 나마스는 가늘게 썰어 초를 사용한 무침인데 비하여, 사시미는 나마스보다 크게 썰어서, 이리사케나 간장을 작은 접시에 담아서 제공하고, 와사비 등 양념을 곁들인다. 에도시대에는 이리사케, 겨자초, 생강된장 등으로 사시미를 먹었지만, 이후에는 간장을 찍어서 먹는 것이 주류가 되었다. 간장은 에도시대 도시에서 보급된 조미료이므로, 사시미에 간장을 찍어서 먹는 법은 도시민에게 유행하게 된 것으로 생각된다.

고추냉이인 와사비는 일본 원산의 야생식물이지만, 에도시대에 사시미가 유행하면서, 수요에 비해 공급이 부족하게 되어 재배하게 되었다. 잉어 등 담수어 사시미도 있지만, 담수어의 진흙 냄새를 없애기 위해 초된장으로 먹는 경우가 많다. 일반적으로 사시미는 해수어를 이용한다. 사시미로 쓰이는 생선은 아주 선도가 좋은 것이 요구된다. 따라서 사시미용 생선은 고가이고, 냉장기술이나 운송수단이 발달하지 않은 시대에 내륙에 사는 이들은 바다 생선의 사시미를 먹는 기회가 아주 적었지만 성찬이었다.

3. 스시 — 보존식품에서 패스트푸드로

에도江戸에서 시작된 니기리즈시握りズシ

지금은 전국의 스시집 대부분이 '니기리즈시'를 주력상품으로 내놓는다. 니기리즈시는 19세기 초에 에도 시내에서 유행하게 된 것으로, 말하자면 에도의 지방요리였다. 에도 거리의 포장마차에서 서서 먹던 음식으로 발달하였고, 젓가락을 사용하지 않고 손으로 먹는 것이 보통이었다. 메이지明治시대가 되면 도쿄의 문화가 전국을 제압하게 되면서, 각지의 도시에 니기리즈시를 먹을 수 있는 점포가 출현하였다. 간토대지진으로 초토화된 도쿄에서 스시기술자가 전국으로 흩어져서 니기리즈시 전문점을 개점하였다.

제2차 세계대전 때 쌀 배급제도가 시작되고 외식권外食券이 없어지자, 식당에서 쌀을 먹을 수 없게 되었다. 전후 식량난 시대인 1949년의 「음식점운영 긴급조치령」으로 외식이 제한되었을 때 도쿄의 스시집 조합이 스시집을 '음식업'이 아니라 '위탁가공업'으로 당국에 인정받았다. 쌀 한 홉을 가져가면 니기리즈시 10개를 만들어 주고, 점포에서 먹거나 갖고 돌아갈 수도 있었다. 이렇게 전국의 스시집이 니기리즈시를 제공하게 되었다. 그 이전에는 각지의 도시에는 '고등어초밥', '감잎초밥', '술초밥', '오사카초밥' 등 각 지역 명물을 제공하는 스시집도 있었다. 또한 향토 요리로 초밥은 점포에서 먹거나 행사 때에는 가정에서 만들기도 하였다.

니기리즈시는 주먹진 쌀밥 위에 얇게 썬 생선살을 얹는 단순한 식품이지만, 모양을 좋게 만드는 것은 수련이 필요하다. 가정 주부가 만들기는 곤란하므로, 전문 기술자가 만들어 주는 것을 즐기는 외식 요리로 여기게 되었다.

전국에 퍼진 에도마에江戸前 니기리즈시는 현재에는 일본 국민식으로, 세계에서 인정받게 되었다. 해외에서 스시라고 하면, 니기리즈시, 또는 마키巻き즈시를 이른다. 현재 세계 대도시의 대부분에 스시집이 있다. 1958년 처음 오사카에서 생겨난 '회전초밥집'도 지금은 세계 어디에서나 볼 수 있다.

스시スシ의 역사

'니기리즈시', '노리마키즈시のり巻きズシ: 김말이 초밥', '치라시즈시

ちらしズシ: 흩음 초밥'는 18세기 후반부터 19세기 초엽에 출현한, 새로운 초밥이다. 앞에서 쓴 것과 같이, 일본의 고대, 중세의 스시는 동남아시아나 중국의 논농사지대에 분포하는 '나레즈시ナレズシ: 삭힌 초밥'였다. 비와코 호반에서는 현재에도 나레즈시를 만들고 있다. 예전에는 여러 생선이 나레즈시의 재료가 되었지만, 현재에는 '긴꼬리붕어煮頃鮒, 似五郎鮒, Carassius auratus grandoculis'를 원료로 하는 '후나즈시'가 명물로 되었다.

4~6월 산란기에 잡은 긴꼬리붕어의 비늘과 알 이외의 내장을 없애고, 많은 소금으로 절여놓는다. 7월 하순에 염장한 붕어를 씻어서 여분의 소금기를 없애고, 나무통 바닥에 쌀밥을 깔고, 그 위에 절였던 붕어를 나란히 놓고, 다시 쌀밥을 얹는 식으로 반복하여, 생선과 쌀밥을 켜켜로 재워서 안 뚜껑을 덮고, 그 위에 무거운 돌을 얹고, 물을 넣어 보존한다. 담긴 물은 공기를 차단하여 산화를 막고, 소금은 부패를 방지하고, 쌀밥은 유산발효를 한다. 그 신맛이 생선살에 스며들어, 단백질의 일부가 감칠맛의 원천이 되는 아미노산으로 분해된다. 300g 정도 붕어이면, 정월에는 뼈까지 연하게 되어 먹기에 알맞게 되지만, 1kg의 큰 붕어는 2년 정도 두어야 맛있다. 먹을 때는 죽 같은 상태가 된 밥을 치우고, 얇게 썰어서 술안주나 밥반찬으로 먹는다.

'생나레즈시'가 출현한 것은 15세기 이후로, 일본의 스시는 아시아의 다른 지역과는 달리 독자적으로 발전을 하였다 절인 생선과 쌀밥을 섞어서 누름돌을 얹어, 수일에서 1달 정도 안에 먹는 것을 생나레즈시라고 한다. 이때는 밥에 약한 신맛이 있지만, 밥은 죽 상태가 아니고, 아직 밥알이 살아있는 상태인 생선즈시이다. 그래서 쌀밥을 버리지 않고, 생선살과 함께 먹는다. 나레즈시는 생선만을 먹는 부식품이었지만, 생나레의 출현에 따라, 스시가 주식과 부식을 합친 스낵음식으로의 성격을 갖추게 된 것이다.

나레즈시는 특정의 어획기에 집중적으로 잡힌 생선의 대량보존법으로서 만들어져서, 연간 내내 이용하는 보존식이다. 이에 비하여 생나레즈시는 마츠리나 연회 등 행사에서 먹는 것을 목적으로 소량씩 만들어졌다. 상비 보존식품이 아니고 기호식품화 되었다. 그래서 스시의 원료 생선도 한 번에 대량 잡히는 것을 고집하지 않고, 다양화하여 여러 가지 바다 생선이 쓰이게 되었다. 또한 생선만이 아니고, 채소를 쓴 쇼진 스시도 만들어지게 되었다. 소량을 단시간에 먹기 위해서 작은 나무상자에 밥을 채우고, 그 위에 생선살을 얹고, 안쪽 뚜껑을 하여 누름돌을 얹어서, 만들어진 초밥을 칼로 썰어 먹는 '하코즈시箱ズシ: 상자 초밥'가 만들어지게 되고, 발전하여 현재 오사카의 명물 하코즈시가 되었다.

17세기 말이 되면 유산발효에 의한 산미의 생성을 기다리지 않고, 밥이나 생선에 초를 넣어서 초산의 신맛을 손쉽게 맛을 낸 '하야즈시早ズシ: 빠른 초밥'가 만들어지게 되었다. 그리고 19세기 초에 에도의 길거리에서는 생선에 초맛을 내지 않고, 나무통이나 상자를 쓰지 않고, 손으로 쥔 '니기리즈시'가 유행하게 되었다. 보존식품으로 출발한 초밥은 발전을 거듭하여 니기리즈시가 되고, 패스

트푸드에 다다르게 되었다. 그것도 밥에 식초를 넣어 반드시 신맛이 나게 하는 것은 고대로부터 전통이 간신히 남아 있다.[2]

4. 스키야키 — 식탁에서의 새로운 전통

서리 내린霜降 고기

일본의 소는 매일 맥주를 마시고, 브러시로 마사지를 받으면서 키운 고기가 서리가 내린 듯 된다고 믿는 외국인이 있다고 한다. 소 전용의 비어홀이나 마사지숍이 있을 리가 없고, 보통의 육우가 이와 같은 사치스런 대우를 받지는 않는다. 한편, 지방이 잘게 퍼져있는 일본의 꽃등심霜降 고기를 먹고, "지나치게 연해서, 씹는 감이 없어서 케이크 같다. 지방이 지나치게 많고, 건강에도 좋지 않다"는 감상을 갖는 외국인도 있다. 지방의 맛을 알게 되어, 연한 육질의 꽃등심 고기는 스키야키를 맛있게 먹기 위해 개발되었다. 앞에서 쓴 대로, 도쿄의 규나베牛鍋는 소고기, 파, 두부와 함께, 다시, 간장, 미린, 술 들을 배합한 '와리시타割りした'로 끓인 요리이다. 간사이關西 스키야키는 '와리시타'를 쓰지 않고, 우선 고기를 굽고, 여러 가지 채소를 넣고, 간장, 설탕, 술, 미린 등을 조미료를 끼얹어서 끓이고, 날달걀을 찍어서 먹는다.

간토대지진으로 도쿄가 붕괴상태가 되고 나서, 오사카나 교토의 간사이식 음식점이 도쿄에 진출하였다. 간사이 요리가 들어온 이후, 와리시타로 끓이는 것은 변하지 않았지만, 여러 종류의 야채소를 넣고, 날달걀을 담갔다가 먹게 되었다. 규나베라는 명칭은 사어死語화되고, 간토에서도 스키야키라고 부르게 되었다.

샤브샤브

스키야키와 함께 소고기를 사용한 냄비 요리에 샤브샤브シャブ シャブ가 있다. 이것은 베이징의 명물요리인 '솨양러우刷羊肉'의 일본판이라 할 요리이다. 솨양러우는 중앙에 숯을 넣어 연통이 붙어 있는 훠궈火鍋*라는 냄비에서 펄펄 끓는 장국에, 아주 얇게 썬 양고기를 젓가락으로 집어서 헹구어 소스에 적시어 먹는다. 쇄刷는 '헹구다, 슬쩍 씻는다'는 의미를 갖는 단어이다.

샤부샤부는 베이징에 살던 일본인들에 의해 전해져서, 제2차 세계대전 이후 간사이에서 유행한 요리이다. 양고기 대신에 얇게 썬 소고기를 시용하였는데, 이것도 마블링된 고기를 좋아하여, 일본식으로 변형되어 훌륭한 일본 요리가 되었다. 돼지고기 샤브샤브도 자주 먹는다. 샤브샤브라는 명칭은 고기를 흔들 때의 의성어에서 유래되어, 오사카에 있는 소고기 요리전문점에서 기원한 말이다.

'난교乱交' 요리

수고를 덜 하려고 완성된 요리를 냄비 채로 식탁에 내면, 각자의 식기에 덜어서 먹는 것은 세계 각지에서 약식으로 먹는 방법으

---

* 일본에서는 샤부샤부나베, 한국의 신선로 그릇과 비슷한 모양.

로 행하여지고 있다. 그러나 동아시아에서 발달한 냄비 요리는 식탁에 재료와 열원을 놓고, 식탁에서 요리를 만들면서 먹는 것이 특징이다. 그것은 젓가락과 숯을 사용하는 문화권의 특징적인 요리법이다. 끓고 있는 냄비에서 직접 먹는데, 냄비 요리는 뜨겁고 몸을 따뜻하게 해주므로, 일본에서는 겨울에 인기가 있다. 재료를 썰기만 하면 수고가 들지 않아서, 냄비 요리는 누구나가 요리장이 되는 즐거움이 있다. 많은 가정에서 겨울에 한 주에 한 번은 냄비 요리를 하고 있을 것이다. 그러나 현재의 냄비 요리가 성립된 것은 스키야키의 예에서 보듯이, 메이지시대 이후의 일이다.

19세기에 육식이 부활하고부터, 규나베=스키야키가 보급되었지만, 생선이나 두부를 주재료로 하는 냄비 요리는 그 이전부터 있었다. 그러나 현재의 냄비 요리와 같이 한 냄비에 여러 사람이 함께 둘러앉아 먹는 것은 아니었다. 앞에서 서술한 바와 같이, 전통적인 일본인의 먹는 방법은 개인별로 음식을 미리 담는 것이 원칙이었다. 같은 냄비나 식기에 젓가락을 넣고 먹는 것은 터부이고, 같은 그릇에서부터 음식을 나눌 때는 누구의 입에도 닿지 않은 중립의 젓가락인 더는 젓가락取り箸*을 사용하였다. 입에 닿은 젓가락을 섞이는 것에 따라, 타인의 더러움이 옮겨지는 것을 방지하는 것이다.

따라서 예전의 냄비 요리는 개인 단위의 냄비를 사용하였다. 예를 들어 아키타현의 명물요리인 '쇼츠루나베ショッツル鍋'는 이 지역

---

* 도리바시=사이바시(菜箸).

의 특산품인 어장인 쇼츠루를 조미료로 하여, 생선과 야채소를 끓이는 요리이다. 지금은 대부분 한 개의 토기 냄비에 가족 전원이 둘러앉아 먹는다. 그러나 예전에는 한 사람이 숯을 담은 곤로 1개와 냄비의 역할을 한 가리비 조개껍데기를 이용하여 한 사람씩 자기 조개껍데기에 요리를 해서 먹었다. 아이들이 혼자서 요리할 능력이 있다고 인정되는 나이가 되면, 자기가 사용할 조개껍데기 냄비가 주어진다. 쇼츠루 냄비는 '가야키貝燒き'라고 불린다.

에도시대의 그림 자료에도 작은 곤로에 작은 냄비를 얹어서 '유도후湯豆腐' 등을 1인용 냄비에서 만드는 정경이 그려져 있다. 부부, 친자와 같이 아주 친밀한 관계자들의 경우에는 같은 냄비에 젓가락을 넣어 먹는 때도 있었을 것이다.

메이지시대에 각자 젓가락을 한 냄비에 넣어 먹는 냄비 요리가 출현했다. 이는 젓가락을 통하여 냄비 요리를, 함께하는 동지의 인격을 혼교混交하여 먹는 것이다. 그러나 일상적인 예법을 깨는, 말하자면 '난교파티'이다. 이처럼 먹는 방법은 먹는 사람들에게 동지의 연대감을 높이는 효과를 갖는다. 그래서 스키야키 등 냄비 요리는 다른 지방의 출신자가 모이는 학교의 기숙사나 숙사宿舍에서 연대의식을 강화하는 요리로 자주 만들어졌다.

냄비 요리가 발달한 것은 중국, 한국, 일본이다. 이 동아시아 여러 나라에서는 예전부터 숯을 요리의 열원으로 이용하였고, 곤로가 보급되어 있었으며, 연기가 나지 않는 연료를 사용하여 식탁에서 쉽게 조리할 수 있었다. 또한 이 지역에서 젓가락을 사용한 것도 냄비 요리 발달과 관계가 있다. 숟가락이나 포크로 먹을 경우 끓는 냄비에서 음식을 덜어내기 힘들고, 금속의 포크와 숟가락이 금새 뜨거워져서 먹기 어렵다. 냄비 요리를 먹는 동아시아 나라 중에 일본과 같이 젓가락 쓰는 방법에 어려움이 없는 중국과 한국에서 예전부터 보급되었던 것이다.

5. 두부와 낫토— 밭의 고기

두부의 기원

콩을 원료로 한 각종의 식품이 발달한 것은 동아시아 식문화의 특징 중 하나이다. 두부, 낫토 등의 일상적인 부식물인 대두식품 이외에, 된장, 간장 등의 조미료도 대두로 만드므로, 평균적으로 일본인은 매일 어떤 형태로든 대두를 먹고 있다. 고기나 유제품이 결여되어 있는 전통적인 식생활이 있어서 대두식품이 단백질의 중요한 보급원의 역할을 해내고 있다.

한 왕조 창시자인 유방의 손자, 화이난왕淮南王이 기원전 2세기에 두부를 발명했다는 중국의 전설이 있다. 그러나 중국식품사 연구의 개척자인 시노다오사무篠田統의 고증에 따르면 중국 문헌에 두부라는 문자가 나타난 시기는 9세기 말부터 10세기 초라고 한다.

두부라는 문자가 나타나기 이전 당나라 중엽(8~9세기)의 중국인은 북방 유목민의 식품인 루푸乳腐, 두부를 발효시켜 만든 중국의 일상식품에서 착안해, 두부를 고안했을 것으로 시노다는 추측한다. 즉, 유즙乳은 산, 또는 렌닛rennet이라는 효소를 응고제를 넣어서 유젖의 단백질을 응고시켜 치즈를 제조하는 방법을 콩에 적용하여 두유를 응고시킨 것이 두부라고 한다. 유부, 두부의 부腐는 유제품의 호어胡語에 대한 완宛자이고, '썩었다'는 뜻이 아니고, '보들보들'한 것을 나타내는 말이다.[3]

두부 제조법

그 후 기술적인 진보의 결과, 현재 동아시아에서는 산과 효소가 아니고, 금속이온 작용을 이용한 응고제인 유산칼륨석고 또는 '간수(주성분은 염화마그네슘)'를 사용해 두유를 응고시킨다. 하지만 제2차 세계대전 중에 '간수'에 포함된 금속마그네슘이 군수용의 듀랄루민을 원료로 한 통제물자가 된 때부터 '스마시澄し가루'라는 석고를 사용하게 되었다. 석고로 응고시킨 두부는 보수성이 좋아 매끄러우므로, 일본인의 기호에 맞아서 정착했다.[4]

기계를 사용하기 이전 일본의 전통적인 두부 만들기를 알아보자. 마른 대두를 하룻밤 물에 담가 흡수시켜서 두 배 정도 불린다. 이것을 돌맷돌에서 갈아서 얻은 걸쭉한 액체에 물을 더 넣어, 커다란 솥에서 10분 정도 끓인 다음 헝겁주머니에 담아 짠다. 액체가 '두유'이고, 짜고 남은 찌꺼기는 '비지おから, 오카라' 또는 '우노하나卯の花'라고 부른다. 비지는 단백질과 대두유가 포함된 영양덩어리인데도, 서민의 음식으로 인식되어 왔다. 에도시대 학자인 오큐 소라이荻生徂徠는 젊은 시절, 형편이 어려워서 매일 두부집에서 비

지를 얻어 먹으면서 연명했다고 한다. 비지는 생선이나 조개, 해초, 채소 등과 함께 끓이는 비지 요리가 있지만, 현재는 비지 대부분이 가축의 사료로 쓰인다.

두유는 중국인이 즐기는 음료이며, 주로 아침에 많이 먹고, 최근 일본에서도 인기를 얻고 있다. 두유의 응고제인 '간수'는 염화마그네슘이 주성분으로 해수를 농축한 식염의 결정을 채취하고 남은 용액이나 자연염을 공기 중에 방치해 녹아내린 액체를 모은 것이다. 예전에는 소금을 커다란 가마니에 담아 보존했기 때문에, 습기를 흡수한 가마니에서 액체가 떨어진다. 이를 모은 간수를 사용했다. 간수를 넣어 두유가 응고하기 시작하면, 바닥에 구멍이 뚫려 있는 나무상자에 면보자기를 깔고 붓는다. 그 위에 무거운 돌로 눌러서 여분의 수분이 빠져서 단단해지면, 물속에 넣어두면 두부는 완성된다. 그러면 사러 올 사람을 기다리는 일이 남아 있다.

'냉두부冷奴'나 '탕두부湯豆腐'의 식감을 중요히 여기는 일본 두부는 연해서 충격에 약하고, 부서지지 쉬우므로 물에 담가 놓는다. 중국이나 한국의 두부는 단단하기 때문에 시장에서도 판 위에 쌓아놓고 판다.

두부식품

식품보존제나 냉장기술이 없던 시대에는 두부를 그대로 보존할 수 없어, 두부집은 그날 팔 것만 매일 제조하였다. 도시에서는 아침식사로 두부를 넣은 된장국을 먹는데 아침 일찍 사러 오는 고

객에 맞춰 만들기 때문에, 두부집은 가장 일찍 일을 시작하는 곳이다. 팔고 남은 두부는 '유부油揚げ, 유부초밥', '간모도키ガンモドキ', '야키토후燒き豆腐: 구운 두부' 등으로 가공한다.

에도시대 초에는 겨울에 두부를 냉동건조시킨 '고야두부高野豆腐'를 만들어 장기간 보존가능한 건조식품을 만들었다. 고야산高野山의 토산품으로 유명하므로, 그 명칭이 붙여진 것이다. 현재 고야두부는 냉동시설과 건조시설을 갖춘 공장에서, 공업적으로 생산되고 있다.

1183년 나라현 가스가와카미야春日若宮 신사에 있던 신관神官의 일기에 '당부唐符'라는 문자가 있는데 이것이 일본 문헌에서 두부의 최초 기록이다. 중세 두부 제조와 요리는 불교 사원에서 발달했지만, 그중에서도 고기나 생선의 동물성식품의 식용을 엄격히 금지하는 선종사원에서 두부를 자주 먹었다. 동물성 단백질을 먹지 않는 승려에게 두부는 단백질의 중요한 보급원이었다. 그래서 지금도 유명한 선종사원 근처에는 두부요리전문점이 있다. 에도시대 초기 두부는 고급식품이었으며, 농민이 직접 두부를 제조하는 것을 금지한 때도 있었다. 에도시대 중엽에 도시에 두부집이 많이 생겨났으며, 도시민에게 두부는 가장 일상적인 음식이 되었다. 그러나 두부집이 없는 농촌 가정에서는 두부 만드는 과정이 복잡해서 평소에는 해먹지 못하고, 기쁜 날인 하레ハレ의 날에 먹는 음식으로 여겨왔다.

앞서도 쓴 『두부백진豆腐百珍』 시리즈가 간행된 것에서 알 수 있듯이 수백 종에 이르는 두부요리가 고안되었지만, 그중에서 일본인이 가장 좋아하는 것은 '냉두부冷奴'나 '탕두부湯豆腐'일 것이다. 탕두부는 지나치게 끓이면 단단해져서, 미묘한 두부의 맛을 잃게 되므로, 따뜻한 정도에서 탕두부를 먹어야 한다고 한다. 여기서도 '요리하지 않는 것을 요리의 이상으로 한다'는 철학이 나타난다.

두부 그 자체의 맛을 제대로 맛보려고 하는 시도도 있다. 또한 두부 성분의 대부분은 물이므로, 좋은 물을 얻을 수 있는 곳에서 맛있는 두부가 생산된다고 한다.

유바湯葉

두부의 형제에 해당하는 '유바'가 있다. 유바도 중국 기원의 식품으로, 중국어로 종이처럼 얇게 말린 유바를 '후비腐皮' 또는 '도후피豆腐皮'라고 불린다. 젖을 약한 불에서 가열하면, 표면에 고형의 막이 생긴다. 마찬가지로 두유를 가열하면, 단백질이 응고한 막이 생긴다. 이것이 유바이다. 유바는 가마쿠라시대에 선승이 중국에서 전해준 식품으로 생각된다. 절에서 쇼진 요리의 재료로 쓰이므로, 절이 많은 교토에 유바 요리가 발달했다.

낫토納豆

삶거나 찐 대두를 볏짚에 싸서 두면, 볏짚에 붙어있던 균이 옮겨 번식하면서, 대두를 발효시켜 '실이 나는 낫토'가 만들어진다. 이처럼 낫토는 단순한 제법의 식품이지만, 낫토 발효에 도움이 되

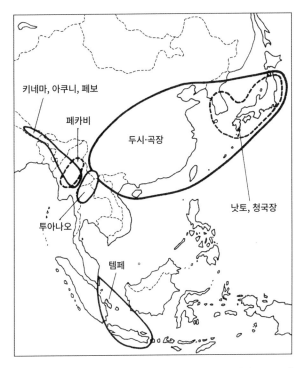

그림 22 콩을 이용한 발효식품의 분포권(『어장과 나레즈시의 연구』 p.352)

는 균이 증식하지 않고, 유해한 균이 우세하게 증식하면 식용으로
할 수 없게 된다. 20세기 초 일본의 과학자들이 낫토균Bacillus natto
을 분리하여, 제조업자들에게 배포하게 되었다. 이 균을 가열한 대
두에 이식하여 발효시키는 방식을 취하면서 볏짚을 쓰지 않아도
청결하고, 효율적이며 실패하지 않는 낫토를 생산하게 되었다.

　낫토와 비슷한 것으로는 한국의 '청국장', 네팔의 '키네마kinema',
부탄의 '쉐리 슈우데sheuli-sode', 아삼의 '아쿠니akuni', 미얀마의

'페카비peegapi', 태국의 '투아나오thua-nao', 말레이 반도에서 자바 섬에 걸쳐서 '템페tempe'가 있다(그림 22). 이 낫토의 무리는 가열한 콩를 방치하여 균을 키우거나, 볏짚이나 나뭇잎에 싸서 식물체에 붙어있는 균을 이식하고, 무염 발효시킨다. 지역에 따라 발효균의 종류가 다르므로, 일본이나 한국과 같이 실을 내는 것이 있고, '템페'처럼 삶은 콩에 흰곰팡이(거미줄곰팡이)에 덮여, 실을 내지않고 끈기가 적은 제품 등, 여러 가지이다. '투아나오'는 발효시킨 대두를 갈아서 전병처럼 만들어, 건조시킨 것으로 장기 보존이 가능한 낫토의 한 종류이다.

중국 고대에는 무염 발효의 낫토와 비슷한 식품인 '담시淡豉'를 만들었으며, 이후에 소금을 넣어 만들었고, 일본의 하마나浜名 낫토와 유사한 '두시豆豉'로 변화했다.[5] 이처럼 낫토류 식품이 동아시아, 동남아시아에 퍼져 있는 것을 생각하면, 일본의 실이 나는 낫토도 예전부터 존재한 식품일 듯하다. 하지만 오랫동안 문헌에는 등장하지 않았다. 조악한 음식으로 여겼기 때문에 세련된 도시요리에는 등장하지 않았고, 중앙의 문헌에도 기재되지 않은 듯하다.

15세기 중엽에 출간된 『쇼진교루이모노가타리精進魚類物語』에는 낫토, 두부, 채소 등 '쇼진모노精進物: 식물성 재료'의 군세軍勢가 어조魚鳥, 생선과 닭고기 등 동물성재료 비린 군세와 싸워서, 식물성 재료가 승리하고, 어조는 냄비에서 끓여 없어진다고 하였다. 『헤이게이모노카다리平家物語』의 패러디이다. 여기에 쇼진모노의 대장은 미노구니美濃国 주민住民인 콩의 '교쇼御所: 천황의 자식' "낫토다로이토시게納豆太郎糸重"라고 적혀 있다. 이것은 문헌에 나온 낫토의 첫 등장 이다.

19세기 이전은 낫토를 다지거나, 으깨서 '낫토국納豆汁'을 하는 것이 먹는 방법의 주류였다. 『보력현래집寶曆現來集』에 따르면, 1818~30년까지 에도시내에서 낫토팔이는 낫토국용의 '다다키낫토'라고 하는 다진 낫토에 작게 썬 두부, 채소와 양념藥味을 갖춰서 팔았는데, 1830년대에는 알낫토만을 팔았다고 한다.

에도 시가지의 바쁜 도시민들은 아침식사에 손이 가지 않도록 손쉬운 반찬으로 낫토에 간장을 끼얹어 먹는 방법이 유행하게 되었다. 아침밥에 빵을 먹는 것이 보급되기 이전에 도쿄인의 전형적인 아침식사의 식단은 밥과 된장국, 낫토, 절임이었다. 1950년대까지 도쿄의 시내에는 매일 아침 낫토 행상인의 소리가 들렸다.

에도의 문화적 영향이 강한 동일본에서는 낫토를 자주 먹게 된 것에 비해, 서일본의 낫토 소비량은 적다. 간사이 사람들은 낫토를 모른다고 했지만 그것은 불가능하다. 1670년 간행된 『인륜훈몽도휘人倫訓蒙圖彙』에는 교토의 길에 다다키낫토를 파는 가게가 있다고 적혀 있다. 바쿠후 말기 교토, 오사카, 에도 3도의 풍속을 비교한 『모리사다만코守貞謾稿』에는 에도의 낫토팔이에 관해 쓴 후에 "교토, 오사카는 집에서 만들고, 가게에서 파는 것은 없다"고 되어 있다. 낫토는 간사이 사람들의 기호에 맞지 않아, 바쿠후 말기에는 낫토를 좋아하는 사람은 직접 제조하지 않으면 먹을 수 없지 않았을까? 단 낫토를 먹는 것은 도시이고, 교토 기타야마北山 농촌에서

는 제2차 세계대전 경까지는 실 나는 낫토를 집에서 만들었다.[6]

실 나는 낫토 외에 다른 계통의 낫토가 있다. 삶은 대두에 고오지곰팡이Aspergilus Soya를 이식하고, 2~3개월 동안 소금물에 절여서 발효시킨 것이다. 보통의 낫토와 같은 점성이 없고, 흑갈색을 하고, 토끼똥 같은 모양으로 '핫초미소八丁味噌: 적갈색의 된장'와 비슷한 맛이 난다. 그대로 술안주로 하거나 밥반찬으로 하는 외에 으깨어 조미료로도 쓰인다. 이것은 중국의 '두시'와 마찬가지이므로 일본에는 9세기에 존재한 것을 알았다. 고대에는 '구기鼓'라는 명칭이고, '시오가라 낫토鹽辛納豆'라고 불리고, 중세는 단순히 낫토라고 불린 적도 있었다. 그러나 에도시대가 되면, 낫토라는 명칭은 실을 내는 낫토를 나타내는 것이 되었다.

교토의 덴류지天龍寺에서 만드는 시를 '덴류지 낫토', 다이토쿠지大德寺에서 만드는 것을 '다이토쿠지 낫토', 하마나고浜名湖에 가까운 다이후쿠지大福寺에서 만드는 것을 '하마나 낫토' 또는 '하마 낫토'라는 등은 절과 관계가 있는 명칭으로 불리는 것도 있다. 이들을 총칭하여 '데라 낫토寺納豆'라고 한다. 채식을 지키는 사원에서 발달한 대두식품이다.

6. 쇼진精進요리 ─ 불교도의 채식주의자 요리

불교와 신도

일신교인 이슬람교나 유대교, 그리스도교 세계에서는 한 사람의 인간이 동시에 두 개 종교의 신자가 될 수는 없다. 그러나 일본의 경우는 신불습합神佛習슴이라 하여 토착의 종교인 신도와 외래종교인 불교가 융합하여, 민중은 신神과 불佛의 양방을 신앙으로 한다. 예전에는 같은 경내 안에 불교사원과 신사가 세워져 있는 신궁사神宮寺가 많았다. 일본 근대화가 개시되면서, 메이지 정부는 불교 영향을 배제하고, 신도를 활성화하기 위한 정책을 채용하였다.

에도시대에는 불교는 단가檀家제도를 이용한 인별장人別帳에 의한 호적관리 업무를 하였다. 사람들은 출생, 사망, 다른 곳으로 전거할 때 등은 사원에 등록을 해야만 했고, 사원은 행정 말단 조직의 기능을 하였다. 이와 같은 구제도를 근대적 행정기구로 개혁하기 위해서는 사원의 세력을 약하게 할 필요가 있었다. 더구나 신도神道 최고의 사제로 하는 천황의 권위를 이용한 근대화를 시도하는 신정부는 신도를 국가통합 이데올로기를 바탕으로 하여 국민국가를 형성하려고 하였다. 그래서 메이지 초기에는 신불神佛분리가 일어나서, 폐불기석廢仏毀釈이라 하여 불교 사원을 파괴하거나 승려의 환속을 장려하였다. 그와 같은 풍조 중에서, 1872년에 정부는 '승려의 육식肉食 처대妻帶 축발蓄髮은 마음대로 할 것'과 승려가 속인과 같은 생활을 하는 것을 허락하였다.

신도의 신관神官들은 생선이나 새고기를 먹거나, 술을 마시는 것이 허락되어 있어서, 신사의 마츠리에 술이나 생선을 공물로서 올리고, 신관은 결혼할 수 있었지만, 정토진종淨土眞宗 이외의 불교의 종파에서는 승려는 결혼을 금지하고 있고, 고기나 생선을 먹는 것과 음주를 금지하고 있다. 이와 같은 계율을 깨는 승려는 파문되었지만, 실제는 숨어서 첩을 두거나 술을 마시고 생선을 먹는 승려가 적지 않았던 것 같다.

일반 민중들도 친족 기일忌日에는 동물성식품을 먹지 않고, 채식을 지켰다. 부모의 기일 등을 월명일月命日이라 하여 매월 같은 날에 소식素食하므로, 오히려 가정에서는 한 달에 두세 번은 생선을 먹지 않는 날이 있다. 선조의 영혼을 제사라는 불교에서 본盆[*] 시기는 살생을 금하는 불교의 계율에 따라, 어민의 어업 종사를 금하고, 모든 불교도들은 동물성식품을 먹지 않고 지내왔다. 현재에도 본시기에는 출어하지 않는 어민이 많지만, 냉동된 생선이나 고기로 대신하므로, 본盆 시기에도 채식 요리로 지내는 풍습은 줄어들고 있다.

많은 불교종파에 있어서 종교 개혁시대에, 중국 불교의 영향을 벗어나고, 일본 불교 독자의 교의를 만들어낸 종파가 몇 개 출현하였다. 그중에서도 급진radical운동을 펼친 정토진종은 승려의 육식처대를 허락하고, 독특한 교의를 만들어냈다. 이들 일본화한 불교종파는 그 후에 중국 불교와 거의 교류 관계를 갖지 않았다. 그러나 선종禪宗은 일본화한 불교가 되는 것을 거부하고, 중국의 선종을 배우기 위하여 승려를 유학시키고, 중국의 고승을 일본에 초빙하였다. 이와 같은 선승에 의해 중국의 학술, 미술은 일본에 소개되는 것이 많았고, 중세에 있어서 선종은 중국 문명을 일본에

* 백중맞이 음력 7월 보름.

소개하는 중요한 역할을 해냈다. 중국 채식 요리의 기술도 선종이 전하였고, 일본 승려들의 식사를 향상시켰다. 두부나 유바의 요리법과 절낫토 등, 선종 사원에서 다른 종파 사원이나 민중의 부엌에 전해진 것이 많았다고 생각된다.

후차普茶 요리와 싯보쿠 요리

17세기 중엽에, 중국 선종의 고승인 은원隱元이 이주해 와서, 교토 교외의 우지宇治의 황벽만복사黃檗萬福寺를 개성하였다. 이때 은원은 중국식 채식 요리 기술을 전하였는데, 그것을 '후차普茶 요리'라 한다. 후차 요리에는 참기름을 많이 사용하고, 많은 재료들을 볶거나 튀김을 하는데, 요리의 최종 단계에는 물에 푼 전분을 넣어서 끈기를 준 것이 많다. 이 후차 요리 기술은 현재 중국 요리에서 '스우차이素菜'로 불리는 채식 요리와 공통되는 것이다. 각상을 개인별로 배선하는 일본 요리와는 다르게 후차 요리는 커다란 식탁에 둘러앉아, 큰 접시에 담은 요리를 각자 작은 접시에 덜어서 회식하고, 요리명이나 편언片言을 중국어로 부른다.

마찬가지로 중국을 기원으로 하는 식사에 '싯보쿠卓袱 요리'가 있다. 이것은 쇄국 때에 중국인이 거주하는 것을 허락된 유일한 장소인 나가사키에서 성립되었고, 일본화한 중국 요리이다. 싯보쿠 요리와 불교와는 관계가 없으므로, 생선, 닭, 돼지고기 등 동물성 재료도 사용하고, 요리와 함께 술도 마실 수 있다. 하지만 후차 요리에는 식품의 재료에 한정하고, 음료는 차를 마신다. 18세기 일

본 지식인들 사이에서는 중국 취미가 고양되어, 싯보쿠 요리와 후
차 요리를 먹는 것이 유행하였고, 후차 요리전문점이 생겼다.

고기나 생선의 동물성 고단백질이 금지되어 있는 쇼진 요리에
서도 식물성식품에 포함되어 있는 단백질 이용을 연구하였다. 앞
서 쓴 것과 같이, 두부요리나 유바, 후 요리는 식물성 단백질의 섭
취원이다. '쇼진 요리'에서는 가쓰오부시, 그리고 생선이나 고기
를 원료로 한 장국을 쓸 수가 없다. 그래서 여러 가지 식물성 재료
로부터 장국을 내는데, 가장 중요한 것이 다시마와 표고버섯이다.
중세 이래 말린 표고버섯은 일본에서 중국에 수출되고, 중국 쇼진
요리의 중요한 재료가 되었는데, 1980년대가 되면서, 거꾸로 중국
에서 재배된 표고버섯을 일본이 수입하게 되었다.

두부, 유바湯葉, 후麩 등 쇼진 요리의 재료에는 영양과 독자적인
식감이 있지만, 재료 그 자체의 맛은 없는 것이 많다. 이들 재료를
다른 재료와 섞거나 장국의 맛을 들여서 볶거나 튀기거나 끓이는
등의 여러 가지 요리 기술을 겹치어 구사하는 것에 따라, 본래 맛
이 없는 것을 맛있게 먹기 위한 기술을 연구한다. 그래서 일반 정
진 요리에서 만들 때보다 시간과 수고가 많이 든다.

'요리를 하지 않는 것을 요리의 이상理想이다'라는 일본 요리 중
에서 인공적인 테크닉을 필요로 하는 것이 정진 요리이다. 기교를
부려서 식물성 재료만을 사용하여 생선이나 고기 요리의 외관을
만들고, 맛도 비슷하게 만들어 내는 것도 한다. 예를 들어 장어의
'가바야기蒲燒'는 김과 간 참마를 원료로 하지만 외관과 텍스처, 맛

이 진짜 장어구이에 가깝다. 이러한 '모도키もどき: 그것에 닮게 만든 요리'는 요리사의 기술을 뽐내기 위해 고안된 것이지만, 그것만이 아니고, 승려들이 속인들의 음식에 대한 번뇌를 잘라낼 수 없는 것도 나타낸 것일 것이다.

7. 덴푸라와 돈가츠 — 새로운 역사를 만든 국민요리

덴푸라와 사츠마아케

'덴푸라'는 해외에서도 잘 알려진 일본의 대표적 요리 중 하나다. 그러나 그 역사는 비교적 새롭다. 어패류를 사용하지 않고 채소만으로 만든 덴푸라를 '쇼진 튀김'으로 부르며 구별한다. 유지를 사용하지 않는 일본 요리 중 절에서 발달한 후차 요리 등 튀김을 쇼진 튀김이라는 명칭에 그 기원이 있지 않을까 추측된다.

덴푸라라는 말의 어원을 일본어에서 찾는 것은 곤란하다. 덴푸라는 앞에서 쓴 바와 같이 난반진이 전한 요리이므로, 포르투갈어에서 어원을 찾으려는 설이 유력하다. 하지만 중국에서 전해진 요리라는 중국어 어원설이 10여 종류 있지만, 아직까지 정설은 없다. 덴푸라라는 명칭이 처음 나온 것은 1669년 출간된 『요리식도기料理食道記』 중에 '덴푸라'는 "작은 새를 두들겨서, 가마쿠라 새우(바닷가재), 호두, 칡반죽"으로 적혀 있다. 작은 새를 다진 고기와 바닷가재를 걸죽하게 엉기게 한 것으로 생각되지만, 이것으로 튀김인지 아닌지는 알 수 없다. 1747년 간행된 요리서 『요리가선料理歌仙

의 조계組系』에 "덴푸라는 모든 생선에 우동가루를 뿌리고 기름에 튀긴다. 국화잎 덴푸라 또는 우엉, 연근, 마 등 다른 것도 덴푸라로 하려면 우동가루를 물, 간장에 풀어서 묻혀서 튀긴다"라고, 옷을 입힌 덴푸라 제법이 처음 나타난다.

『모리사다만코守貞漫稿』(1853)에는 "교토, 오사카에서는 한페이半平*를 참기름으로 튀긴 것의 이름을 '덴푸라'라고 하고, 기름을 안 쓴 것을 '한페이'라고 한다. 에도에서는 덴푸라와 다른 어육과 새우 등에 밀가루반죽을 입혀서 기름에 튀긴 것을 덴푸라라고 하고, 게이한京坂**에 없는 이것을 츠게아게付け揚げ라고 한다"라고 간토와 간사이의 차이를 설명하고 있다. 즉 간사이에서 덴푸라는 현재의 '사츠마아게'라고 불리는 것으로 으깬 생선살을 기름에 튀긴 것을 말하며, 지금의 덴푸라에 해당하는 옷을 입혀 튀긴 것을 '츠게아게'라고 한다. 츠게아게는 사츠마薩摩의 시마츠한島津藩이 류큐에 진출할 때 오키나와에서 '지기아기チギアギ'라고 부르는 으깬 생선살 튀김을 갖고 와서, 가고시마鹿児島 명물의 사츠마아게サツマ揚げ가 되었다. 그것이 간토, 도호쿠 지방에서 사츠마아게 명칭을 사용하였지만, 서일본과 메이지 개척기에 간사이 사람들이 많이 이주한 북해도에서는 사츠마아게를 덴푸라라고 부르는 것이 많다. 바쿠후 말기에 사츠마아게 비슷한 종류의 식품을 덴푸라라고 부르고 있던 교토, 오사카에서는 현재에도 사츠마아게를 덴푸라라고 부르

---

* 다진 생선 살에 마 등을 갈아 넣고 반달형으로 쪄서 굳힌 식품.
** 교토와 오사카.

는 고령자가 많다.

　종래, 식용유라면 주로 비싼 참기름이었는데 에도시대가 되면서 싼 채종유가 생산됨에 따라, 기름 짜는 기술도 진보되어, 손쉽게 살 수 있게 되었다.

　어패류에 옷을 입힌 덴푸라는 메밀국수, 장어구이, 생선초밥과 함께 에도의 거리에서 발달한 음식이다. 1770~80년대에 에도시내 도로의 포장마차에서 서서 먹는 요리로 덴푸라가 보급되었다. 젓가락을 사용하지 않고, 쉽게 먹을 수 있도록 생선, 새우, 채소를 꼬챙이에 끼워서 옷을 입혀서 튀겼다. 가격도 싸서 대중 상대의 음식이었다. 19세기 초에는 포장마차가 아니고, 점포를 갖춘 전문점이 생기고, 바쿠후 말기에 '에도의 식당 가이드북'에도 덴푸라 점포명이 실려 있다. 덴푸라집이 음식업계에서 시민권을 얻고, 지위가 있는 사람들이 맛보게 된 것이다.

일본 요리가 된 돈가츠

　20세기가 되어 유행한 새로운 튀김 요리가 '돈가츠'이다. 송아지나 양고기조각에 빵가루를 묻혀서 만드는 요리를 영어로 '커트렛cutlet'이라 한다. 이것이 변해서 가츠레츠가 되고, 돼지고기의 가츠레츠가 보급되면서, 줄여서 돈가츠로 부르게 되었다. 컷트렛이나 독일이나 오스트리아의 슈니첼schnitzel이란 서양 고기요리는 송아지고기나 어린 양고기, 돼지고기의 얇은 고기를 두들겨서, 밀가루를 묻히고, 푼 달걀에 담궜다가 빵가루를 묻혀서, 버터나 라드를 프라이팬에 넣어서 굽는다. 돈가츠처럼 튀김 요리가 아니고, '쉘로우 프라이shallow fry'로 소량 기름에서 굽는 듯이 가열하는 것이 정법이다.

메이지 초기 서양 요리책에 가츠레츠가 소개되지만, 20세기 들어설 무렵, 일본화한 양식으로 포크커트렛이 도쿄 양식당에서 유행하게 되었다. 이것이 덴푸라의 전통에 보태어서 많은 기름을 담은 튀김 냄비 안에서, 옷을 입힌 고기가 수영을 하듯이 튀기는 '디프 프라이deep fry' 요리로 변화하였다. 버터는 안쓰고, 소고기에는 스웨트suet*, 돼지고기에는 라드lard**를 쓰고, 덴푸라와 마찬가지로 참기름으로 튀기는 집도 있었다.

1895년 긴자의 서양음식점 '렌가데이煉瓦亭'에서는 양배추채를 곁들인 돈가츠를 포크커틀렛이라는 이름으로 제공하였다. 돈가츠라는 이름은 1921년 신주쿠의 '오로지王ろじ'라는 가게에서 시작되었다고 한다. 1920년대에는 도쿄의 서민동네에 돈가츠 전문점이 몇 곳 생겼다. 돈가츠 전문점에서 스테이크와 마찬가지로 두꺼운 조각의 돼지고기 안심이나 등심고기를 내부까지 익히도록 튀기는 기술을 자랑하였다. 튀긴 돈가츠를 도마 위에 놓고 한입크기로 썰어서 제공하니, 손님은 젓가락으로 먹었다. 젓가락으로 먹는 음식이 되니, 돈가츠는 일본 국적을 얻고, 이후 일본 요리의 연회에도 나오게 되었다. 돈가츠에는 양배추 채와 전통적인 일본 겨자를 곁

---

* 요리에 쓰는 쇠기름.
** 돼지 비계를 정제하여 하얗게 굳힌 것.

들이는 것이 정법이 되었다. 서양 머스타드와는 다른 것이다. 돈가츠나 고로케는 기존의 우스터소스를 듬뿍 뿌렸다. 당시 일본인은 우스터소스를 서양의 간장에 해당하는 조미료로 생각하여, 간장이 만능 조미료이듯이 서양 요리면 무엇이라도 우스터소스를 뿌려서 먹었던 것이다.

돈가츠점을 뒤쫓아온 것이 꼬치튀김집이다. 1923년, 고베神戸에 최초로 꼬치튀김집이 생기고, 그 후에 오사카 중심지에 대중적인 술집 겸 꼬치튀김집이 유행하게 되었다. 간사이식 '꼬치카츠'의 특색은 돼지고기만이 아니고, 소고기, 닭고기, 생선, 새우, 조개, 채소, 곤약 등 무엇이라도 작은 꼬치에 꿰어서 빵가루를 묻혀서 튀기는 것이다. 예전 가정에서 빵가루를 묻혀 튀긴 요리인 돈가츠와 고로케는 근처 고기집에서 만든 것을 사서 먹었다. 1960년대에는 식물성기름으로 튀기기만 하면 되는 반제품의 돈가츠를 팔게 되니, 가정에서 자주 만들게 되었다. 돈가츠 전용의 돈가츠 소스가 생산되고, 가정의 필수품이 되었다.

나고야 주변에는 핫초미소를 사용한 소스를 끼얹은 미소카츠가 인기가 높은데, 이것은 돈가츠의 향토요리화이다.

돈가츠에서 파생된 요리는 가츠돈부리, 가츠카레가 있다. 또 돈가츠 만드는 기술을 적용한 요리로 굴 튀김과 새우 튀김이 있다. 빵가루를 묻힌 굴이나 새우를 식물성기름으로 튀긴 요리는 해외에는 없는 일본 기원의 양식이다. 오랫동안 돈가츠와 마찬가지로 우스터소스를 찍어서 먹었지만, 지금은 타르타르소스와 먹기도

한다. 돈가츠와 굴 튀김, 새우 튀김은 해외의 일본음식점에서도 인기 요리로 자리 잡았다.[7]

8. 면류 — 맛의 지역 차이

간토와 간사이

메이지시대가 되면 수도 교토 방언을 기조로 하여 표준어가 정해져서, 정부의 강력한 지도를 바탕으로, 국민 국가의 형성과 보조를 맞추어 전국으로 보급되었다. 1970년경부터 지방 문화의 부흥 운동이 시작되어 방언의 재검토가 시작되었지만, 그때까지는 공적인 장소에서 방언으로 이야기하는 것은 부끄럽게 여겨서, 사투리를 말하는 이는 표준어에 대한 열등감을 갖고 있었다.

그러한 상황에서, 오사카와 교토의 방언—이 두 도시는 인접해 있음에도 불구하고, 오사카와 교토의 방언은 비슷하지만 미묘한 차이를 식별할 수 없어 도쿄인은 양쪽을 합하여 간사이 사투리라고 부르고—은 예외도 있었다. 교토와 오사카 사람은 라디오나 TV에서 부끄럼없이 간사이벤関西弁으로 이야기하였다. 그 배경에는 간사이 사회나 문화에 대한 자부심과 도쿄에 대한 라이벌 의식이 있다. 예전에는 교토가 수도로 문화의 중심지였고, 오사카는 에도시대 동안 경제의 중심지였다. 전국의 문화를 균일화하고, 중앙집권화하는 근대의 도쿄에 비하여, 역사적 전통을 지닌 간사이만이 저항할 수 있었던 것이다. 간사이 사람의 자기 주장이 강한 것이 사투리에 현저하게 나타나는 것이 음식이다.

도쿄가 수도가 되고 나서, 그 전신이던 에도에서 생긴 니기리즈시와 덴푸라, 에도식 장어구이 등 음식이 전국을 제압하게 되었다. 한편 앞서 쓴 바와 같이 현재 도쿄에서 먹는 스키야키는 간사이에서 진출하였다. 도쿄의 요정에서 제공하는 세련된 고급요리는 거의가 메이지시대 이후에 간사이 가이세키 요리의 영향을 강하게 받아서, 전통적 에도 요리를 제공하는 고급요정은 거의 없다.

카운터 너머 요리를 만드는 것이 보이고, 요리사와 대화를 하면서 식사할 수 있는 이다마에갓포는 좁아도 재빨리 맛있는 것을 먹을 수 있는 점이 실질본의 오사카인에게 맞아서 메이지시대 오사카에서 유행하기 시작하였다. 이타마에갓포점은 간토대지진 이후 도쿄에 진출하여, 나중에는 전국으로 보급되었다.

소바와 우동

아주 흔한 음식이면서 간토와 간사이권의 기호 차이가 현저히 나타나는 것은 면류이다. 단 현실적으로는 동일본과 간토 북쪽의 밭농사지대에서는 우동을 먹는 지역도 있고, 서일본에서도 소바를 명물로 하는 지역도 많이 있다.

메밀은 벼 수확이나 밀가루 생산에 적합하지 않은, 한랭하고 비옥하지 않는 장소에서도 재배할 수 있는 작물이다. 그래서 산지 같은 장소에서 메밀을 먹어왔다. 에도는 평야에 위치하고 있지만, 배후지인 야마나시山梨현이나 나가노長野현은 메밀 산지이므로 자주 먹을 수 있었다. 서일본은 오사카 평야와 사누키讚岐평야와 같이 기온이 온난하고, 지력이 비옥한 평야지대이다. 거기서는 벼 수확 후에 논 물이 빠지면, 밭이 되어 겨울에서 봄 동안에 밀을 재배하고, 1년 중에 벼와 밀을 수확하는 2모작이 이루어진다. 그래서 우동이 면류의 주류가 된 것이다.

에도시대 도시에는 면류 전문의 간이식당이 출현하였다. 17세기 에도의 국수집은 '우동·소바기리うどん・そば切り'라는 간판을 걸고, 우동을 소바보다 높게 평가하고 있었다. 원래 소바는 '메밀밖에 안 된다'는 토지가 척박한 곳에서 구황식으로 재배되었으므로, 밀에 비하여 격이 낮은 작물로 여긴 것도 관계가 있을 것이다. 그러나 18세기가 되면, 에도에서 지위가 역전되어, 소바가 주류가 되었다. 소바집에서 우동도 먹을 수 있게 되고, '소바츠ソバ通'*라고 불리는 사람도 출현하였다. 소바를 취미성이 높은 음식으로까지 세련시킨 것은 에도의 외식 문화였다.

에도에서는 진간장의 농후한 맛이 맞으므로, 대량의 가쓰오부시를 사용한 '소바츠유ソバつゆ'를 만든다. 우동이 우세한 간사이에서는 국간장과 다시마 장국으로 만든 '우동츠유'가 생겼다. 한편 간토와 간사이의 중간에 위치하는 나고야 주변에서는 국수 폭이 넓은 키시멘キシメン을 핫초미소를 넣어 끓인 것을 좋아한다. 이와 같이 각지에는 명물 면류요리가 있고, 면류는 지방의 맛을 대표하는 음식이다.

---

* 소바를 아주 즐겨하는 사람.

라멘ラーメン

제2차 세계대전이 끝난 후부터 앞에 쓴 시나소바가 전국적으로 유행하게 되었다. '시나소바'를 사용하지 않게 되어 '중화소바'로 불리게 되고, 현재는 '라멘'이 되었다. 시나소바, 중화소바시대에는 닭뼈 스프에 간장을 첨가하여 맛을 냈지만, 건지는 멘마, 돼지고기, 나루도마키鳴門卷, 다진 파를 얹은 것이 많았다. 라멘의 어원에 대해서는 중국어로 수타면을 나타내는 '라멘拉麵'에서 기원했다는 설이 유력하다. 마찬가지로 밀가루로 만든 국수임에도 불구하고 우동이나 키시멘, 소멘 등 일본 면류와 중국 면의 다른 점은 면 반죽의 제법에 있다. 소금물에 밀가루를 반죽하는 일본의 전통적인 제면법이 있는데도, 근대 일본에 전해진 중화면의 제법은 소금 이외에 알칼리염을 녹인 '간수'로 반죽을 만든다. 간수의 작용으로 면의 탄력성이 늘어나고, 고들고들한 식감이 생기고, 면에는 옅은 황색이 돌고 독특한 냄새를 지닌다.

중국 북부의 밀가루 경작지대는 알칼리성 토양이므로, 물도 강한 알칼리성을 나타냈다. 이 같은 풍토에서 생겨난 면의 풍미를 사람들이 좋아했던 것이다. 나중에는 중국 남부의 쌀농사지대에서 밀국수를 만들게 되지만, 물이 산성이므로, 알카리염 수용액인 '간수'를 넣고 북방과 마찬가지 풍미를 지닌 면을 만드는 기법이 성립되었다. 근대 일본에서 중국 요리집을 개업한 중국인은 광둥성, 푸젠성 등 남방 출신자가 많았으므로, 일본의 중화면 반죽 만들기는 간수를 사용하는 것이 정법이 되었을 것이다.[8]

종전 후에 구 만주나 중국 각지에서 일본에 귀환한 사람들이 각 지역 도시에서 라멘집을 개업하여 중국계 면요리를 보급시켰다. 당시 일본은 식량 부족으로 고민하고 있었고, 사람들은 영양이 높은 식품에 굶주려 있었다. 닭고기와 돼지고기 스프를 사용하고 차사오又燒을 얹은 중국계 면은 전통적인 일본의 면보다 영양이 풍부한 면요리로 환영을 받아 라멘은 전국으로 보급된 것이다. 라멘이 전국적인 상품으로 전개되는 과정에서, 각지 라멘집이 각각 지방의 기호에 맞는 스프 맛내기와 토핑의 종류에 대하여 연구하여, 지방 특색의 요리법을 고안하였다.

삿포로札幌에서는 소금이나 간장 대신에 된장으로 맛을 내고, 북해도 산물인 버터와 옥수수를 스프 위에 얹고, 면 자체의 농후한 맛이 스프로 없어지지 않도록 간수를 많이 첨가하고, 탄력이 있는 굵은 면을 사용하여 삿포로 라멘이 만들어졌다. 그 밖에도 홋카이도에는 아사히가와旭川 라멘, 하코다테函館 라멘, 가미가와上川 라멘 등 명물 라멘이 있다. 규슈九州에서 유명한 것은 나카하마長浜 라멘, 구마모토熊本 라멘, 가고시마鹿児島 라멘 등 발상지 이름이 붙어 있다. 이렇게 중국 기원의 면 요리가 일본 각지에서 지역화하여, 새로운 향토 음식이 된 것이다. 현재 중국에서 라멘은 일본의 면요리로 받아들여져서, 대도시에 '일식라멘'점이 진출하였다.

1960년대 이후, 식품 유통이 전국적인 규모로 전개되고, 요리나 음식 정보가 TV나 신문 등 미디어에 소개되어 전국으로 보급되면서, 음식의 지역적 특색을 잃고 균일화하는 경향이 강하다. 그중에서 라멘은 거꾸로 지방적 성격을 강조하고, 각각 토지의 명물요리로서 정착하였다. 더구나, 도쿄나 오사카 등 대도시에는 체인점이 전개되어, 일본 각지의 라멘을 먹을 수 있게 되었다. 라멘은 비교적 역사가 새로운 것이고, 여러 가지 종류로 분화하는 활력을 지니고 있게 된 것이다.

즉석면의 탄생

1958년 세계에서 최초로 즉석면인 '치킨라멘'이 발매되었다. 이것을 개발한 안도모모후쿠安藤百福 씨는 1972년에 '컵누들'을 발명하였다. 발포 스티로폼제 1회용 컵에 즉석면과 건조육이나 건새우, 야채소의 토핑을 얹고, 먹기 위해서 작은 플라스틱 포크를 곁들인 상품이다. 컵 안에 더운 물을 붓기만 하면 되므로, 컵은 냄비와 식기의 기능을 겸하고 있다.

스프라면을 먹을 때는 완 모양의 식기가 필요하고, 젓가락이 없이는 먹기가 어렵다. 따라서 치킨라멘은 완과 젓가락을 사용하여 식사하는 지역 이외에 보급하기 어려웠다. 그 제약을 없앤 것으로, 컵누들이 등장한 것이다. 지금은 컵누들이 전통적으로 면식의 습관이 없던 지역까지 보급된 세계적인 상품이 되었다. 2003년에 세계에서 즉석면 소비량은 1,014억 식이고, 인류는 1년에 1인당 14.4개의 즉석면을 먹고 있는 셈이다.

9. 보존식품 — 절임과 말린 생선

츠케모노와 보존식품

유럽의 보존식품은 햄, 베이컨, 소시지 등 육제품과 버터나 치즈와 같은 유제품이 많지만, 고기나 젖이 결여되어 있는 전통적인 일본의 식생활에 있어서는 축산물을 가공하는 기술이 없다. 일본의 보존용 식품의 주된 소재는 채소, 김, 생선이다. 채소에 소금을 넣어 저장하면, 유산균과 효모의 움직임으로 방부력을 갖는 젖산과 초산이 생성되고 소금의 보존력과 만나서, 장기간 보존할 수 있는 '절임'이 된다. 넓은 뜻의 절임은 어패류나 해조를 원료로 하는 제품도 있다. 나레즈시ナレズシ는 쌀밥 츠케도코漬床*에 넣은 생선절임이고, 와카사若狭에서 단고丹後반도에 걸친 지역의 향토요리이다. '헤시코ヘシコ'는 염장한 생선을 쌀겨반죽에 장기간 절여서 만든다.

그러나 보통 절임이라고 하면, 채소나 산채가 원료이다. 절임이 발달한 홋카이도, 도호쿠東北, 호쿠리쿠北陸 지역 등은 적설지대로, 대지에 눈이 덮이는 4개월간 전후는 신선한 채소를 구할 수 없다. 겨울나기를 위하여 채소를 보존할 필요가 있고, 그것으로 설국 명산품의 절임 여러 가지가 생겨났다. 재배하는 채소뿐 아니라, 일정 계절에 대량 채집할 수 있는 야생 식용식물인 산채도, 겨울철의 식물성식품으로 중요하여서, 절임을 하거나 건조품으로 보존한다.

---

* 절임을 만들 때 재료를 넣어두는 쌀겨반죽이나 누룩섞음 등.

절임은 그대로 먹기도 하지만, 적설지대에서는 물에 담가 소금기를 빼서 조림 등 겨울철 요리 소재로 이용하기도 한다. 다시마, 미역, 김 등 해조류 건조품도 중요한 보존식품이다. 건조시키면 부패를 방지하고, 동시에 가벼워지니, 먼 거리 운반에 편리하다. 그 때문에 해조 건조품은 고대부터 전국 규모로 유통되었다.

예전 수도였던 교토는 절임 종류가 많은 것으로 유명하다. 내륙부에 위치하고 있는 교토는 일상적으로 바다생선을 부식물로 먹는 것은 곤란하였고, 식사에 있어 채소 비중이 높았다. 여러 가지 채소의 품종을 개량이 교토 근처에서 이루어져서 '교야사이京野菜'라고 불리는 세련된 채소가 많으므로, 그것을 원료로 한 절임을 고안하였다.

소금을 사용하지 않는 특별한 절임도 있지만, 일반적으로 절임을 만드는 데 소금은 필수적이고, 아니면 염분을 함유한 간장이나 된장을 넣어서 만든다. 그 종류를 크게 8가지로 나눈다.

① 시오츠게塩漬: 채소를 소금을 뿌려 용기에 담고, 안 뚜껑을 하고, 그 위에 돌을 얹어서 만든다. 가장 간단한 기술의 소금절임.
② 누카츠게糠漬: 쌀겨에 소금을 섞어 페이스트 상태의 반죽에 재우는 쌀겨절임.
③ 쇼유츠게醬油漬: 간장에 재우는 간장절임.
④ 미소츠게味噌漬: 된장에 재우는 된장절임.

⑤ 가스츠게粕漬: 술 찌개미에 절이는 술찌개미절임.

⑥ 스츠게酢漬: 소금에 절인 야채를 초에 절이는 초절임.

⑦ 고오지츠게麴漬: 누룩에 소금을 섞은 것에 재워두는 누룩절임.

⑧ 가라시츠게辛子漬: 겨자가루에 소금물과 누룩을 섞은 것에 재워두는 겨자절임.

이와 같은 절임 바탕과 잎채소, 무, 순무, 가지, 오이 등 원료를 조합하면 일본 전국에 1,000종 이상의 절임이 있다.

무의 쌀겨절임인 '다구앙タクワン'은 17세기경부터 많이 만들어졌다. '매실 장아찌梅干し'는 소량으로 염분 보급이 되고, 목의 갈증 멈춤에도 효과가 있어서 내전이 계속된 무로마치시대 후기부터는 병사 휴대식으로 많이 쓰이게 된 절임이다. 방부효과가 있으므로, 쌀밥 도시락에 매실 장아찌를 얹은 히노마루日の丸*도시락과 주먹밥 안에 매실 장아찌를 넣었다.

중국에서는 고대부터 완숙 전의 매실을 훈제한 것이나 소금 절임하여 말린 것을 약품으로 이용하였으므로, 일본의 매실 장아찌도 식중독을 예방하는 효과가 있다고 믿고, 또한 역병이 유행할 때는 매실 장아찌를 먹으면 전염되지 않는다고 생각했다.

신선식품화한 현대의 절임

에도시대 대도시에는 절임 전문점이 출현하였지만, 농촌에서

---

* 태양을 본뜬 붉은 동그라미. 또, 그것을 그린 일본 국기.

절임은 보통 집에서 만들었다. 1930년대 절임 생산량 80%가 자가제이고, 공장생산이 20%였다. 현재는 절임을 만드는 가정이 줄어들고, 기업이 생산하는 절임을 사는 경우가 많아졌다. 눈이 많은 지역에서 겨울 동안에 온실재배를 하거나 수입품의 신선한 채소가 나오므로 절임의 재료로 쓰게 되었다.

염분이 높은 장기간 보존용의 절임은 염분 섭취를 조심하는 병의 원인이 되었다. 그 때문에 조미액**에 담그거나, 저염분 절임상품으로 나오게 되었다. 이들 저염분 절임은 냉장고에 보존하지 않으면 안 된다. 즉, 예전 보존식품이 신선식품화한 것이다.

절인 생선과 말린 생선

이것은 생선 보존법에 대해서도 마찬가지이다. 예전에는 장기간 생선을 보존하기 위해서는 앞에서 쓴 바와 같이 젓갈이나 나레즈시로 하는 외에 많은 소금을 뿌린 절임 생선이나 햇빛에 말려서 수분을 많이 없애 단단한 건어물로 가공하였다. 훈제하여 생선을 보존하는 기술도 알려져 있지만 그리 많이 하지는 않았다. 그러나 냉장보존이 발달한 현재는 염분의 양을 적게 한 절임 생선이나 건조시간을 짧게 살짝 말린 것이 시장에 많이 나와 있고, 이들도 선어鮮魚와 마찬가지로 가정의 냉장고에 넣어 보존하고 있다.

건어물로 가공하는 것은 정어리, 멸치, 전갱이 등 작은 생선을 한번에 대량 어획하여, 선어로 시장 가치가 낮은 생선이 많다. 대

** 간장, 소금, 술, 식초, 설탕 등을 섞은 액체.

량으로 제조되는 이러한 어종 건물 이외에 100여 종이 넘는 바다 생선이나 오징어, 문어, 조개류에 이르기까지 건물로 가공된다.

절인 생선인 건어물은 귀찮은 조리법이 불필요하고, 굽기만 하면 먹을 수 있어 조리에 시간이 부족한 아침식사의 부식물로 환영받는다. 전통식 여관에 있어 아침식사의 전형적인 식단은 절인 생선이나 절인 연어, 말린 작은 생선구이, 낫토, 김, 날달걀, 된장국, 쌀밥, 절임으로 구성된다. 낫토와 김은 보존식품이고, 날달걀은 깨트려 간장을 넣어 휘저어서 밥 위에 얹기만 하면 되므로 조리할 필요가 없다.

쌀밥이 제공되는 식사 중에서, 가장 간단한 것이 차츠케茶漬け*이고, 역시 최소한 식사에 절임이 등장한다.

10. 차의 반려 — 떡과 과자

떡에는 쌀의 영稻靈이 머문다

전통적인 마츠리나 행사에 등장하는 것이 떡이다. 정월에는 '떡餅'을 먹을 때 떡국인 '조니雜煮'로 먹는 외에 '가가미모치鏡餅'를 올린다.

유리로 만든 거울이 보급되기 전에 일본의 거울은 청동제 원반형이었다. 이 금속의 거울은 신도의 신을 상징하는 물체로 여겨지고 있다. 많은 신사의 사옥 안에는 금속제 신거울神餅이 놓여 있고,

---

* 밥에 차를 부은 일본 요리.

그 거울을 향하여 사람들은 기도를 한다. 신도의 신들은 '저 세상'에 존재하지만, 사람들이 기원할 때는 '이 세상'에 오고, 신거울에 멈추어, 기도를 들어준다고 믿는다. 정월에는 각 가정에 이 신거울의 모양을 딴 가가미모치를 장식하는 것에 따라 의례 장소가 되고, 설날 아침식사 전에 가가미모치에 손을 모으고 절을 하는 것이다. 가가미모치에 머무는 신은 세신歲神이라고 하여 일년간 벼농사를 관장하는 신이고, 벼의 곡령이 신격화된 것이다. 따라서 새해 아침에 일년 최초의 행사로서 가가미모치에 절을 하는 것은 새해 벼농사의 무사를 기원하는 농경의례로서 의미를 지니고 있다.

쌀을 찌어서 뭉친 떡에는 벼의 곡령이 응축되어 있다. 따라서 떡은 신성한 음식으로 성격을 갖는다. 그 때문에 떡은 마츠리 음식으로 여긴다. 또한 지카라모치力餅라고 하여 떡을 먹으면 다른 음식에 비하여 에너지와 힘을 늘인다고 한다. 떡은 쌀을 쳐서 조직이 촘촘해진 식품이어서 소량으로 많은 열량을 섭취할 수 있고, 소화에 시간이 걸리므로, 좀처럼 배가 꺼지지 않는다는 영양학적, 생리학적 이유도 있다. 그리고 거기에 떡을 먹으면 벼의 곡령이 초자연적인 힘을 몸에 지닐 수가 있고, 힘이 나오는 식품으로 여긴다. 그래서 정월에는 작은 둥근떡을 연장자에게 나누는 풍습이 생기고, 이것이 '오도시다마お年玉'의 기원이라는 설이 있다.

식사로 떡을 먹으면 주식의 지위를 차지하지만, 식사 이외에 간식으로 차와 함께 먹는 떡은 '모찌가시餅菓子: 떡과자'라는 과자 분류로 나눈다. 가소성可塑性이 있는 떡은 여러 가지 모양으로 가공하여, 말차나 쑥 등을 섞어서 색을 내거나, 소를 싸는 등, 떡과자의 종류는 아주 많다. 떡과 닮은 것은 '단자'가 있다. 단자는 멥쌀이나 찹쌀을 물로 반죽하여 작은 공모양으로 만들어 찌거나 삶아서 만든다.

감미료와 과자

과자라는 말은 고대에는 과일이나 견과를 나타내는 말이었다. 식사의 마지막에 디저트로 먹는 것이 일반적이 아니었을 때, 일본에서 식사와 식사 사이의 간식으로 하는 것은 복숭아, 감, 참외, 귤, 밤, 호두 등 과일이나 견과가 본래 과자였다. 곡물이나 두류를 주요한 원료로 하여 인공적으로 만드는 단과자가 보급되면서 과일을 '미즈가시水菓子'로 구별한다.

『니혼쇼키日本書紀』643년 일본에 이민 온 한국의 귀족이 미와산三輪山에서 양봉을 해보았지만 성공하지 않았다는 기록이 남겨져 있다. 그 후 일본에서 양봉은 거의 하지 않았다. 18세기가 되어 몇몇 지방에서 농가 부업으로 양봉이 시작되었지만, 그 생산액은 적었다. 주로 야생의 벌집을 찾아서 채취하는 '꿀'이어서, 귀중품으로 여겨 일상음식이 아니라 약품으로 쓰였고, 꿀을 사용하여 과자를 만드는 일은 없었다. 메이지 정부가 서양종 벌과 그 양봉기술을 도입하고 나서, 일본에서 양봉이 성행하게 되었고, 한때는 해외에 수출할 정도로 생산이 확대하였다.

전통적인 감미료에는 아마즈라アマズラ甘葛가 있다. '이마즈라甘茶

蔓＝山水菊'의 줄기를 잘라, 그것에서 떨어지는 단 수액을 졸여서 시럽상태로 한 것이다. 『마쿠라노소시枕草子』에는 헤이안시대의 궁중에서 빙고에서 보존한 얼음을 깎아서 아마즈라를 끼얹어서 먹었다는 기록이 있다. 『금석물어今昔物語』에 아마즈라에 마를 넣어 달게 끓인 '마죽'이 나타난다. 그 밖에 고대 감미료로 벼를 발아시킨 벼싹으로 만든 '물엿'도 있었지만, 물엿과 아마즈라는 귀중품이므로 서민이 먹는 일은 없었다.

앞서 쓴 것과 같이 8세기경부터 중국에서 전래한 '당과자唐菓子'를 만들었다. 당과자 대부분은 밀가루 또는 쌀가루를 반죽하여, 여러 가지 모양으로 만들어 참기름으로 튀긴 것이 많다. 그러나 이들 고대 과자에는 아마즈라 등 감미료를 곁들이지 않아서 결코 달지 않았다. 오랫동안 일본에서는 '사탕'을 생산하는 일은 없었으며, 중국에서 수입하는 진귀한 물품이었고, 약용이었다. 16세기에 일본의 상선들이 중국 남부와 동남아시아와의 교역이 왕성하게 이루어지고, 한편 포르투갈, 네덜란드, 영국 상선이나 중국선이 일본에 와서 무역이 이루어지게 되면서 설탕의 수입이 늘어났다. 단과자를 만들게 되고, 앞에 쓴 일본식으로 변형한 서양 기원의 케이크인 '난반南蛮 과자'와 단맛의 소를 넣어 찐 중국 기원의 과자인 '만주饅頭'가 만들어졌다. 원래 중국의 '만터우饅頭'라고 하면, 밀가루를 발효시켜서 만든 찐빵인 것으로 주식 음식이었다. 일본의 '만쥬'와 같이 소를 넣은 식품은 '바오쯔包子'라고 한다.

쇄국 후에도 해외 교역을 허락한 유일한 항구인 나가사키에 네덜란드 배와 중국 배가 가져온 중요한 물자 중 하나는 설탕이었다. 17세기에는 류큐와 서남 일본의 온난한 지방에서 사탕수수를 재배하여 국산 설탕을 생산하기 시작하였다. 설탕의 보급에 따라 도시에서는 과자전문점이 성립되어, 다양한 과자를 제조판매하게 되었다.

차와 과자의 결합

최상의 차나 과자를 제공하여 음미하는 것이 차노유茶の湯 모임이었다. 다회에서 나오는 과자는 아주 달면 차의 맛을 잃게 한다고 한다. 옅은 단맛을 지니고, 색채와 조형적 아름다움을 갖추는 것이 요구된다. 그래서 차노유가 성황하게 된 에도시대에 교토, 가나자와金沢, 마츠에松江 등 도시에서는 고급 명과가 발달하였다. 다회는 가이세키 요리의 형식을 만들어낸 것과 마찬가지로, 말차를 마시는 다회가 우아한 과자를 생겨나게 한 것이다. 단지 민중 일상생활 중에 과자를 먹는 습관이 퍼진 것은 '엽차葉茶'가 보급된 이후이다. 상류계급의 음료였던 '말차末茶'를 마시기 위해 여러 가지 전용 도구가 필요하고, 귀찮은 예법이 요구되므로, 민중 음료가 되지는 않았다. 민중에 보급된 음료는 더운 물이나 물 또는 밥솥 바닥에 누른 밥에 더운 물을 부은 숭늉이 있었다.

17세기 초가 되면서 말차가 아닌 엽차 마시는 것이 보급되었다. 차나무를 일본 대부분 지방에서 재배가 가능하므로, 농민들은 밭 일부에 차나무를 심어 자가제 차를 마시게 되어, 차가 국민음료가

되었다. 일상적으로 차를 마실 때는 야八시(오후 2시경)에 간식으로 차와 과자를 내도록 되고, 이것을 '오야츠おやつ'라고 말하게 되었다. 민중의 차인 '반차'에 함께하는 과자는 소소한 싼 것이었다. 그와 같은 과자는 단맛이 없는 것도 많이 있다. 현재 간토지역에서 좋아하게 된 짭짤한 '시오센베이塩煎餅'는 그 한 예이다.

20세기 전반까지 과자를 사서 차를 마시는 것은 도시 민중의 습관이 되었다. 농민은 젓갈 또는 절임이나 찌거나 구운 고구마나 밤 등 집에서 만든 간식을 차와 함께 마셨다.

메이지시대 이래 서구에서 도입된 과자는 유지나 유제품을 사용하므로 일본의 전통적인 과자를 나타내는 '화과자'에 대하여, 서양과자의 의미로 '양과자'라고 불렀다. 녹차를 마실 때는 화과자를 곁들이지만, 홍차나 커피에는 양과자가 나온다. 단 현대에는 하루 생활 중에 차나 커피를 마시는 빈도가 많아지고, 과자와 스낵을 함께 먹지 않고 마시는 때가 많다.

11. 취하는 술과 각성의 차

데힌 술爛酒과 술병 그리고 술잔

1980년대부터 강한 과일 향fruity을 즐기기 위해 차게 마시는 긴조슈吟醸酒가 유행했다. 이전까지 술은 따뜻하게 마시는 것이 원칙이었다. 양조주를 데워서 마시는 것은 일본만이 아니고, 중국에서도 '소흥주紹興酒' 등 양조주를 데워 마시는 관습이 있다.

고대 귀족들은 복숭아꽃 절기에 해당하는 음력 3월 3일부터 국화 절기인 9월 9일 사이의 더운 시기를 빼고는 술을 데워 마셨다. 에도시대 중기가 되면 연중 술을 데워서 먹는 것이 일반화되었다. 1713년 발간된 가이바라에키겐貝原益軒의 『양생훈養生訓』에는 "술은 차게 마셔도, 뜨겁게 마셔도 좋지 않다. 위장을 망가트린다. 미지근하게 데운 술이 좋다"고 쓰여있다. 이때부터 작은 잔인 '조코豬口'*와 '간도쿠리爛德里'가 보급된 듯하다. 그때까지 정식 음주 때는 편평한 주전자 모양의 용기에 손잡이가 달린 '조시銚子'와 납작한 술잔이 주기로서 쓰였다.

19세기 전반의 세상사를 쓴 『관천견문기寬天見聞記』에 의하면, 그 책의 필자가 어릴 때 주기는 금속제 데우는 냄비燗鍋인 데츠조시鐵銚子**와 칠잔塗盃***이 쓰였지만, 나중에 술주전자는 그림이 그려진 도기 도쿠리德利: 술병로 바뀌고, 술잔은 '조코'로 변하였다고 한다. 또한 "술잔盃 씻을 때 대접에 물을 담고 잔을 여러 개를 띄우고 노래하는 즐거움"이라고, '술잔 씻기杯洗'가 사용되었다고 적혀 있다.

공음共飮의 예법

주연酒宴 때는 자기가 술을 따르지 않고, 타인이 권하면서 따라 마시는 것이 예법이다. 그래서 요정 연회에서는 술잔 담당을 게이

---

* 도기 작은 술잔.
** 쇠로 된 술주전자.
*** 칠한 평평한 목기잔.

사藝者에게 맡긴다. '흐르게 하라'고 하면, 자기보다 윗사람의 술잔을 사용하여 술을 모두 마시고 나서, 술잔을 돌려주고, 술병의 술을 채워서 술잔을 왕복한다. 그리고 많은 사람의 연회에서는, 술잔을 교환할 때마다 씻는 도구 '하이센杯洗'을 준비할 때도 있었다. 이와 같이 술잔 교환 풍습은 전통적인 주연에 있어, 같은 술잔에 담긴 술을 윗사람으로부터 아랫사람이 돌려 마시는 음주의례의 변형이다.

헤이안시대의 공식 주연은 의례적으로 술을 3번 마시는 것부터 시작한다. 큰 잔에 가득 채운 술을 우선 주빈이 마시고, 같은 잔으로 차석인 사람에게 건네면 마시고, 그 다음 사람에게 전하고 하듯이, 한 개 잔으로 참가자 전원이 술을 마신다. 이것을 3번 반복하는 '시키산켄式三献'이 끝나면 그 다음에 각자의 잔에 마시는 것이 허락된다. 그 기원은 고대 종교적인 음주까지 올라간다. 현대에는 신사 제례의 나오라이直會에 공동 음주하는 관습이 남아 있다. 신께 올린 술을 커다란 술잔에 담아서, 제 참가자들이 앉은 순에 따라 돌아가면서 마신다. 같은 그릇에 담긴 술로 취하는 것보다, 종교적으로 연대감을 강화시키는 방식이다. 차노유에서 같은 찻잔으로 돌려 마시는 풍습은 예전 음주나 차를 마심이 집단 단위로 행하여진 것을 말한다.

귀족이나 상급 무사, 여유있는 사람들 중 술을 좋아하는 사람은 매일 혼자서 술을 마시기도 하지만, 대개 음주는 마츠리나 연중행사, 결혼식 때 등 사람들이 모여서 행하는 사회적 행사—하레의 날—를 지낼 때에 마신다. 다도는 취미를 함께 하는 소수의 그룹 단위로서 다실이라는 비일상적인 공간에서 행해진다.

엽차의 음용이 보급됨에 따라, 손쉽게 음차를 즐길 수 있게 되고, 집단 단위의 의식적인 차노유의 마시는 방법에서 홀로 차를 달여서 마시는 것으로 변화하였다.

마찬가지로 하레의 날에 맞추어 준비하는 술은 자체적으로 양조해서 만드는 것이 아니고, 제조된 술을 파는 술집이 증가함에 따라, 손쉽게 술을 입수할 수 있다. 또한 음주를 위한 시설인 이자카야가 생김에 따라, 행사는 관계없이 일상적으로 혼자서 술을 마시는 사람들이 출현한 것이다. 이와 같이 비일상적인 '하레ハレ'의 날의 음료인 술이 일상적인 '게ケ'의 날의 음료로 변화하고, 집단 단위로 마시던 것이 개인 단위로 소비하게 되었다. 이와 같은 현상은 에도시대의 도시에서 일어났다.

술과 차의 대립 관계

술이 취하는 음료라는 것에 비하여, 차는 각성의 음료라는 인식을 바탕으로, 술과 차·커피가 대립 관계에 있다고 느끼는 것은 많은 문화에서 공통적으로 볼 수 있다. 예를 들어 중국에서 9세기 말이나 10세기 초엽에 쓰였다고 추정되는 『다주론茶酒論』이라는 책이 있는데, 의인법으로 쓰여 있다. 술과 차가 우열, 훈공을 논쟁하며 비켜서지 않아서 물이 중재자가 되어, 술과 차를 화해시킨다는 이야기이다.

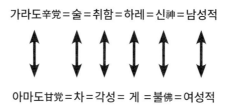

가라도辛党＝술＝취함＝하레＝신神＝남성적

아마도甘党＝차＝각성＝ 게 ＝불佛＝여성적

그림 23 술과 차의 대립 관계

일본에서는 술을 좋아하는 사람을 '가라도辛党', 술을 싫어하고 과자를 좋아하는 사람을 '아마도甘党'라고 한다. 아마도의 음료인 차는 엽차가 음용으로 보급됨에 따라 일상생활의 음료가 되었으므로 '게'의 성격이 강하다. 이에 비하여 술의 음용은 개인화되었다고 하여도, 마츠리나 행사와 연결되므로, '하레'의 음료로서 성격이 현재에도 남아 있다. 즉, '하레'의 음료이지만, '게'의 음료로서의 차는 대립 관계에 있다.

범신교인 신도에는 신들의 숫자가 아주 많이 있지만, "술신 위의 신은 없다"라는 속담이 있듯이, 거의 모든 신도의 마츠리에서 신사에 술의 봉납이 이루어지고 있고, 마츠리의 중요한 의식을 끝내고 사람들이 모이고 그 술을 마시기 위한 연회인 나오라이가 이어진다. 술은 사람과 신의 소통 수단으로 역할을 짊어지고 있다.

한편 차는 음주가 금지된 절에서 자주 마시고, 불교의식 때에 불전에 헌차를 한다. 술은 마츠리나 결혼식 등의 축하일 답례품으로 여기는 데 비하여, 불교사원이나 승려를 연상시키는 장례식 답

레품으로 차를 사용하는 지방도 많이 있다. 그래서 술은 신도를 통합하는 음료이고, 차는 불교에 결합하는 음료로 대립 관계가 생긴다. 술을 많이 마시는 사람을 남성적으로 평가하는 데 비하여, 단 과자나 차를 마시는 사람은 여성적이라고 평가받는다. 이와 같이 술과 차의 대립 관계를 나타내는 것이 그림 23이다.

문화의 음료와 문명의 음료

여기서는 각각 민족의 가치관에 근거하여 개별성이 강한 사상事象을 '문화'라 부르고, 개별적 문화의 차이를 뛰어넘어서 보편적으로 퍼진 사상을 '문명'이라는 말로 표현하려고 한다.

술과 차의 전통적인 2대 음료가 차지하고 있는 일본 사회에 외국을 기원으로 하는 문명의 음료가 침투되는 것은, 19세기 후반 이후의 음료의 근대사이다. 외래의 음료가 보급되는 과정은 그것을 일본 문화의 문맥을 자리 잡는―즉, 문명의 문화화―작용이 움직여온 것이다. 예를 들면, 맥주, 위스키, 와인 등 서구에서 전래된 주류나 그것을 사용한 칵테일도 일본의 전통적인 술에 관한 이미지를 공유하는 음료로 여기고 있다. 외래 술도 가라도 취향의 술안주와 함께 마시면 맛이 있고, 외래의 주류를 좋아하는 사람이라도 대량의 음주를 하는 사람은 남성적인 이미지의 인물로 여겨지고 있다.

단 외래의 술은 하레의 장에서 의례적인 음료, 즉 신과 관련이 있는 알코올음료로 지위를 획득하고 있지는 않다. 연회에 있어 건

배를 하는 것은 메이지시대 군대에서부터 시작되어, 현재에는 아주 보통 일이 되었다. 그러나 결혼식 산산구도三三九度*의 술마시기 杯事 등 의례적인 음주와 신전에서 봉납하는 술은 일본술로 독점되고 있다.

커피, 홍차, 소다류, 과일쥬스 등 외래 소프트 드링크류와 예전에 마시는 습관이 없었던 우유는 지난 100년 동안 문명의 음료로 보급되었다. 그러나 카페인 음료인 홍차, 커피가 녹차와 마찬가지로 각성의 음료인 것을 생리적으로 인식하였고, 또한 소프트 드링크류는 여성적 이미지가 강한 음료로 여기고 있지만, 신불과 결합 관계를 얻지는 못하였다.

외래 용기인 유리잔으로 일본술을 마시는 것은 품위가 없이 마시는 법으로 여겨지고, 일본술은 도자기제 술병과 술잔으로 마시고, 녹차도 전통적인 도자기 찻잔으로 마신다. 그것에 비해서, 홍차, 커피는 받침 접시가 있는 양식 컵으로 서양에서 기원한 주류나 소다류, 과일 주스, 우유는 외래 용기인 글래스컵으로 마신다. 음료 그것만이 아니고, 제공하는 용기도 문명 음료와 문화 음료를 구별하고 있다.

---

* 결혼식 때 신랑과 신부가 하나의 잔으로 술을 세 번씩 마시고, 세개의 잔으로 합계 9번 마시는 일.

3부

세계로 퍼져나가는 일본식

들어가며

　20세기 이전 일본의 음식문화는 해외의 음식 문화를 수용하고 그것을 일본풍으로 변형시켜 온 역사를 지닌 것이었다. 긴 역사 속에서 일본의 음식 문화를 해외에 발신하는 것이 거의 없었던 것이다. 20세기가 되어, 구 식민지와 일본인 이민이 많았던 지역에서 일식을 제공하는 음식점이 개업하였지만, 그 고객은 재류 일본인과 일본 문화에 즐긴 몇몇 현지인에 한정되어 있었다.

　1970년대 후반 미국에서 스시를 시작으로 일본 음식 열풍이 일어나, 곧 전 세계에 파급한다. 현재는 전 세계의 대도시에서 일식 레스토랑이 많이 영업하게 되고, 세계적으로 일식 열풍이 계속되고 있다.

　해외 사람들이 일본 음식을 왜 받아들이게 되었는가를 알게 되면, 세계의 음식 문화 속에서의 일본 음식 문화의 독특함이 떠오르지 않을까 하는 의도에서 집필한 것이 제3부이다.

여기는 1980년에 로스앤젤레스에서 2007년에 뉴욕에서 이루어진 일본식 레스토랑 조사 결과를 소개한다. 현재 세계에서 일본식의 수용은 음식점에서 식사와 포장음식에 한정되어 있다. 미래에는 세계 곳곳의 부엌에서 일본 요리가 만들어지게 될까?

1장
세계 속 일본 음식 문화

1. 1980년 로스앤젤레스

1960년대까지 해외의 일본식

1970년까지 해외의 일식 레스토랑은 아주 극소수였다. 당시 세계 대도시 중에서 일식 레스토랑이 눈에 띄는 것은, 일본계 이민자가 많은 도시로 호놀룰루, 로스앤젤레스, 상파울루 등과 일본의 옛 식민지였던 서울, 부산, 타이베이台北, 타이난台南 등 한정되어 있었다. 서구와 동남아의 수도에서 일식을 제공하는 식당은 몇 곳뿐이고, 그 고객은 상사 주재원 등 재류 일본인과 일본인 관광객으로 현지인과는 관계없는 일본인 전용의 음식점이었다.

식생활 문화 연구에 착수하기 이전인 1960년대 세계를 돌면서 필자는 일본 음식이 세계성을 획득하기 어려울 것이라고 생각했다. 세계 대부분 지역에서 고기와 기름, 향신료를 많이 사용한 요리를 맛있는 음식으로 여기는 반면, 그런 요리의 전통이 희박하고, 생선과 야채소를 주역으로 하는 전통 일본식은 너무 특수해서 해외에서 평가받기가 어려울 것으로 생각하였다.

당시 일본 식문화의 산물로 세계성을 획득하고 있던 것은, 아지노모토味の素, 간장, 인스턴트 라면이었다. 이들 식품산업의 제품은 일본의 식문화와 동떨어져서 세계 상품으로 되어갔다. 그러나 일본 전통 문화의 맥락 속에서 키워진 일본 요리의 맛이 해외에서 이해되는 것은 어렵다고 생각하였다.

필자의 예상은 보기좋게 뒤집혔다. 1970년대 말 뉴욕과 로스앤젤레스를 중심으로 미국에서 스시 열풍이 일어난 것이다. 그 무렵에 식문화 연구를 시작한 필자는 1980년에 공동 연구자들과 로스앤젤레스 일본식 레스토랑의 현지 조사를 실시했다. 그 결과 내가 마이너스 요인이라고 생각했던 일본 요리의 특수성이 해외에서 플러스 요인으로 평가하게 된 것이 밝혀졌다.[1]

일본음식점의 역사

20세기 초반에 남부 캘리포니아의 농장 노동자로 일했던 일본인 이민자들이 도시에서 사업을 하게 되어 로스앤젤레스에 일본인 거리가 형성되었다. 전화번호부와 연감류로 살펴보면 1908년 로스앤젤레스에 41업종, 536개 일본계 기업이 있었고, 그중 음식 관련 업체는 식료품점 40개, 일본음식점 34개, 술집 30개, 양식점

27개, 일본과자점 6개, 두부가게 5개, 생선가게 5개가 있었다. 그 대부분은 1915년부터 '리틀 도쿄'라고 불리는 일본인 거리에 집중되어 고객은 일본계에 한정되어 있었다.

태평양 전쟁이 발발하게 되니, 일식을 포함한 일본 문화는 적대의 대상이 되었고 캘리포니아의 일본인 대부분이 전시戰時 수용소에 강제 수용되었다. 전후 즉시 일본인들의 사회 복귀가 시작되지만 전시의 타격은 크고, 1965년 로스앤젤레스 일본음식점은 15개에 불과했다. 그러나 태평양 전쟁과 전후 일본 점령이라는 경험을 통해 미국인들은 일본에 관한 많은 정보를 받아들이게 되었다. 이른바 전쟁 신부로 미국인과 결혼하여 미국으로 이민한 일본인 여성은 10만 명이 넘는다고 한다. 군 관계자, 지식인, 경영인 등 백인 사이에서는 일본 체류 경험과 일본 문화에 대한 지식을 가진 인구가 증가했다. 한편 일본은 1960년대에 경제 부흥을 달성하고 미국에 진출하는 일본 기업도 많아졌다.

1970년대가 되면, 그때까지 일본인 상대의 정식집定食屋이 아니라 미국인 고객 대상으로 하는 일본 건축으로 일본 정원을 갖추고, 일본다움을 강조하는 고급 일본음식점이 개업하게 되었다. 이런 식당은 리틀도쿄라는 기존 지역적 틀을 넘어, 경제인의 거리와 번화가, 때로는 백인 주택가에도 출현하게 되었다.

일본 요리는 일본인 거리의 일본인 전용 식사에서 미국인을 대상으로 한 미식의 식사로 변신하기 시작한 것이다. 그때 일본 레스토랑에서 미국인들이 즐겨 먹던 요리는 초기에 스키야키, 이어서 덴푸라가 인기가 있었다.

1978년부터 로스앤젤레스 일식당의 점포수는 해마다 두 배로 폭발적인 증가를 이루었다. 1980년 조사 당시, 로스앤젤레스시와 인접한 위성 도시로 구성된 로스앤젤레스 지역에서 일본음식점은 430개에 달하여, 시가지 곳곳에 분포하게 되었다. 가장 큰 요인은 백인층을 중심으로 미국인이 일본 요리에 관심을 갖게 된 것이다. 이 일식 열풍의 견인차가 된 것이 지금까지 미국인이 안 먹던 생선을 사용한 스시이다. 로스앤젤레스에서 시작된 스시 열풍은 바로 뉴욕에 전해져, 거대한 두 도시에서 일식의 선구자로서 세계적인 유행이 된 것이다.

일식의 이미지

필자 연구진은 로스앤젤레스의 50개 일식 레스토랑을 방문해 일본음식을 제공하는 입장에서 실태 조사를 실시했으며, '왜 미국인이 일본 음식을 먹기 시작했는가?'를 알기 위한 69항목의 설문조사를 실시, 미국인 534명으로부터 응답을 받았다. 조사 대상으로는 일본식을 전혀 알지 못한 사람들이 아니라, 대학의 일본어와 문화인류학 등의 클래스에 속하는 학생, 로스앤젤레스 슈퍼마켓 동양 식품 매장에서 쇼핑객 일식 레스토랑의 고객들이다.

설문조사 질문표에 '일본Japan', '일본인Japanese people'이라는 말에서 연상되는 세 단어를 기입해달라고 한 것을 시작으로, 로스앤젤레스에서 먹을 수 있는 일본, 미국, 이탈리아, 프랑스, 멕시코, 한

표 3 일본식의 이미지(숫자는 응답자 수)

이미지	응답자 수	이미지	응답자 수
덴푸라	54	중국	4
스시	44	젓가락	4
데리야키	43	카레	4
생선	37	델리케이트	4
좋다	34	별나다	4
쌀	28	최고	4
야채	24	알고있다	4
사시미	20	좋아한다	4
맛이 좋다	20	많다	4
스키야키	19	영양적	4
음식	16	서비스	4
맛있다	12	작은새우	4
건강적	11	스프	4
가볍다	11	돈가츠	4
비싸다	10	어필(Appealing)	3
바람직하다	9	예술적	3
날것	9	분위기있다(Artistic)	3
닭	8	유용하다	3
스파이스	8	바(Bar)	3
채우다	6	반찬	3
튀김	6	이국적	3
재미있다	6	즐겁다	3
면	6	레스토랑	3
단순하다	6	춘권(Roll)	3
다양성	6	해산물	3
청결하다	5	샤부샤부	3
짜다	5	철판구이	3
소스	5	두부	3
아름답다	4	닭꼬치구이	3
베니하나(철판구이 식당명)	4		

국, 중국 음식에 대해 연상되는 말이나 각국의 자동차와 영화에 대해 연상되는 단어를 자유롭게 기입하는 칸 등으로 구성되어 있었다. 즉, 일본 음식뿐만 아니라 여러 나라의 요리에 대한 이미지를 묻고, 그리고 '일본과 일본인'에 대한 이미지, 자동차로 대표되는 현대의 산업사회로서의 일본과, 영화로 대표되는 일본 문화의 이미지 등을 다른 나라와 비교하면서 질문하였던 것이다.

해외에서 일본 요리와 음식은 그냥 독립적인 존재가 아니라, 그 배후의 일본에 대한 이미지에 힘을 입고 있으며, 또한 미국에서 일본음식점은 다른 나라의 민족 음식점과의 비교를 찾아야 한다는 가설에 의거한 설문이었다.

이 설문조사 집계결과 속에서 일본식에 관련한 부분을 간단하게 소개한다.

표 3은 '일본식'이라는 말에서 연상되는 단어를 모은 것이다. '덴푸라', '스시', '데리야키', '사시미', '스키야키' 등 요리명과 '생선', '쌀', '채소' 등 소재에 관한 말이 상위를 차지하고 있다. 주목할 것은 '건강한healthy, '가벼운light', '날것raw', '단순함simple', '청결clean', '아름답다beautiful'라는 말이 많이 기입되었다.

표 4는 '미국식American Food'에 대한 이미지이다. '햄버거', '스테이크', '핫도그' 등 미국을 대표하는 음식이 상위 3위를 차지했다. 다음 '좋다good'는 말도 나오지만, '기름지다greasy', '살찌다fattening', '무겁다heavy'라고 '건강하지 않다'고 마이너스로 평가한 말이 상위에 있다.

표 4 미국식의 이미지

이미지	응답자 수	이미지	응답자 수
햄버거	100	구이(Roast)	5
스테이크	65	맛이 강하다(Spicy)	5
핫도그	48	유용하다	4
음식	41	기본	4
좋다	31	빵	4
기름지다	25	요리법	4
단조롭다	22	멋지다	4
감자	22	너무 크다	4
닭	18	햄	4
빠르다	17	종류(Kind)	4
다양하다	16	좋아하다	4
고기	14	레스토랑	4
살찌다	11	짜다	4
해산물	9	단순하다	4
지루하다	8	달다	4
비싸다	8	끔찍하다	4
피자	8	칠면조	4
저렴한	7	평균적	4
알차다	7	나쁘다	3
정크	7	칼로리	3
로브스터	7	감자칩	3
맥도널드	7	여러 가지	3
파이	7	담백하지 않다	3
간단하다	7	가족적	3
갈비(Rib)	7	싸다	3
전분	7	아주 좋아함	3
맛이 좋다	7	보통	3
생선	6	영양가 높은	3
무겁다	6	방부제	3
오케이	6	진한 맛	3
샐러드	6	샌드위치	3
소고기	5	만족감	3
맛있다	5	스파게티	3
건강한	5	건강에 해롭다	3
질이 좋다	5	채소	3

이탈리아식, 프랑스식에 대한 이미지 조사에서는 '살찌다', '무겁다'라는 말이 자주 나온다. 고기와 기름을 많이 사용하는 서양요리는 칼로리 과잉때문에 비만으로 이어진다는 관념이 보급된 것으로 보인다. 영양 과잉으로 생활습관병이 사회 문제가 된 미국에서는 생선, 야채, 쌀을 소재로 한 낮은 칼로리와 콜레스테롤의 일본식이 '건강에 좋은 음식'으로 평가되었다.

맥거번 보고서

1960년대부터 미국에서 심장 질환에 의한 돌연사와 암이 급증하고 의료비가 증가하고 이것이 진행되면 재정적 위기를 초래한다고 말했다. 그것을 타개하기 위해「국민 영양 문제 미국상원특별위원회Select Committee on Nutrition and Health」가 설치되어, 거액의 예산으로 세계의 의학 · 영양학 연구자를 동원하여 조사를 실시하였다. 1977년에 보고서「미국의 식사 개선목표Dietary Goals for the United States」가 상원에 제출되었다. 그 보고서는 특별위원회의 위원장이었던 맥거번의 약칭으로,「맥거번 보고서」라고 불린다.

이 보고서에서는 심장병을 비롯한 만성질환을 예방하기 위해서는 식생활을 개선할 필요가 있고, 미국인의 '식사 개선 목표'를 나타낸다. 거기에는 고기, 유제품, 달걀 등 고칼로리의 동물성식품을 줄이고, 정제하지 않은 곡물이나 채소, 과일을 섭취하도록 권고하고 있다. 한편, 가능한 재료에 손을 대지 않고 자연 상태에 가까운 가공법으로 먹자는 자연식 운동이 있고, 그것은 1960년대 히피들에게 공감을 얻고 퍼진 것이었다.

이런 상황 속에서 유지와 고기를 사용하지 않고 인공적인 가공법을 되도록 배제한 곡물과 생선을 먹을 수 있는 요리로서, 일본식이 주목받게 되었으며, '스시'는 일식 열풍의 견인차가 되었다.

날것과 생선 비린내

그럼, 미국인들은 건강 유지를 위해, 무리해서 일본식을 먹게 되었는가?

설문에서 일본식은 '건강한healthy'이라고 기입한 사람들 몇 명을 면접하여 속내를 들어보았다. 그러자 당연한 일이지만 '먹어보니 맛있었다'로 일본식을 먹게 되었다는 응답이 대부분이었다. 그리고 일식이 '건강한'이라는 담론이 일본 레스토랑에 다니는 좋은 구실이 되고 있는 것으로 나타났다.

"처음 일본식을 입에 대했을 때는 조금 모험심을 필요로 했다. 특히 생선회나 초밥의 생선요리는 심리적 거부감을 느꼈다. 그러나 일본의 활어요리는 먹어보니 fishy하지 않았다"라고 하였다. 영어로 생선의 형용사 fishy에는 '생선 비린내가 나는'이라는 의미가 있는데, 미국인들은 '생선 비린내'를 불쾌한 냄새로 여겼다. 또한 fishy의 구어체 표현에서는 이야기에 '수상한, 의심스러운, 수상한'이라는 의미가 있다. 한편 영어의 'cook'은 불을 사용한 요리를 나타낸다.

그래서 미국과 일본의 전쟁이 시작되기 직전에 미국인들이 생선회를 먹는 일본인을 멸시하고 '요리를 하지 않고 불쾌한 생선 냄새가 나는 날생선을 먹는, 수상한 잔인한 사람들'이라는 이미지가 있었다.

사시미를 좋은 찬으로 여기는 일본에서는, 어획 직후에 산 것을 보존하는 기술이 개발되고, 평평한 상자에 넣어 운반하는 등 생선을 신선한 상태로 저장, 수송 기술이 발달했다. 날생선을 먹는 습관이 없는 서양의 생선 가게에서 파는 것들은 꽤 생선 냄새가 나는 것이 보통이다. 그래서 일식당에서 생선회나 초밥을 먹고 "조금도 fishy이 아니다"라는 감상을 말하는 것이다.

일본 요리통의 길

그림 24는 조사 당시의 미국인이 일본의 음식에 대한 심리적 거부감의 정도를 개략적 그림으로 나타낸 것이다. 당시 미국에서 가장 많이 보급된 일본식 요리는 '데리야키(단간장구이)'였다. 기성품 간장베이스의 데리야키소스는 일반 슈퍼마켓에서도 팔리고 있었다. 가정에서 스테이크와 바베큐를 만들 때 데리야키소스를 사용하고, 미국인이 경영하는 스테이크 메뉴도 데리야키 스테이크가 등장하였다. 그것은 일본 요리로서가 아니라 미국인들이 일상적으로 먹는 스테이크의 변형의 하나로서 받아들여진 것이다.

다음으로 그리 거부감 없이 먹은 것이 '스키야키'이다. 1963년 사카모토큐版本九의 가요 〈위를 향해 걷자〉를 〈스키야키〉라는 곡명으로 변경하여 레코드가 발매되면서 미국에서 대히트를 했다. 그래서 스키야키는 가장 잘 알려진 일본 요리의 이름이 되었다. 미국요리에는 없는 냄비 요리가 형식의 재미뿐만 아니라, 뭐니 뭐니 해도 고기 요리이기 때문에 거부감 없이 먹을 수 있는 것이다. 스키야키는 날달걀을 내지 않는 것이 보통이다. 미국인에 날달걀을 먹는 습관은 없고, 살모넬라Salmonella균 감염 우려가 있는 것으로, 레스토랑에서 날달걀을 제공하는 것을 금지하고 있는 주도 많다.

조사 당시에는 일식당에서 스키야키가 아니라 '샤부샤부'를 주문하는 것이 일본 요리통으로 멋지다고 여기었다. '덴푸라'도 일본 요리의 대표로 이름이 알려져 있었고, 튀긴 생선의 변형일 뿐이므로, 별로 거부감을 느끼지 않았던 것이다.

처음부터 날생선인 '사시미'를 고집하는 미국인 손님은 별로 없고, 생선회를 태연하게 먹을 수 있는 일식통이 된 후에 '스시'에 도전한다는 것이, 종래 일식 레스토랑에서 미국인 손님들의 판에 박힌 경향이었다. 그런데 스시 열풍이 일어나니, 갑자기 스시에 도전하는 사람들이 나타나게 되었다. 미국인에게 인기가 있는 스시는 김밥이나 유부초밥이 아니라, 날어패류를 사용한 '니기리즈시', '데마키즈시手巻きズシ: 손말이초밥'였다.

스시바 Sushi Bar

1962년 스시 재료를 저온에서 저장하는 유리로 만든 '재료 보관함'이 처음으로 로스앤젤레스에 수출되었다. 그래서 재료 보관함 앞에 계산대를 배치하는 일본음식점이 리틀도쿄에 출현하였다.

1960년대에 니기리즈시는 재미 일본인만의 음식이며, 미국인 손님이 주문하는 경우는 거의 없었다.

1972~1973년부터 고수입의 미식가로 이르는 일부 백인 손님이 스시를 먹게 되고, 1977~1978년에 스시가 건강식이고, 동시에 별미라고, 미국 전역의 저널리즘이 다루게 되고 나서, 로스앤젤레스 많은 일본음식점에 스시카운터가 마련하게 되었다. 스시를 제공하는 카운터석을 '스시바'라고 하였다. 스시 자체의 맛과 신기함, 건강식이라는 미국인들이 스시에 대한 이미지 외에, 스시 카운터에서 주문해서 먹는 식사 형식의 재미가 미국인들에게 인기를 얻은 측면이 있다.

테이블석인 미국의 레스토랑에서는 손님과 요리사가 직접 커뮤니케이션을 할 수는 없다. 객석과 조리장의 요리 사람을 잇는 것은 서비스맨이다. 또한 낯선 사람끼리가 같은 테이블에 합석하는 일도 없다. 일본의 스시집과 이타마에갓포 같은 식사 장소는 미국에는 없었던 것이다.

스시바를 사이에 요리사와 손님이 대치하고, 요리 재료를 보면서, 요리사와 대화를 하면서 자기가 좋아하는 초밥을 주문하고, 그것을 만드는 과정을 보면서 식사를 하는 것은, 미국인에게는 새로운 식사체험이었다. 스시바에서는 필연적으로 낯선 사람끼리 나란히 앉게 된다. 어눌한 영어로 말하는 일본에서 온 스시 장인과 회화가 중단되면, 옆의 손님끼리 대화를 시작해서, "무슨 요일 몇 시에 이 스시바에서 만나자"는 식의 약속이 성립하기도 하였다.

단신 생활자에게 유럽풍 레스토랑에서 묵묵히 식사를 하기보다는 요리사와 옆 손님과 대화를 할 수 있는 스시바가 더 즐겁다. 스시바에서 일하는 장인들의 이야기로 외로움을 치유하거나 친구를 만들기 위해, 스시바에 다니는 손님도 많다는 것이다.

신종 스시의 출현

고객들은 스시 나무통에 담은 모듬초밥을 테이블석으로 가져다주는 것보다 스시바에서 주문해서 먹는 것을 좋아한다. 카운터석에서 좋아하는 니기리즈시를 주문하면 테이블석에서 먹을 때보다 비싸기는 일본과 마찬가지이다. 니기리즈시의 모듬 '보통'의 평균 가격이 점심 6달러, 저녁 7.5달러인 반면에, 스시바에서 좋아하는 스시를 주문하여 일단 배를 채우고, 맥주와 일본 술을 약간 마시면 팁을 포함해서 20달러의 지출을 각오해야 한다(당시 1달러에 약 250엔). 이 가격은 보통의 미국인에게 사치스런 식사로 여겨진다. 일주일에 한 번 스시바에 다니는 단골들은 월수입 3,000달러 이상을 버는 백인의 고소득자로 의사, 변호사, 기술자 등 교양 있는 계층이 많다고, 모든 음식점 경영자와 요리사가 말하였다.

스시 열풍이 일면서, 스시바의 단골인 것이 '스테이터스 심벌(사회적 지위의 상징)'처럼 되었다. 이런 단골들은 친구를 데리고 와서는 다른 식당에서 먹을 수 없는 신기한 초밥을 자신을 위해 만드는 요리사에게 요청하고 자신이 특별한 손님임을 과시하려고 한다. 스시통이 손님이 친숙한 요리사에 주문하는 것은 별난 것something special, 다른 손님에게는 제공한 적이 없는 자신만을 위해 만들어진 신종 스시이다. 그리고 새로운 스시를 제공하면 팁을 많이 준다. 그 결과 일본에는 없는 수많은 신종 스시가 탄생했다. 스시바에서 일하는 대부분의 장인은 두세 종류는 자신이 창작 스시의 레퍼토리를 가지고 있었다.

아보카도, 오이를 가늘고 길게 자른 것과 게 다리살을 가운데 놓고 흰깨를 뿌린 초밥으로 말은 김밥인 '캘리포니아 롤'은 리틀 도쿄에 있는 식당에서 개발한 것이지만, 현재는 일본에 있는 초밥집에서도 먹을 수 있게 되었다.

훈제 연어로 니기리즈시를 만든 후 남은 연어 껍질을 구워 가늘게 자른 것과 샐러리를 심으로 말은 김밥을 '웨스턴 롤'이라고 한다. 게와 오이를 양상추로 만 것은 '알래스카 롤', 생굴이 흘러 내리지 않도록 가늘게 자른 김띠를 하고 그 위에 칵테일 소스를 얹은 니기리즈시, 고객의 요구에 따라 다양한 스시가 고안되었다.

스시 재료를 밥 위에 올려놓는 니기리즈시에는 한 종류의 스시 재료밖에 올릴 수 없어서 변형을 만들기 어렵다. 그래서 마침 있던 재료로 뭔가 별다른 초밥을 즉석에서 창작하려면, 해산물과 채소를 합친 손말이초밥인 '데마키즈시'로 만들게 되는 것이다.

이러한 신종 초밥 중에는 김을 뒤집은 초밥이 많다. 김의 검은색은 미국인의 입맛을 돋우지 않고, 자르기 전에 김밥을 보고, "다이너마이트!"라고 외치는 손님도 있었다고 한다. 이러한 신종 스시를 일본에서 만들면, 고객과 장인 동료로부터 '어긋난 길'이라고 여긴다. 미국이라는 신천지에서 스시는 새로운 발전을 이룬 것이다.

콤비네이션combination

조사 당시 일본음식점의 메뉴의 특징은 '콤비네이션'이었다. 문자 그대로 번역하면 '조합'이라는 것이다. 큰 접시에 여러 종류의 음식을 함께 담은 메인 요리에 곁들이로 스프(대부분 된장국), 쌀밥, 절임, 녹차가 제공되는 식단의 정식이다.

미국의 멕시코 레스토랑에서 콤비네이션이라는 서비스 방법은 일찍부터 행해지고 있었다. 1960년대 말, 로스앤젤레스의 고급 주택가에 있는 일본음식점에서 1.2척(약 36cm)의 큰 접시에 여러 대표적인 일본 요리를 샐러드와 함께 화려하게 담는 것이 고안되어, 미국인의 인기를 얻은 때부터 일본 요리 콤비네이션이 유행하게 되었다. 일반 미국인들 일본음식점에서 단품요리를 몇 종류 주문하고, 나름대로 식단을 짤 정도로 일본 요리에 능통하지는 않았다. 그러나 콤비네이션을 주문하면 여러 가지 대표적인 일본 요리를 맛볼 수 있다. 콤비네이션 접시는 최소 두 가지 주요리 외에 대부분 미국인이 좋아하는 채소 샐러드를 많이 담고, 디저트 과일이 곁들이는 것이 보통이다.

그림 24에 예시한 것은 미국인뿐 아니라 체류 일본인도 고객층으로 하고 있다. 리틀도쿄에 있는 식당 점심 메뉴의 콤비네이션이다. 이 경우 세 종류 요리가 결합되어 있으며, 메뉴에는 없지만 녹

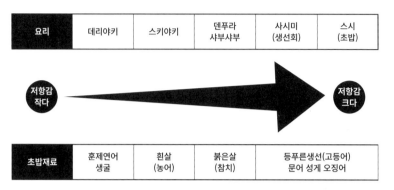

요리	데리야키	스키야키	덴푸라 샤부샤부	사시미 (생선회)	스시 (초밥)

저항감
작다 → 저항감
크다

초밥재료	훈제연어 생굴	흰살 (농어)	붉은살 (참치)	등푸른생선(고등어) 문어 성게 오징어

그림 24 일본 요리에 대한 미국인의 기호

차가 붙어있고, 4.5~4.9달러의 싼 가격이다. 조합은 일본에서 '모듬 정식'와 다른 점은 요리의 양이 많은 것이다. 주로 채소의 일품들이 일본이면 각각 1접시 분량에 해당하는 것들을 함께 담고 있다. 단품요리를 주문해도 양이 많다.

일본음식점의 경영자들은 요리의 양에 대해 이렇게 설명한다.

담는 양을 많이 하는 것은 음식점이 성공하기 위한 철칙이다. 미국인들은 일본 요리의 맛에 대해서는 이러쿵 저러쿵 말하지 않지만, 분량에 대해서는 시끄럽다. 대체로 일본에서의 3배 정도의 분량을 담는 것이 보통이다.

어쨌든 양을 많이 해서, 음식이 접시 공간을 덮어서, 접시 바닥이 보이지 않게 담는다. 그릇 여백의 아름다움을 보여주는 일본식의

콤비네이션 런치(정식)
스프와 샐러드, 밥과 절임을 함께 서비스함
1. 소고기 데리야키 / 덴푸라/초생채 — 4.90
2. 닭깨구이 /사시미 / 초생채 — 4.50
3. 돈가츠 /닭꼬치구이/ 냉두부 — 4.50
4. 덴가쿠 /사시마 / 초생채 — 4.50
5. 생선구이 / 돈가츠/ 깨무침 — 4.50
6. 덴푸라/ 닭꼬치구이/냉두부 — 4.50
7. 사시미/ 덴푸라/ 깨무침 — 4.90

그림 25　중급 레스토랑의 콤비네이션 런치

담기는 통하지 않는다. 일본에서는 먹을 수 없는 장식을 접시에 놓아 아름다움을 강조하지만, 그것을 해도 미국인은 받아들이지 않는다. 모든 먹을 수 있는 음식을 담아 않으면 안 된다.

음식의 양을 푸짐하게 해서 호화로운 식사라는 인상을 준다.

전통적인 일본의 식사는 요리는 밥을 먹는 반찬이며 배를 부르게 하는 것은 주식이고, 반찬은 주식을 배에 넣기 위한 식욕증진제이었다. 그러나 미국인의 식사 방법은 국물 요리에 해당 된장국이나 밥을 한 그릇 이상 먹지 않는다. 그래서 요리의 양을 많이 할 필요가 있다. 또한 거대한 비프스테이크로 대표되듯이, 풍요로움을 자랑하고, 큰 것, 양이 많은 것을 좋아하는 미국인의 전통적인 식사관이 일본 요리의 담는 분량을 많게 하였을 것이다.

인기 요리와 재료

스시 열풍이 일어났다고 해도, 일본음식점의 주력상품은 저렴하고 편하게 먹을 수 있는 콤비네이션이었다. 그래서 미국인 고객에게 인기 있는 주요리의 콤비네이션을 제공하도록 노력한다. 조합에 나타나는 주요리의 순위를 조사하여 미국인이 선호하는 일식을 알아보자.

그림 26은 필자가 수집한 일본음식점의 메뉴에 나타난 콤비네이션의 주요리 807건의 사례를 대상으로, 주요리끼리 조합을 무시하고, 상위 5위까지 올린 것이다. 1위 덴푸라, 2위 사시미, 3위 비프 데리야키, 4위 치킨 데리야키, 5위 스키야키 순이다. 이 5가지 요리가 모든 콤비네이션 주요리의 72.6%를 차지하는 결과가 된다. 5가지 요리와 스시가 당시 로스앤젤레스에서 인기 있는 일본 요리였다고 생각하면 된다.[2]

그림 27은 메뉴에 나온 콤비네이션의 요리명에서 주요리의 주재료 순위를 조사한 결과이다. 랍스터, 게, 연어, 가리비, 새우, 굴 등 고급 어패류는 그릴드 랍스터 같은 식으로 요리 이름에 어패류의 종류가 매긴다. 메뉴에는 사시미라고만 적혀있어 어종을 모르는 것도 많다. 그래서 해산물이라는 카테고리에서 일괄한다면 55.4%에 달한다. 다음은 쇠고기, 3위는 치킨의 순이지만, 그 주요

요리법은 데리야키이다. 4위 돼지의 경우는 돈가츠와 돼지고기생 강구이가 콤비네이션의 주요리로 자주 제공된다.

이렇게 보면, 일본 요리는 해산물을 특가로 먹을 수 있고, 그것에 미국인이 먹던 육류에 일본식 요리가 곁들여져 있다. 주목되는 점은, 조사 시점에는 콤비네이션에 채소와 두부 등 식물성식품의 요리가 등장하지 않는 것이다. 채소를 주요리로 하는 일이 거의 없는 미국인의 식단에 맞추었을 것이다. 조사 당시에도 건강 식품으로 일부 미국인에 팔리던 두부 요리가 아직 음식점에서 상품이 될 정도로 보급되어 있지 않았던 것이다.

음식 배후의 일본의 이미지

식문화가 외국에 수용됨에 있어서는 그 음식을 만들어 낸 국가와 민족에 대한 이미지가 관계를 가진다. 미일전쟁 직후인 1942년 갤럽조사에 의한 일본인의 이미지는 ① 방심할 수 없다, ② 교활하다, ③ 잔인하다, ④ 호전적이다, ⑤ 근면하다의 5가지가 상위를 차지했다. 이러한 이미지를 바탕으로 일본인의 음식에 대한 호의적인 평가는 나타나지 않은 것이다.

1980년 필자의 설문조사에서 '일본인Japanese people'하면 연상되는 단어를 기입해달라고 한 결과는 일본인은 ① 키가 작다short, ② 예의가 바르다polite, ③ 지적intelligent, ④ 우호적friendly, ⑤ 작다small의 순이다. 이외에도 근면industrious, 청결clean 등 긍정적인 단어가 상위를 차지했다.

그림 26 콤비네이션 메뉴에 구성된 주요리명 비율(807건의 사례를 바탕으로 작성)

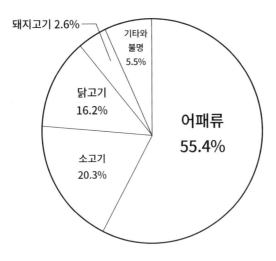

그림 27 콤비네이션 전체를 통하여 나타난 주요리 재료 비율(807건 사례를 바탕으로 작성)

Japan, '일본'이라는 말에서 연상되는 말을 들어준 결과는 ① 음식food, ② 자동차car, ③ 섬나라island, ④ 기모노kimono, ⑤ 쌀rice의 순이다. 이외에 자동차에 대한 구체적인 말로 '도요타Toyota', '닷슨Datsun', '혼다Honda' 등 브랜드를 기입한 사람들도 있다. '카메라camera', '산업industry', '기술technology', '전자제품electronics' 등을 쓴 사람들도 많고, 일본이 선진국으로서 이미지가 정착되고 있는 것을 알 수 있다.

외국에서 일본 요리는 그냥 혼자 걷는 것은 아니다. 미국인이 일본과 일본인에 대해 품은 이미지가 예전의 '후지산', '게이샤'의 나라에서 확고한 경제력과 기술력을 갖춘 나라로 변화한 것, 정형화된 일본관에서 양국민들이 직접적 교류 관계를 갖고, 구체적인 인간 관계를 가지고 이야기를 주고받을 것이, 일본 요리를 미국인이 먹게 된 것의 저류에 있다.

일본인은 '청결'이라는 이미지가 나타난 것이 주목된다. 미국인들은 위생관념에 까다롭다. 아시아 요리는 이국적인이지만, 위생상의 문제가 있을 것 같아서 꺼려한다는 편견을, 일식에 대해 전혀 갖고 있지 않다는 것이다. 다른 아시아 나라의 식품과 달리, 일본의 식품은 위생적인 것은 1966년 이후는 FDA(미국 식품의약국)를 거의 프리패스로 수입하게 되었다. 그 배경에는 '산업', '기술', '청결'이라는 말에 상징되는 품질 관리의 장점에 있다.

2. 세계적인 일본식 열풍

세계에 일식 레스토랑의 보급

미국에서 스시 열풍을 기점으로 20세기 말부터 현재에 이르기까지 전 세계에 일식을 제공하는 레스토랑의 확산이 이어지고 있다. 그림 28은 2006년 농림수산성이 발표한 '해외에서 이른바 〈이른바 일식 레스토랑〉의 전개 상황'을 인용한 것이다.[3] 이에 따르면 북미 약 1개, 중남미 약 1,500개, 아시아 약 6,000~9,000개, 오세아니아 약 500~1,000개, 유럽 약 2,000개, 러시아 약 500개, 중동 약 100개의 일식당이 있다고 한다.

그 후에도 세계에서 일식 레스토랑은 급증하고 일본무역진흥회(일본무역추진기구)의 보고에 의하면, 1980년대 프랑스의 일식 레스토랑은 50개 정도이던 것이, 2011년은 1,500개가 되고, 2006년에 러시아 전역에서 일식 레스토랑이 약 500개였고, 2010년에 모스크바 시내에서만 600개에 달했다.[4]

선진국에서는 과도한 영양으로 영양 불균형 식생활에 의한 생활 습관병이 염려되어 건강한 식생활에 대한 의식이 높아지는 가운데, 장수국 일본음식이 주목받게 되었다. 그리고 건강하고 고품질의 안전한 때문에 안심하고 먹을 수 있어 외형이 아름다운 고급 음식이라는 이미지가 대중적인 때문에 전세계적인 일본 요리의 열풍이 일어났다는 것이 농림수산성의 설명이다.[5] 그뿐만이 아니다. 로스앤젤레스의 사례에서 언급한 바와 같이 "먹어 보니 맛있

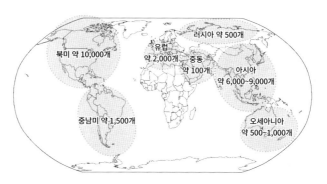

그림 28 해외 일본식 레스토랑의 수(2006년, 자료: 일본 농림수산성)

다"고 하는 것을 중시할 필요가 있다. 일식의 맛이 세계에서 이해
될 수 있게 된 것이다.

선진국뿐만 아니라 경제 발전에 따른 소득 향상과 함께 아시아
국가에서도 일식을 고소득층 사람들이 먹을 수 있게 되어, 일본식
먹는 것을 "멋지다"라고 하게 되었다. 만화, 애니메이션, 자동차,
오토바이, 전기 제품 등과 함께, 일식도 '쿨 재팬'의 일익을 담당
하게 된 것이다. 전 세계에서 '스시'는 일본 요리의 대표인, '회전
초밥', '야키니쿠', '라멘' 등의 대중적인 음식점도 증가하고 있다.
'일식라멘'이라는 라면 가게가 중국 도시에서 유행하여, 중국에서
500개 이상의 점포에서 영업하는 일본라면 체인업체도 있다.

2007년 미국에 있어 일본식 레스토랑의 그 이후를 알기 위해, 뉴
욕에서 단기간 조사를 실시하였다.[6] 당시 뉴욕에는 약 800개 일본식
레스토랑이 있었다. 미식가이드북 『저갯 서베이Zagat Survey』 2007년

도판에 게재된 뉴욕 일본음식점은 13점포이다. 다른 외국 음식점에서 게재되는 것은 프랑스 요리 19개, 이탈리아 요리 13개, 중국 요리 12점이며, 일본음식점이 뉴욕의 미식가들에게 칭찬을 받고 있는 것을 알 수 있다.

최근 뉴욕에서 스시 이외에 여러 종류의 일식을 제공하는 200~300석의 대형 고급음식점이 잇달아 개업하고 있다. 이러한 고급 상점에는 유태계 자본의 가게가 많다. 높은 사회계층의 미국인 고객을 대상으로 하는 고급식당을 하려면, 화려한 외관을 갖추게 된다. 이국적인 강조해 점내에 석등롱과 죽림을 배치하는 등 80년대 인테리어가 아니고, 뉴요커 취향의 현대적인 디자인의 식당이 많다. 여기에서는 다다미룸이 아니라 의자 좌석이 기본이며, 일본인 장인이 일하는 스시바를 무대로 여기고, 그것을 둘러싼 객석을 배치한 극장형 점포 만들기가 유행하였다.

이 같은 대형 고급식당에 다니는 것이 '스테튜스 심벌Status Symbol'로 인식되고, 맨해튼에 사는 고소득자들이 주고객층이다. 이런 식당에서 저녁식사를 하면, 술값과 팁을 포함해서 한 사람당 100달러 이상이 나온다. 고급식당에서는 '오마카가세 가이세키おまかせ会席'* 코스를 많이 주문한다. 트뤼플 페이스트가 들어간 두유 달걀찜 등 푸아그라Foie gras, 송로버섯Truffle, 캐비어Caviar 등 고급 식재료를 일본 요리에 응용하여 고급스러움을 연출하는 일이 생겼다. 또한 얇은 회를 카르파초carpaccio식으로 완성하여 감귤류와 유

---

* 주방장 마음대로 알아서 내주는 가이세키 요리.

자후추와 간장 소스로 먹이는 등을 궁리한다. 고급식당의 요리장은 수행을 쌓은 일본인이 많다.

한편, 메밀국수, 우동, 라면, 덮밥, 선술집 등의 대중적인 전문점이나 대중 일식레스토랑도 다수 있다. 라면이나 만두, 카레라이스도 대중적인 일식 레스토랑의 메뉴에 들어있다. 거기에서는 일품을 10달러 이하 가격으로 먹을 수 있다. 식단은 일본의 대중 식당과 그다지 다르지 않지만, 콤비네이션 메뉴는 모습을 감췄다. 미국인이 일본 요리에 익숙해지고, 원하는 음식을 주문할 수 있게 된 것이다.

일식 레스토랑 테이블에는 나이프, 포크, 숟가락과 젓가락이 놓여 있다. 손님이 앉은 자리에서 볼 때 오른쪽에 나이프와 숟가락, 왼쪽에 포크가 수평이 되는 위치에 놓이고 앞쪽 옆에 젓가락 얹어 젓가락을 두는 것이 일반적이다. 그러나 양식 도구를 사용하지 않고 젓가락만으로 식사하는 미국인들도 많다.

'델리delicatessen'라고 하는 도시의 식품점이나 슈퍼마켓에서는 초밥과 도시락을 몇 달러에 판매하고 있으며, 그것을 포장해가는 미국인이 많다. 일식의 대중화가 진행된 것이다. 식사 중에 맥주를 마시는 손님은 적고, 고급식당에서 일본술 또는 와인을 마시는 손님이 많다. 소주도 두고는 있지만, 그것을 마시는 것은 일본인 관광객이다.

로스앤젤레스에서 조사 때는 데운 술爛酒을 주문하는 미국인 손님이 많았지만 알코올을 따뜻하게 마시는 것이 이국적으로 느껴

졌기 때문일 것이다. 현재는 대부분의 미국인 손님이 와인 쿨러에 일본 술병을 담아 제공되는 찬 술을 좋아한다. 일본 요리집보다 갖춘 술의 종류가 많아서, 100종류가 넘는 술을 갖추고 있는 식당도 있고, 와인과 마찬가지로 일본술 목록이 준비되어 있다. 일본술을 기반으로 한 칵테일도 있다. 일본술을 둔 프랑스 음식점, 이탈리아 음식점, 바도 출현했다. 일식당에서 따로 일본술이 자립하기 시작한 것이다. 미국은 세계 최대의 일본술 수출국으로 미국에 양조장이 있는 술 브랜드도 있다.

해외에서 일식의 변모

뉴욕의 조사 시점에 미국의 일식 레스토랑의 경영자가 일본계인 식당은 10% 이하이다. 고급식당에서 일본인 요리사를 고용하지만, 일본에서 요리를 배운 경험이 없는 현지에서 채용한 요리사가 일식을 만드는 식당도 많다. 이 경우 손님의 눈에 보이는 스시 바는 일본인과 똑같은 얼굴을 한 중국, 한국, 베트남 등 아시아계 이민을 배치한다.

해외 일식당이 증가함에 따라 현지인이 만드는 '일식'은 종종 일본인의 발상을 뛰어 넘는 것이 출현한다. 그 일례로 필자가 상파울루에서 체험한 초밥을 설명하고자 한다.

브라질은 남미에서 일식이 가장 대중적인 국가이다. 일본인 이민 100년을 맞은 상파울루에는 일본인 거리가 형성되어 있으며, 2007년에는 일본식을 제공하는 식당이 약 600개가 있었다. 그것은 브라질 국민요리인 쇠꼬치에 고기 덩어리를 찔러 숯불로 구운 '슈라스코Churasco' 전문점인 '슈라스카리아Churascaria' 점포 수보다 많았다.

1970년대 상파울루와 리우데자네이로 등 대도시에서 건강지향의 고조를 배경으로 자연식 열풍이 일어나, 중산층 사람들에게 일본 음식에 대한 관심이 높아졌다고 한다. 그런 상황 속에서, 일본계 사회진출에 따른 비일본계와 교제의 장소로서 또 일본 기업의 브라질 진출 등 복합적으로 작용하면서 브라질에서 일식 열풍이 나타났다.

1980년대 이후, 비일본계 브라질인의 일본식 먹는 것이 현저하게 되어, 스시, 사시미, 볶음국수(야키소바) 등을 제공하는 일식집이 쇼핑센터 안에 점포를 내어, 일본식 패스트푸드화 일어났다.

1990년대가 되자, 스시가 다른 업종의 레스토랑 안에 진출해서, 상파울루 시내에는 파스타와 스시를 제공하는 식당과 슈라스카리아에 스시코너가 만들어지게 되었다. 이러한 장소에서는 일본 요리전문점보다 저렴하게 스시를 먹을 수 있으므로 일반 브라질인 손님들로 번성하고 있다. 브라질에서 '스시맨'이라 불리는 일식요리사의 약 80%는 비일본계이다.[7]

필자가 들어간 슈라스카리아의 초밥코너에는 연어초밥과 캘리포니아롤 이외에, 낯선 스시들이 놓여져 있었다. '망고 과육을 넣고 말은 김밥', '딸기 김밥', '양갱 김밥', 게살어묵에 마요네즈를 넣은 것을 심으로 한 김밥을 옷을 입혀서 튀긴 '덴푸라스시'가 있었다. 모두 일본의 스시 장인들이 보면 '어긋난 길'이라고 비난 받을 것들이다. 또한 슈라스코의 고기굽는 냄새와 스시는 일본인의 미학으로는 불일치이다. 미국의 일식 레스토랑에서 야키니쿠(불고기)와 스시가 한데 있는 것을 비난하고, '올바른 일본식'의 보급을 위해 해외 일식당 인증제도를 제창한 장관도 있었다.

일본인의 발상을 넘은 스시이지만, 그것을 '정통 일식이 아니다'라고 비난해도 좋을까? 먹는 것은 브라질인이다. 상품으로서 음식은, 먹는 쪽의 문화에 따라 변형되는 것은 당연한 일이다. 그것을 비난한다면 일본화 된 양식이나 중국 요리도 서양과 중국에서 비난의 대상이 될 것이다.

식문화 전통의 '정당성'을 강조하는 것은 식민지 사람들에게 종주국의 문화를 떠넘기려고 한 '동화 정책'이나 '국수주의'로 통한다. 정부 주도형의 해외일식당 인증제도가 제창한 적이 있는데, 비일본인이 경영하는 일본음식점의 쪽에서 '스시 폴리스'라고 악평을 받은 것도 일본 민족주의에 대한 경계심이 있는 것이다. 오히려 일본 기원의 음식 문화가 해외에서 독자적인 진화의 방향을 걷는 것과 적극적으로 평가해야 하는 것이 아닐까?

간단하게 스시를 즐길 수 있는 것으로 세계 각지에서 회전초밥집이 증가하고 있다. 한편 국내 회전초밥 체인점의 컨베이어 벨트에 놓인 스시에는 프로슈트(프레시햄), 콘비프, 갈비불고기, 돼지고기조림, 아보카도, 채소샐러드 등 신기한 초밥들도 있다. 해외에서 일식을 전통에 의거해서 '정당성'의 평가를 한다면, 국내에서도 같은 일을 해야 한다는 것이다.

전통은 '지켜야 할 것'이라고 받아들이기 쉽다. 그러나 전통의 본질은 끊임없는 창조의 연속이다. 활력을 잃은 일이 '지키지 않아서 없어진다'는 전통이다. 해외에서 일식의 변모는 전통적인 일본 문화의 틀에 얽매이지 않고 세계 각지의 음식 문화와 융합하면서 창조의 방향으로 향하고 있는 것으로 환영할 만한 것은 아닐까?

미주

1부 일본의 식食문화사

1장

1 돌구이 요리와 아와시마의 와파니에 관해서는 이시게 나오미치(石毛直道)의
   『먹보의 민족학(食いしん坊の民族学)』, 평범사, 1979년(재록 중공문고, 1985년)의
   「돌구이 요리」 장을 참조.

2 고야마 슈조(小山修三), 『조몬시대-컴퓨터 고고학에 의한 복원』, 중공신서(中共
   新書), 1984년.

2장

1 고야마 슈조·고지마 요시코(五島淑子), 「일본인의 주식의 역사」(이시게 나오미치
   편), 『논집 동아시아의 식사문화』, 헤이본샤(平凡社), 1985년.

2 이시게 나오미치, 「일본 도작(稻作)의 계보」, 『사림(史林)』, 제51권 5·6호,
   1968년(재록 『石毛直道自選著作集』 제10권, 도메스출판, 2012년).

3 사하라 마코토(佐原眞), 『식의 고고학』, 도쿄대학교출판회, 1996년, pp81~103.

4 이시게 나오미치, 「주조와 음주의 문화」(이시게 나오미치 편), 『논집 술과 음주의 문화』, 헤이본샤, 1998년(재록 『石毛直道自選著作集』 제4권, 도메스출판, 2012년).

5 야마자키 모모치(山崎百治), 『동아발효화학논고』, 제일출판, 1945년, pp288~289.

6 젓갈, 나레즈시 등의 생선 발효식품에 대한 자세한 내용은, 이시게 나오미치·K, Ruddle, 『어장과 나레즈시의 연구-몬순 아시아의 식사문화』, 이와나미 문고, 1990년(재록 『石毛直道自選著作集』, 제4권, 도메스출판, 2012년을 참조).

7 마츠다 기이치(松田毅一)·E요릿센, 『프로이스의 일본각서-일본과 유럽의 풍습의 차이』, 中公新書, 1983년, p102.

8 이시게 나오미치·K, Ruddle, 「어장의 식품과학적 고찰」, 『어장과 나레즈시의 연구-몬순 아시아의 식사문화』, 이와나미 문고, 1990년(재록 『石毛直道自選著作集』 제4권, 도메스출판, 2012년).

9 이시게 나오미치·K, Ruddle, 「나레즈시」, 『어장과 나레즈시의 연구-몬순 아시아의 식사문화』, 이와나미 문고, 1990년(재록 『石毛直道自選著作集』 제4권, 도메스출판, 2012년).

3장

1 이성우, 「한국의 식품사회사(완)」, 『아시아공론』 1979년 11월호.

2 하라다 노부오(原田信男), 「중세에 있어 식육에 대하여 - 쌀 사회와 관련에서」(이시게 나오미치 편), 『논집 동아시아의 식사 문화』, 헤이본샤(平凡社), 1985년. 하라다 노부오, 『역사 안에서 쌀과 고기-음식과 천황·차별』, 헤이본샤 선서, 1993년.

3 이시게 나오미치·요시다 슈지(吉田集而)·아카사카 마사루(赤坂賢)·사사키 다카아키(佐々木高明), 「전통적 식사문화의 세계적 분포」(이시게 나오미치 편), 『세계의 식사문화』, 도메스출판, 1973년.

4 아다치 도오루(足立達), 『우유-생유에서 유제품까지』, 시바다(柴田) 문고, 1980년, pp202~205.

5 와니 고메이(和仁皓明), 「소락고(酥酪考)」, 『음식사림(飲食史林)』 제7호, 1987년.

6 다나카 세이이치(田中靜一)·오타 야스히로(大田泰弘), 「식에 관한 연중행사」(이 시게 나오미치 편), 『동아시아 식의 문화』, 헤이본샤(平凡社), 1981년.

7 사하라 마코토(佐原眞), 『식의 고고학』, 도쿄대학교출판회, 1996년, pp131~140.

8 아오기 마사지(青木正兒), 「용시끽반고(用匙喫飯考)」, 『아오기마사지(青木正児) 전 집』 제9권, 春水社, 1970년.

9 1장의 미주 1과 같은 문헌, pp143~156.

10 다나가와시(田中淡), 「고대중국 화상(畫像)의 할팽(割烹)과 음식」(이시게 나오미 치 편), 『논집 동아시아의 식사문화』, 헤이본샤, 1985년.

11 동아시아의 배선법 역사의 구체적인 내용은 다음의 문헌을 참고. 이시게 나오미치, 『식탁문명론-자부다이가 어디로 사라졌나?』, 중공총서, 2000년(재록 『이시게나오미치 자선저작집』 제5권, 도메스출판, 2012년).

12 구마쿠라 이사오, 『일본 요리의 역사』, 길천홍문관, 2007년, pp10~26.

13 일본을 비롯한 세계의 면류에 대한 자세한 내용은 다음 문헌을 참고 바람. 이시게 나오미치, 『면의 문화사』, 고단샤학술문고, 2006년(재록 『이시게 나오미 치 자선저작집』 제3권, 도메스 출판, 2012년).

14 1부 3장의 미주 13과 같은 문헌, 오쿠무라 아야오의 『일본 면식문화의 1300년』, 농어촌문화협회, 2009년, pp58~61.

4장

1 송희경 저·무라이 쇼스케(村井章介) 교주, 『노송당일본행록(老松堂日本行錄)』, 이 와나미 문고, 1987년, p144.

2 구마쿠라 이사오, 『차노유(茶ノ湯)의 역사-센리큐(千利休)까지』, 아사히(朝日) 신문사, 1990년, pp30~37.

3 4장의 미주 2와 같은 문헌, pp143~144.

4 에추데츠야(越中哲也), 『나가사키의 서양 요리-양식의 여명』, 제일법규출판, 1982년, pp18~21.

5 4장의 미주 4와 같은 문헌, pp29~35.

6 오카다 아키오(岡田章熊), 「주역 『난반요리서』」, 『음식사림(飮食史林)』 제1호, 음식사림간행회, 1979년.

7 고야마 슈조·고지마요시코, 「일본인의 주식의 역사」(이시게 나오미치 편), 『논집 동아시아의 식사 문화』, 헤이본샤(平凡社) 1985년, pp493~496.

8 사노야스히코(佐野泰彦)·하마구치(浜口乃二雄)(역)·도이다다오(土井忠生)(역·주)·에마츠도무(江馬務)(주), 『조안 로타리케스(João Rodrigues) 일본교회사(상)』, 이와나미 문고, 1967년, pp548~549.

9 4장의 미주 8과 같은 문헌, pp552~553.

5장

1 이시게 나오미치, 「미식(米食) 민족 비교에서 본 일본인의 식생활」(나가바치 마사요시(中鉢正美) 편), 『생활학의 방법』, 도메스출판, 1986년.

2 기토히로시(鬼頭宏), 「에도시대의 미식(米食)」, 『역사공론』 제89호, 웅산각, 1983년.

3 와타나베미노루(渡辺実), 『일본식생활사』, 길천홍문관, 1964년, pp241~242.

4 히라타 마리오(平田萬里遠), 「에도의 음식점」, 『음식(たべもの) 일본사총람』, 역사독본·특별증간·사전시리즈17, 신인물사, 1992년.

5 당시 세계에서 에도에 필적할 정도의 음식점이 고밀도로 분포되어 있던 곳은 베이징일 것이다. 그러나 베이징 음식점 수에 관한 자료는 발견되지 않았다.

6 에바라아야코(江原絢子)·이시하라츠네고(石原常子)·도사이유요코(東西柳祥子), 『일본식물사』, 길천홍문관, 2009년, p151.

7 5장의 미주 4와 같은 문헌.

8 히라타 마리오, 「에도시대에 외국 요리의 글」(이시게 나오미치 편), 『논총 동아시아 식사문화』, 헤이본샤, 1985년.

9 하라다 노부오(原田信男), 「에도의 요리사-요리책과 요리 문화」, 중공신서, 1989년, pp17~29.

10 5장의 미주 9와 같은 문헌, pp104~131.

11 자세히는 이시게 나오미치, 「HTLV-I와 민족역학」, 『의학의 걸음걸이』 제165권, 의치약출판, 1993년(재록 『이시게 나오미치 자선저작집』 제10권, 도메스출판,

2002년).

12 오기나가미에(荻中美枝)(他著), 『들어서 쓴 아이누의 식사(聞き書きアイヌの食
　　事)』, 농어촌문화협회, 1992년.

13 시마후쿠로미사도시(島袋正敏), 『오키나와의 돼지와 산양-생활의 중에서』,
　　히루기사, 1989년.

6장

1 오야마다 도모기요(小山田与清), 『마츠야필기(松屋筆記)』, 국서간행회, 1908년,
　　p177.

2 재단법인 이도우(伊藤)기념재단 『일본식육문화사』, 재단법인 이도우기념재
　　단, 1991년, pp176~183.

3 후큐자와유기치(福澤諭吉), 『복옹자전(福翁自傳)』, 이와나미 문고, 1978년,
　　pp63~64.

4 6장의 미주 2와 같은 문헌, pp228~229.

5 미야자키 아키라(宮崎昭), 『식탁을 바꾼 육식』, 일본경제평론사, 1987년,
　　pp45~46.

6 6장의 미주 5와 같은 문헌, pp72~77.

7 아다치도오루(足立達), 『우유-생유에서 유제품까지』, 시바타 문고, 1980년,
　　pp219~222.

8 6장의 미주 2와 같은 문헌.

9 NHK세론조사소 편, 『도설 일본인의 생활시간』, 일본방송협회, 1986년,
　　p21.

10 NHK세론조사소 편, 『데이터북 일본인이 좋아하는 것』, 일본방송협회,
　　1984년, pp2~3.

11 이시게 나오미치, 「식사패턴의 표현학」(일본생활학회 편), 『생활학』 제1책, 도
　　메스 출판, 1975년, pp165~180. 이시게 나오미치, 『식의 문화지리-혀의 필
　　드워크』, 아시히신문사, 1995년, pp139~154.

2부 일본인의 식食의 문화

1장

1 이시게 나오미치, 「도작사회의 식사문화」(사시키다카아키(佐々木高明) 편), 『일본 농경문화의 원류』, 일본방송출판협회, 1983년, pp412~413.

2 이시게 나오미치, 『식의 문화지리-혀의 필드워크』, 아사히신문사, 1995년.

3 루이스 프로이스(Luís Fróis)(저), 오카다 아키오(岡田章雄)(역·주), 『일구(日欧)문화 비교』, 이와나미 문고, 1982년, p558.

4 이시게 나오미치, 『면담(面談) 음식(たべもの)의 지(誌)』, 문예춘추, 1989년.

5 사카이도시히고(堺利彦), 『신가정론』(1903년간의 『가정의 신풍미』를 개제한 현대어역 판), 곤단샤학술문고, 1979년, pp104~105.

6 이시게 나오미치·이노우에다다시(井上忠司) 편, 『현대 일본에 있어 가정과 식 탁』, 국립민족학박물관연구보고 별책 16호, 국립민족학박물관 별책 16호 1991년. 이시게 나오미치, 『식탁문명론-두레반은 어디로 간 것인가?』, 중 공총서, 2005년(재록 『이시게 나오미치 자선저작집』 제5권. 도메스출판책 2012년).

2장

1 간자키노리다케(神崎宣武), 「부엌의 문명과 문화-불을 중심으로」(야마구치마 사도모(山口昌伴)·이시게 나오미치 편), 『가정의 식사공간』, 도메스출판, 1989년, pp35~38.

2 미우라스미오(三浦純夫), 「도마와 칼-썰기 다지기 조리도구의 역사」(일본민구 (民具) 학회 편), 『식생활과 민구(民具)』, 웅산각출판, 1993년, pp21~33.

3 미야모토츠네이치(宮本常一), 『식생활 잡고(雑考)』(宮本常一著作集 제24권), 미래사, 1977년, p253.

4 고오노도모미(河野友美), 「시루(汁)와 스이모노(吸い物)에 대하여」, 『음식의 일 본사총람』 역사독본·특별증간·사전시리즈 17, 신인물왕래사, 1992년.

5 후시키토오루(伏木亨), 「인간의 기호의 구조와 식문화」(후시기토오루 편), 『미각 과 기호』식의 문화포럼 24, 도메스 출판, 2006년.

3장

1 외식산업의 시장규모는 1997년 29조엔을 피크로 이후 감소경향이 계속되고 있다. 음식점수도 2012년에는 557만 5,000점이 감소하였다. 그럼에도 불구하고 전국의 음식점 종사원수는 증가경향이 있다. 그것은 영세한 소규모점이 폐점하는 한편, 1점포당 종업원 수가 많은 대형점이 증가에 의한 것이다. 인구의 감소와 고령화 사회의 영향으로 생각되지만, 일본에 있어서 음식점의 감소경향은 당분간 계속될 것이다. 그것을 고려하여도, 일본은 세계 중에서 음식점의 고밀도분포지역인 것에는 다름이 없다.

2 이시게 나오미치, K.Ruddle, 『어장(魚醬)과 나레즈시의 연구-몬순 아시아의 식사문화』, 이와나미(岩波) 문고, 1990년, pp21~28.

3 시노다 오사무(篠田統), 「두부고」, 『풍속』 제8권, 1968년, pp20~27.

4 이치노츠네코(市野尙子)·다케이미에코(竹井惠美子), 「동아시아의 두부만들기」(이시게 나오미치 편), 『논집 동아시아 식사문화』, 평범사, 1985년.

5 요시다주지(吉田集而)·이시게 나오미치, 「민족학에서 본 무염발효대두와 그 주변」(아이다히로시(相田浩)·우에다세이노스케(上田誠之助)·무라다키큐(村田希久)·와다나베다다오(渡辺忠雄) 편), 『아시아의 무염대두식품-아시아무염발효대두회의 85 강연집』 STEP, 1986년.

6 구제단(久世壇), 「교토 북산 7개촌의 식생활」, 『계간 인류학』 제7권 4호, 교단샤, 1976년.

7 오카다데츠(岡田哲), 『돈가츠의 탄생-메이지 양식(洋食)의 시작』, 고단샤, 2000년.

8 이시게 나오미치, 『면류의 문화사』, 곤단샤학술문고, 2006년, pp77~78(재록 『이시게 나오미치 자선저작집』 제3권, 도메스출판, 2012년).

3부 세계에 퍼져가는 일본식

1 이시게 나오미치·고야마 슈조(小山修三)·야마구치마사도모(山口昌伴)·에규안 쇼지(米久庵庵二), 『로스앤젤레스의 일본음식점-문화인류학적 연구』, 도메스 출판, 1985년.

2 주요리로 조합의 종류와 그 순위 분석도 3부의 미주 1과 같은 문헌에 기록되어 있다.

3 농림수산성 홈페이지(www.maff.go.jp), 「해외에서 일식 레스토랑의 현황에 대하여」, 농림수산성, 2006년.

4 일본무역진흥기구 홈페이지(www.jetro.go.jp/korea), 「해외 비즈니스 정보」, 일본무역진흥기구, 2010~2011년.

5 농림수산성 홈페이지(www.maff.go.jp), 「해외에서 일식 레스토랑의 현황에 대하여」, 농림수산성, 2006년.

6 구마쿠라이사오(熊倉功夫) 편, 「특집 뉴욕의 일본요리」, 『VESTA』 70호, 아지노모토(味の素)식문화센터, 2008년.

7 이시게 나오미치, 「양갱의 김밥」 『VESTA』 71호, 아지노모토식문화센터, 2008년.

옮긴이의 글

2015년 겨울 오사카 이시게 교수님을 찾아뵈었을 때, 마침 『일본의 식문화사』가 출간되었다고 하시며, 나에게 귀한 책을 주셨다. 그날 밤 책을 단번에 끝까지 읽고 나니, 머릿속에 '일본의 식문화'라는 아주 잘 자란 큰 나무가 나타났다. 그 후 이 책을 한국어로 옮기고 싶은 생각을 하던 중에 마침 2016년 한 해를 도쿄에서 연구년을 지내게 되어 이시게 교수님께 한국어판 발간을 허락받고 번역을 하게 되었다.

제1부는 「일본의 식문화사食文化史」는 일본인의 식생활을 구석기 시대부터 현대에 이르기까지 거시적인 안목으로 시대를 구분하여 시대적 변화의 흐름을 쉽게 이해하도록 하였고, 제2부 「일본인의 식문화」는 예전에 일본인들이 실생활에서 경험한 부엌과 식탁, 외식, 음료 등 변화를 여러 연구자의 결과를 인용하면서 정확히 기

술하였다.

제3부 「세계로 퍼져나가는 일본식」은 원래 일본어판에는 저자의 후기로 짧게 실렸던 부분이다. 일본식의 세계화와 관련하여 해외에서 해외에서 받아들인 실증적 자료와 미래 일본식의 전망을 다루었다. 저자께서 한국어판을 내면서 원래 준비하셨던 3부의 원고를 모두 주셔서 이를 번역하여 실었다.

이 책을 나무에 비유하자면, 제1부는 일본인의 역사 흐름에 따른 식생활의 변천이 깊고 넓게 퍼진 뿌리가 이루어져 있고, 제2부는 굵은 가지로 식탁, 부엌, 외식 등으로 갈라져 있으며, 여기에서 다시 작은 가지들에 아주 잘 익은 열매인 밥, 술, 차, 칼, 생선회, 초밥, 스키야키, 덴푸라 등이 매달려 있는 느낌이다.

이시게 교수님과 우리 가족의 인연은 시작은 40여 년 전이다. 이시게 교수님이 한국 음식 문화 연구차 방한하셨을 때 어머니 황혜성 교수님을 만나시면서 교류가 시작되었다. 한국의 식문화, 특히 장, 술, 김치, 젓갈 등 발효음식과 면 요리 조사 등 20여 차례 방한하시면서 어머니와 지속적으로 학문적 교류를 하셨다. 이시게 교수님이 총괄하신 1981년 도쿄에서 열린 '동아시아 식문화' 국제 심포지움에서 황 교수님이 「한국의 궁중음식」를 주제로 발표하시고, 만찬에 약 400인분의 궁중음식을 실제로 만들어 대접한 일도 있었다. 1987년에 황 교수님이 일본 국립민족학박물관에 객원교수로 초청되었을 때 이시게 교수님과 함께 『한국의 식食』(平凡社, 1988)을 집필하여 '한국의 식문화'를 일본 사회에 널리 알리는 계기가 되었다.

이시게 교수님은 2003년 정년 퇴임 후 팔순이 넘은 지금도 자택과 가까운 개인 연구실에서 저술작업을 하시고, 외부 강연도 활발히 하신다. 어머니가 돌아가신 2006년까지 두 분의 교류는 지속되었고, 2007년 내가 대를 이어 국립민족학박물관에 객원교수로 초청되어, 「세계의 음식문화박물관」을 과제로 연구하는 기회를 가졌다.

나의 스승은 세 분이다. 우선 나를 낳아주신 어머니 황혜성 교수님은 나에게 한국 음식 문화의 지식과 궁중음식 기능을 전수해주셨다. 두 번째 스승이신 이성우 교수님은 한국 음식 문화의 학문적 체계를 만드신 분이다. 안타깝게도 과도한 연구작업에 지병이 생겨 63세에 돌아가셨다. 이 교수님 생전에 주말마다 교수님댁에 묵으면서 식문화 관련 문헌연구를 도와드리고, 교수님께서는 한국식생활사와 식문화의 가르침을 주셨다. 이성우 교수님은 이시게 교수님과도 학문적 교류가 깊으셔서 이시게 교수님이 방한하시면 어머니와 세 분이 함께 '세계, 일본, 한국의 식문화'를 주제로 대화하는 즐거운 자리가 종종 있었다. 이러한 환경에서 이시게 교수님의 연구와 성품에 이끌려 스승으로 존경하게 되었고, 이성우 교수님과 황 교수님이 돌아가신 후에도 인연은 지속되어 이시게 교수님을 가끔 찾아뵙고 지도를 받고 있다.

이제 세월이 흘러 본인이 정년퇴직하게 되어 세 분 스승의 은혜에 보답하는 일을 생각하였다. 세 스승의 아름다운 인연을 기억하면서 이시게 교수님의『일본의 식문화사』한국어 번역본이 세상에 나오게 되니 참으로 기쁘다.

　이 책이 나오기까지 고생을 많이 하신 어문학사 편집부 여러분께 깊이 감사드린다.

2017년 10월

한복진

구석기시대부터 현대까지
일본의 식문화사

초판 1쇄 발행일 2017년 11월 24일
초판 2쇄 발행일 2018년 06월 28일

지은이 이시게 나오미치
옮긴이 한복진
펴낸이 박영희
편집 김영림
디자인 조은숙
마케팅 김유미
인쇄·제본 AP프린팅
펴낸곳 도서출판 어문학사
　　　　서울특별시 도봉구 해등로 357 나너울카운티 1층
　　　　대표전화: 02-998-0094/편집부1: 02-998-2267, 편집부2: 02-998-2269
　　　　홈페이지: www.amhbook.com
　　　　트위터: @with_amhbook
　　　　페이스북: www.facebook.com/amhbook
　　　　블로그: 네이버 http://blog.naver.com/amhbook
　　　　　　　　다음 http://blog.daum.net/amhbook
　　　　e-mail: am@amhbook.com
　　　　등록: 2004년 7월 26일 제2009-2호

ISBN 978-89-6184-458-1 93910

정가 20,000원

이 도서의 국립중앙도서관 출판예정도서목록(CIP)은 e-CIP홈페이지(http://www.nl.go.kr/ecip)와 국가자료
공동목록시스템(http://www.nl.go.kr/kolisnet)에서 이용하실 수 있습니다. (CIP제어번호: CIP2017029030)

※잘못 만들어진 책은 교환해 드립니다.